HISTOIRE CRITIQUE
DE
L'INVENTION EN ARCHITECTURE

15939. — PARIS, IMPRIMERIE GÉNÉRALE A. LAHURE
9, rue de Fleurus, 9

HISTOIRE CRITIQUE

DE

L'INVENTION EN ARCHITECTURE

CLASSIFICATION MÉTHODIQUE

DES ŒUVRES DE L'ART MONUMENTAL

AU POINT DE VUE DU PROGRÈS

ET DE SON APPLICATION A LA COMPOSITION DE NOUVEAUX TYPES ARCHITECTONIQUES DÉRIVANT DE L'USAGE DU FER

PAR

L. A. BOILEAU

ARCHITECTE DE PLUSIEURS ÉDIFICES PUBLICS

Ouvrage accompagné d'un tableau synoptique et de 20 planches gravées

TEXTE

PARIS

Vve CH. DUNOD, ÉDITEUR

Libraire des Corps des Ponts et Chaussées, des Mines et des Télégraphes

49, QUAI DES AUGUSTINS, 49

1886

PREMIÈRE PARTIE

TÉMOIGNAGES ACCUSANT LES TENDANCES IMPOSÉES A L'ARCHITECTURE DE NOTRE ÉPOQUE.

PUBLICISTES PRÉCURSEURS DE LA RÉNOVATION

I

Dans le cours du demi-siècle qui vient de s'écouler, et pendant lequel j'ai poursuivi les études résumées dans cet ouvrage, études que je mettais en même temps en pratique dans des travaux d'exécution, j'en ai publié des fragments à diverses reprises, dans l'intention de prendre date pour l'émission des idées.

Ces publications partielles étant épuisées, je me crois d'autant plus fondé à en reprendre aujourd'hui les principaux passages, que l'architecture ayant été ramenée, sauf l'admission du fer dans le bâtiment, à peu près au point où elle était en 1835, ces précédents ont conservé le privilège de l'actualité.

Il se trouve, en effet, qu'après l'élan utile, mais exagéré par son exclusivisme, qui avait été donné à l'archéologie du moyen âge, il s'est produit une réaction prononcée qui a remis en vigueur les anciens errements de l'École dite *classique*.

La réédition de ces fragments, avec leurs dates, se trouvera donc répartie parmi les pages écrites à différentes époques de cet ouvrage. Le lecteur y reconnaîtra l'empreinte du temps où l'ardeur de la lutte était soutenue par de fortes convictions. Voici donc l'introduction conservée :

Depuis le seizième siècle, époque à laquelle le développement de l'art essentiellement chrétien des nations modernes fut brusquement interrompu en France par cette reprise de l'art antique du paganisme qu'on a nommée *Renaissance*, les principales époques de notre histoire continuèrent à être marquées, jusqu'au commencement de notre siècle, par des combinaisons particulières de la forme antique. Le génie qui avait enfanté les variétés progressives de l'art chrétien, quoique déchu de son principe d'inspiration, produisit cependant divers modes de composition et d'exécution inconnus aux anciens, et qui, à tort ou à raison, ont été considérés comme autant de styles caractéristiques [1].

Il y eut le style de François Ier, de Louis XIII, de Louis XIV, etc., etc. Le dernier de ces modes de la Renaissance, ou, si l'on veut, le dernier de ces styles, est celui qui porte le nom de l'Empire, sous lequel il fut particulièrement appliqué. Après avoir épuisé ses dernières ressources dans les productions glaciales de cette époque, l'art, convaincu d'impuissance par ses œuvres, subit un temps d'arrêt. Désormais, dépouillé du feu sacré, il ne tarda pas à venir cacher sa nudité dans le sanctuaire de la science. Les exécutants de l'art cessèrent dès lors d'être réellement des artistes, pour devenir des demi-savants, marchant à la suite des antiquaires et des archéologues. Il y a plus d'un demi-siècle qu'ils sont réduits à cette décourageante alternative de faire, ou des imitations serviles des différents styles historiques, ou de ces amalgames éclectiques qui n'aboutissent en réalité qu'à une sorte de syncrétisme artistique. En fait d'art, comme en fait de monuments, notre époque, par une anomalie peu commune dans l'histoire de la civilisation, n'a pas de style qui lui soit propre.

Il n'est personne qui ne soit frappé de cette impuissance de l'art monumental, au milieu du dix-neuvième siècle. Plusieurs publicistes en ont recherché les causes; quelques savants, en s'occupant de généralités philosophiques, ont constaté le vide anormal qui se fait sentir dans la sphère des beaux-arts et indiqué les moyens de le combler ; mais aucun auteur spécial n'a, que je sache, trouvé le véritable moyen de vivifier de nouveau cette branche de l'activité humaine; aucun praticien n'a fait à l'art l'application des lois du progrès, qui seules peuvent le mettre en état de fournir une nouvelle carrière.

Ce n'est pas, cependant, que les appels aux inventeurs aient manqué ; car non seulement l'opinion publique et les hommes qui font autorité en cette matière ont stimulé l'imagination des artistes, mais encore les corps constitués pour veiller au dépôt de l'enseignement des beaux-arts, dérogeant à leurs principes exclusifs, ont reconnu que le moment était arrivé de secouer le joug de l'imitation servile, en fondant un art qui fût l'expression du temps où nous vivons.

Dès 1840, le comité des arts et monuments historiques près le ministère de l'instruction publique, composé en grande partie des fondateurs et des propagateurs de l'archéologie chrétienne, ayant à examiner comment on doit bâtir les églises aujourd'hui, s'exprime ainsi : « En ce moment, si la France était en possession d'une nouvelle architecture, d'un art qui ne fût ni une copie, ni une imitation d'un art étranger ou d'un art épuisé, si un architecte de génie se montrait avec une forme nouvelle, la question se trancherait de soi. Il faudrait embrasser cet art, il faudrait laisser faire et favoriser cet architecte; mais, comme nous n'avons encore rien de nouveau à donner, force est bien de remonter dans le passé et d'y prendre l'art ancien qui conviendrait le mieux à l'art moderne [2]. »

1. J'expliquerai, par la suite, les réserves que je fais sur l'emploi aussi banal qu'illogique que l'on fait du mot *style*.
2. *Bulletin du Comité historique des arts et monuments*, deuxième numéro, 1840.

En parlant ainsi, les doctes membres du comité ont oublié qu'il n'est pas d'architecture portant le nom individuel d'un homme, parce que l'idée première émise par une seule intelligence a toujours été réalisée et développée par une collectivité socia e.

Un peu plus tard (en 1846), la section des beaux-arts de l'Académie française, voulant, de son côté, tenter un dernier effort dans le but d'empêcher l'adoption de l'art du moyen âge pour les monuments religieux, disait, par l'organe de M. Raoul-Rochette, son secrétaire perpétuel :

« Si ces considérations (sur la question de savoir s'il est convenable, au dix-neuvième siècle, de bâtir des églises en style gothique) sont fondées, et elles ont paru telles à l'Académie, elles s'appliquent naturellement à l'abus, que l'on a reproché à l'art moderne, de faire de l'architecture grecque et romaine dans la construction de nos églises; car cet abus, s'il existe en effet, n'est pas moins condamné par l'esprit du christianisme que par le sentiment de l'art, et l'Académie n'est pas plus d'avis que l'on refasse le Parthénon que la Sainte-Chapelle. Les monuments qui appartiennent à tout un système de croyance, de civilisation et d'art, qui a fourni sa carrière et accompli sa destinée, doivent rester ce qu'ils sont, l'expression d'une société détruite, un objet d'étude et de respect, suivant ce qu'ils ont en eux-mêmes de mérite propre ou d'intérêt national, et non un objet d'imitation servile ou de contrefaçon impuissante. Ressusciter un art qui a cessé d'exister parce qu'il n'avait plus sa raison d'être dans les conditions sociales où il se trouvait, c'est tenter un effort impossible, c'est lutter vainement contre la force des choses; c'est méconnaître la nature de la société, qui tend sans cesse au progrès par le changement; c'est résister au dessein même de la Providence, qui, en créant l'homme libre et intelligent, n'a pas voulu que son génie restât éternellement stationnaire, et captif dans une forme déterminée; et cette vérité s'applique aussi bien au grec qu'au gothique; car il n'est pas plus possible à l'esprit humain, dans le temps où nous sommes, de revenir au siècle de Périclès et d'Auguste que de reculer à celui de saint Louis. . . . .

« En résumé il n'y a, pour les arts comme pour les sociétés, qu'un moyen naturel et légitime de se produire : c'est d'être de leur temps; c'est de vivre des idées de leur siècle; c'est de s'approprier tous les éléments de la civilisation qui se trouvent à leur portée; c'est de créer des œuvres qui leur soient propres, en recueillant dans le passé, en choisissant dans le présent tout ce qui peut servir à leur usage. . . . .

« . . . S'il devait en être autrement, il faudrait effacer de l'esprit et de la langue des peuples modernes le mot de renaissance et l'idée qui s'y rattache; il faudrait déclarer non avenus tous les progrès accomplis et tous ceux qui restent encore à s'opérer, il faudrait immobiliser le présent et jusqu'à l'avenir dans les traditions du passé [1]. »

Ces citations, dont je n'ai pas à discuter les termes quant à présent, sont suffisamment explicites dans le sens que nous y cherchons; elles tirent, en outre, une autorité irrécusable et

1. Manifeste de l'Académie royale des Beaux-Arts, intitulé : *Considérations sur la question de savoir s'il est convenable, au* XIXe *siècle, de bâtir des églises en style gothique*, 1846, inséré dans les *Annales archéologiques* de la même année.

Si l'on en croit M. Gourlier, le *Conseil des bâtiments civils*, qui compte plusieurs membres de l'Académie d'architecture dans son sein, consulté à différentes reprises sur plusieurs projets de constructions neuves conçues dans le style du moyen âge, se serait fait l'écho du manifeste de M. Raoul-Rochette, de la manière suivante :

« Le Conseil, en reconnaissant hautement le mérite incontestable des édifices de cette époque, et sans *rien proscrire ni rien prescrire* relativement au style même, a insisté fortement sur les inconvénients de toute imitation servile, à quelque genre d'architecture qu'elle se rattachât, et sur la nécessité, tout en s'inspirant des beaux exemples que les différents siècles nous ont laissés, d'adopter les dispositions les mieux appropriées à notre climat, à nos matériaux ainsi qu'aux besoins et aux habitudes de notre époque, seul moyen qui puisse conduire à un véritable progrès et au but vers lequel on doit toujours tendre : *une œuvre d'architecture qui soit véritablement de notre temps, de notre pays.* » (Voir *Notice historique sur le service des travaux des bâtiments civils*, par M. Gourlier, architecte. Paris, 1848.)

un cachet d'impartialité de leur réunion; car elles émanent de deux camps opposés. On peut donc les considérer comme le résumé officiel des ardentes aspirations vers une phase nouvelle de l'art, qui se sont manifestées sous toutes les formes depuis le premier quart du siècle.

Pour les compléter, je choisirai, parmi les paroles d'encouragement adressées aux artistes par les bouches éloquentes de toutes les écoles, celles d'un de nos écrivains les plus distingués, parce que ces paroles acquièrent une valeur toute particulière des circonstances qui les ont dictées et de l'auditoire devant lequel elles ont été prononcées.

Appelé, en 1847, à partager l'honneur de diriger cette *célèbre Société française des monuments*, qui, sous l'impulsion du savant et modeste M. de Caumont, a inauguré l'avènement de l'archéologie nationale en France, M. Ludovic Vitet, après avoir montré la distinction qu'il faut établir entre l'art et l'archéologie, sous peine de faire de celle-ci une entrave pour celui-là, parlait ainsi le langage de la vérité à l'aréopage de la science archéologique. « Jamais, disait-il, dans ce monde, l'art ne s'est produit deux fois dans la même forme, ou bien la seconde fois, ce n'était que du métier.... » « L'archéologie du moyen âge (et toutes les autres), ajoutait-il, sera d'autant plus prospère, elle obtiendra d'autant plus de respect et de crédit, qu'elle ne se mêlera que de ce qui la regarde. » Puis cet esprit élevé, ouvrant les voies de l'avenir de l'art dont il venait de signaler les écueils, s'écriait aussitôt : « Honneur à ceux qui, même aujourd'hui, ne désespéreront pas d'inventer une architecture nouvelle, c'est-à-dire une combinaison de lignes et un système d'ornementation qui n'appartiennent qu'à notre époque et qui en perpétuent le souvenir! »

Les différentes exhortations qu'on vient de lire ne sont, du reste, que le retentissement final d'une voix qui commençait à s'élever dès le dix-septième siècle.

En pleine renaissance, quand l'art décoratif, marqué d'un certain cachet de grandeur, n'était pas autant dénué d'originalité qui l'a été depuis, on eut des velléités d'invention artistique. Un auteur nous apprend que Louis XIV avait même offert un prix dans l'intention de provoquer une découverte de cette nature. Il paraît qu'il ne s'agissait pas moins que d'inventer de nouveaux ordres d'architecture, et le même auteur ajoute que personne n'y parvint; ce qui n'a pas lieu de nous étonner, eu égard à la singularité de la prétention [1]. Quoi qu'il en soit, ce fait indique que la contradiction et l'insuffisance qui résultent de l'emploi de la forme antique au milieu d'une société chrétienne, étaient déjà senties au temps où l'école classique s'enorgueillissait à juste titre de compter à la fois dans ses rangs des architectes tels que Perrault et Mansard, et des poètes tels que Corneille et Racine.

Je ne m'étendrai pas davantage sur la soif ardente de progrès qui tourmente l'activité sentimentale de notre époque; il n'est aucun de nous qui n'ait eu l'occasion de l'observer chez autrui, s'il ne l'a pas éprouvée lui-même. Déjà quelques tentatives ont été faites pour mettre fin au

1. Toussaint, *Memento des architectes, ingénieurs*, etc., tome III, page 484.

La critique que cet auteur fait des résultats de cet essai peut s'appliquer à toutes les velléités semblables qui se sont produites depuis. « Personne n'a réussi, dit-il, les novateurs n'ayant rien trouvé de mieux que de changer quelques moulures aux ordres déjà existants, et un chapiteau misérable, qui rappelait grotesquement le chapiteau dit *composite*, auquel ils avaient ajouté quelques fleurs de lys; motif puéril pour lequel on l'a appelé pompeusement *ordre français*. Mais la raison fit bientôt justice de tous ces malheureux essais, dépourvus de pensée, d'invention et d'harmonie ; et bientôt on n'en parla plus. »

Louis XIV fit insérer le programme de ce prix dans la *Gazette*. Voir *Recueil des gazettes nouvelles*, page 1100 (14 novembre 1671).

malaise des imaginations impatientes de secouer le joug du passé; mais elles sont restées sans résultat, faute d'un guide sûr. Jusqu'ici, le problème à résoudre n'a même pas été convenablement posé, parce que le but à atteindre n'a pas été clairement aperçu. Les théories erronées, enseignées sur l'art depuis la Renaissance, ont fait dévier de la route à suivre et masqué le véritable point de départ. A force de considérer la reprise de l'art gréco-romain comme une invention capitale, on a interverti l'ordre des termes de la progression artistique. En continuant à prendre un accident anormal pour une application de la règle, on a perdu le fil de l'enchaînement logique qui peut seul guider dans la recherche des termes nouveaux de cette progression.

Cet abandon de la tradition, joint aux fausses notions qu'on a généralement de l'art monumental, explique le peu de résultat des efforts qui ont été tentés dans cette voie, depuis bien des années, au nom du caprice et de la fantaisie. Pour avoir obscurci la doctrine du progrès chrétien avec des maximes entachées du fatalisme des doctrines antiques, les artistes ont vu leurs conceptions frappées de stérilité. L'absence de méthode a paralysé les plus belles intelligences; l'inanité de certaines théories a glacé les imaginations les plus vives.

Pourrait-il en être autrement avec le vide de l'enseignement actuel des beaux-arts et les préjugés qui sont restés attachés à la tradition dans cette branche des connaissances humaines, évidemment très arriérée par rapport aux autres? Il suffit d'établir une comparaison pour être fixé à cet égard. En effet, tandis que la science moderne, définitivement basée sur des méthodes rationnelles et fécondes, ouverte aux hypothèses ingénieuses qui en reculent incessamment les limites, est devenue aussi positive qu'active, selon le désir de Bacon, tandis que l'industrie, dotée par elle de puissants moyens d'action, enfante chaque jour de nouveaux prodiges, grâce aux études sérieuses dont elle est sans cesse l'objet, l'art, refoulé dans l'impasse de l'antiquité, arrêté court dans sa marche ascendante, n'a pour tout guide que les assertions des temps de déchéance [1], et pour tout moyen d'inspiration que les lieux communs des *faiseurs* à la mode. Tandis que, pour les sciences et les arts mécaniques, on a des histoires bien remplies et des annales assez complètes, pour les beaux-arts on n'a même pas eu quantité suffisante les matériaux indispensables à la formation de ces deux prodromes de toute connaissance, et les lacunes de la partie didactique de la tradition, plus sensibles dans les arts du dessin que dans la musique et la littérature poétique, le sont plus encore dans l'architecture que dans la sculpture et la peinture.

L'art monumental, déshérité entre tous, loin d'avancer dans la direction que le christianisme lui avait imprimée, a rétrogradé au point d'accepter le joug d'une théorie renouvelée des Grecs. Il est encore enserré dans les liens de cette mythologie de convention que l'époque de François Ier a mise au-dessus de la poésie évangélique. Qu'on ouvre le premier venu des livres édités à l'usage des artistes qui s'adonnent aux arts plastiques, on y trouvera invariablement cette fable, d'après laquelle l'architecture monumentale tire son origine de la construction en bois de la cabane des Grecs primitifs, et ce conte qui fait naître la sculpture d'une silhouette que la fille de Dubitade, désireuse de conserver les traits chéris de son amant, aurait tracée sur le mur pendant son

1. On verra dans le cours de cet ouvrage que, parmi les époques auxquelles je fais ici allusion, il en est qu'une fausse manière de voir a fait regarder à tort comme marquant les points culminants de l'art. Je citerai en exemple, par anticipation, l'époque dite la *renaissance*, qui, en réalité, marque plutôt le commencement d'un temps d'études archéologiques que la suite d'une ère de créations monumentales.

sommeil, et sur laquelle son père, ouvrier potier, aurait appliqué un certain relief en terre. On y verra aussi que l'ordre dorique a été composé d'après les proportions du corps de l'homme; l'ordre ionique d'après celles du corps de la femme, et l'ordre corinthien à l'imitation des formes d'une jeune fille : qu'une feuille d'acanthe, venue par hasard contre une corbeille et sous une tuile, a fait naître l'idée d'appliquer une ornementation de feuillages sur les chapiteaux, et plusieurs autres billevesées semblables [1]. Et dire qu'il a suffi que l'ingénieur Vitruve, le naturaliste Pline ou toute autorité du même poids en fait de philosophie des beaux-arts, ait avancé ces affirmations hasardées, que Vignole et consorts les aient recueillies, que la coterie des plagiaires de l'auteur des règles *des cinq ordres d'architecture* les ait répétées à l'envi, pour que les artistes contemporains de ces savants qui refondaient la physique et la chimie, reconstruisaient les fossiles et centuplaient les forces motrices de l'industrie par la prise de possession de la vapeur, les aient acceptées sans contrôle! Il nous est bien permis d'exhaler ici ces regrets au nom des artistes de notre génération ; car il n'est aucun d'eux qui n'ait été bercé dans sa jeunesse des sornettes obligées de l'enseignement vulgaire, public ou privé, des beaux-arts, et qui n'ait souffert des conséquences déplorables dues à l'abandon des bonnes traditions.

Pour n'envisager en ce moment que la question d'unité, n'est-ce pas par suite de ces écarts que nous avons vu les deux parties de l'art monumental qui devraient constamment marcher de front : l'expression sentimentale ou artistique et la science des constructions, cesser d'avoir aucun lien entre elles? On conçoit, en effet, que les hommes doués du génie de l'architecture, rebutés de la stérilité de l'esthétique qui préside à la composition, se soient rabattus sur la mécanique de l'exécution, que les acquisitions croissantes de la science pouvaient encore féconder, et que l'art proprement dit ait été abandonné par eux pour la recherche du perfectionnement de la construction. L'ouvrage remarquable que le célèbre architecte J. Rondelet a consacré exclusivement à l'art de bâtir restera comme une preuve éclatante de l'amoindrissement que la nullité de l'enseignement des beaux-arts a infligé, dans ces derniers temps, aux hommes de la spécialité qui paraissaient appelés, par leurs qualités brillantes, à prendre l'initiative de la régénération de l'art monumental [2]. En présence d'une telle déperdition des forces vives du génie artistique, on ne saurait rester indifférent aux cris de détresse poussés par les fervents adeptes du système philosophique qui admet en principe le progrès des manifestations artistiques, ni rester neutre dans le débat qui s'est ouvert entre les partisans du passé quand même et les promoteurs de l'avenir.

Aujourd'hui l'impulsion est donnée, et le travail de préparation se fait avec une certaine activité. Depuis que les bons esprits se sont aperçus qu'il était impossible de tourner plus longtemps dans le cercle vicieux de l'imitation des formes adoptées sur un petit coin du globe et sous l'empire d'une doctrine diamétralement opposée à celle qui nous régit; depuis qu'ils ont

1. Voyez entre autres le commentaire de Vignole intitulé : *Cours d'architecture*. L. Paris, 1691, par le sieur Daviler. — Cet ouvrage, publié sous Louis XIV et dédié au marquis de Louvois par un architecte qui faisait autorité, offre un résumé de toutes les puérilités admises par l'école classique. En traitant des portes et fenêtres, l'auteur va jusqu'à invoquer, à l'appui des règles qu'il propose, le rapport que Scamozzi établit entre ces ouvertures des édifices et celles de la bouche et des yeux dans la face humaine.

2. Le *Traité d'architecture* de M. Léonce Reynaud, dont la première édition a paru de 1850 à 1858, fera époque sous ce rapport. Il a cela de très remarquable que les règles de la construction y sont exposées, conjointement avec celles de la décoration, de la manière la plus large.

reconnu qu'il y avait autre chose à faire que d'intervertir l'ordre des feuilles d'un chapiteau, de modifier les proportions d'une colonne ou de rectifier le profil d'une corniche, on cherche sérieusement les moyens de s'affranchir des entraves qui s'opposent au développement de l'art monumental. Pour cela, on fouille les annales de toutes les civilisations, on interroge les monuments de toutes les époques, on accumule les matériaux, on émet des idées aussi hardies que neuves sur l'essence de l'art, et, ce qui paraît surtout de bon augure, on s'efforce de renouer le fil de la tradition artistique rompu, au seizième siècle, par la réaction païenne. Tout enfin révèle des tendances plus progressives et un besoin bien senti de rénovation artistique.

II

L'exposé qu'on vient de lire, et qui est extrait d'une introduction publiée en 1853, paraîtra modéré aux personnes qui se souviennent de la virulence des écrits du temps sur la matière. Sans évoquer les objurgations que Victor Hugo a intercalées dans son célèbre roman *Notre-Dame de Paris*, et ses attaques réitérées contre le vandalisme moderne, il suffit de rappeler les fougueux articles de polémique dont feu Didron aîné a bourré les *Annales archéologiques*, dont il était le fondateur, et, dans un autre genre, la composition satirique, dessinée et gravée par M. Ruprich-Robert, et insérée dans le huitième volume de la *Revue générale de l'architecture*, que l'architecte-éditeur César Daly publie depuis quarante ans. Il y a, dans le dessin de cette planche intitulée : « l'Architecture contemporaine », et dans les sentences extraites des auteurs les plus marquants qui l'accompagnent, une violence de critique qui ne le cède en rien aux pamphlétaires en renom. Cette diatribe figurée qui est développée par M. César Daly dans l'article « la Liberté dans l'art », de *la Revue*, conclut à un enseignement qui aurait pour devise « respect pour le passé, liberté dans le présent, foi dans l'avenir » ; belle thèse qui n'a pas malheureusement été soutenue d'une manière décisive, dans ce vaste recueil de documents anciens et modernes.

Dans le nombre des écrivains qui se sont jetés dans la mêlée, on ne saurait oublier M. de Montalembert qui, dans une brochure intitulée : *Du Vandalisme et du Catholicisme dans l'art*, n'épargnait aucun personnage ni aucun corps constitué, sans en excepter le clergé.

Dans des gravures jointes à son texte, le pair de France, usant du procédé employé par M. Ruprich-Robert, mettait en regard la Sainte-Chapelle du Palais et l'église Notre-Dame de Lorette, pour rendre frappant le contraste entre l'architecture du maître des œuvres, Eudes de Montreuil, et celle de l'architecte-académicien Hippolyte Lebas.

Parmi les hommes du métier qui sont entrés dans la lice, le savant architecte-archéologue, Viollet-le-Duc, entamait alors la critique de l'enseignement officiel de l'architecture, qu'il a maintes fois renouvelée depuis, par sa réponse au manifeste de l'Académie. En dehors des aveux que j'ai cités plus haut, le factum de M. Raoul-Rochette contenait quelques assertions hasardées et des contradictions que Viollet-le-Duc a relevées. Nous extrayons de cette réponse, qui date de 1846, les paroles suivantes qu'il adressait aux auteurs du manifeste en question :

« Vous vous étiez faits païens, Messieurs; aujourd'hui, serrés de près par l'opinion des gens qui ont étudié l'art national, vous vous faites éclectiques, et vous feriez, s'il le fallait, d'autres concessions à vos principes pour éviter d'être franchement de votre pays. Vous jetez votre plus précieux bagage à la mer, à l'heure qu'il est; vous renoncez à l'unité pour sauver le vaisseau de l'Académie. Nous craignons que vous ne sauviez rien, et que vous détruisiez l'école. Lorsque l'Académie des beaux-arts installait franchement l'antiquité chez nous, avec toutes ses conséquences, il y avait au moins unité, harmonie dans l'enseignement, dans les exemples et dans les résultats. C'était un art dont la forme était en désaccord avec nos mœurs et notre climat; mais c'était un art admirable, sur lequel il était aisé de fonder un enseignement. Aujourd'hui vous prêchez l'anarchie, l'éclectisme, Messieurs ! Mais vous mettez le feu aux quatre coins de l'école ! Comment ? Vous allez dire à vos élèves (je vous cite) : « Recueillez dans le passé, choisissez dans le présent.... » Mais que choisir ? vous répondra-t-on. L'Académie croit qu'avec cela nous aurons une architecture de notre époque : nous aurons ce que nous avons depuis vingt ans, du désordre....

« .... Pour élever quoi que ce soit, ne fût-ce qu'une guérite, il nous faut un art arrêté, coordonné par un système qui soit soumis à des principes et à des règles infranchissables. C'est pour avoir méconnu un instant ces règles et ces principes, en voulant mêler l'architecture antique aux traditions du moyen âge, que la Renaissance n'a produit que des œuvres quelquefois attrayantes, mais toujours bâtardes, et qui, de chute en chute, nous ont conduits à l'anarchie, d'où vous ne nous aidez guère à sortir. Pour Dieu, Messieurs, reprenez l'antiquité pure, si vous pouvez, mais n'appelez pas le désordre pour nous combattre. En suivant les principes émis dans le manifeste, à savoir, qu'il ne faut pas plus imiter le siècle de Périclès que celui de saint Louis, qu'il est bon de prendre partout dans le passé et dans le présent « pour créer un art », l'Académie, pour être conséquente, aura donc demain, à l'école des Beaux-Arts, des professeurs d'architecture grecque, romaine, gothique, de la Renaissance, qui se critiqueront les uns les autres, qui détruiront leurs systèmes réciproquement. On enseignera le même jour, à une heure de distance, la construction grecque et la construction gothique; on démontrera aux mêmes élèves, comme quoi la plate-bande l'emporte sur l'arc, et l'arc sur la plate-bande; et ce sera là créer un art! Miséricorde! si nos fils se font architectes, que deviendront-ils dans cette tour de Babel ?.... »

« .... Dans votre pensée, Messieurs, vous comparez toujours le quinzième siècle au seizième, et vous vous dites alors : « La Renaissance est un progrès, donc la marche adoptée par les artistes de cette époque est celle qui doit être suivie ». Certes, s'il fallait absolument choisir entre ces deux arts, celui du quinzième siècle ou celui du seizième, peut-être donnerions-nous la préférence au dernier. L'art gothique, corrompu à la fin du quinzième siècle, n'était plus viable. L'ignorance, résultat de longues luttes et de commotions violentes, avait fait perdre à notre art national sa raison, son système. Ce n'était plus alors qu'une tradition expirante ; le principe de cet art était étouffé sous l'enveloppe la plus compliquée sans motif, la plus surchargée de « détails sans signification ». Il fallait en revenir à ce principe, ou chercher de nouvelles inspirations dans un autre art ; l'antiquité fut adoptée avec plus d'enthousiasme que de réflexion.... »

« .... Ce n'est pas que nous voulions « immobiliser » l'art de l'architecture en France ; ce serait une folie d'y songer. Non, Messieurs, ne nous prêtez pas des idées extravagantes, pour vous donner le plaisir de les réfuter victorieusement. Nous demandons que notre architecture du treizième siècle soit d'abord étudiée par nos artistes, mais étudiée comme on doit étudier sa langue, c'est-à-dire de façon à en connaître, non seulement les mots, mais la grammaire et l'esprit. Nous demandons que l'enseignement officiel entre dans cette voie ; que l'étude de l'antiquité ne devienne que ce qu'elle aurait toujours dû être, l'*archéologie*, et l'étude de l'architecture française au treizième siècle, le moyen de l'*art*.... »

Ces citations, qui sont corroborées par d'autres arguments dans la *réponse* d'où elles sont extraites [1], suffisent pour montrer comment Viollet-le-Duc, à ses débuts, envisageait l'enseignement de l'architecture. Loin de vouloir, comme on l'a prétendu, imposer une imitation servile de celle du moyen âge, dont il possédait tous les secrets, ce maître voulait qu'on tînt compte de ce dernier terme de la progression pour aller plus loin, au lieu de prendre pour point de départ un terme antérieur, ce qu'il considérait comme une faute de logique préjudiciable au progrès.

Pour ne parler que de la structure des édifices, il est prouvé, en effet, que les constructeurs du moyen âge ont réalisé une invention capitale qu'on ne saurait trouver au delà : *celle de l'ossature des voûtes*, système constructif qui leur a permis de projeter les voûtes de nos cathédrales à des hauteurs vertigineuses, avec le minimum de matériaux possible ; ce qu'on chercherait en vain dans les constructions de leurs devanciers. En outre, ce système tout nouveau dans les combinaisons, ils l'ont revêtu d'un style décoratif sans exemple, dont le nombre des *motifs* dépasse considérablement celui des arts antérieurs. Enfin, il est évident que si, pour progresser, on voulait partir de l'antique, avant-dernier terme, il faudrait, de toute nécessité, repasser par celui du gothique avant de pousser plus loin.

Aussi, malgré l'opposition qui lui était faite par l'école classique, la phalange des rénovateurs gagnait du terrain et entraînait l'opinion publique par la propagande de ses écrits et de ses nouvelles bâtisses. Henri Labrouste, que nous devons reconnaître, avec feu Léonce Reynaud, comme « l'un de nos architectes les plus distingués, et l'un des hommes de l'époque chez lequel le sentiment de la forme est le plus développé », conseillait aux élèves qu'il a reçus dans son atelier d'architecture, pendant plus de vingt ans, de prendre connaissance de tous les styles du passé, comme instruction historique, en leur interdisant toute copie servile comme moyen de composition. L'enseignement libéral qu'il professait attirait la jeunesse à son atelier, d'où sortaient chaque jour des architectes préparés à entrer dans de nouvelles voies, tels que MM. Lassus, Klotz, Bœswillwald, Millet, Aymar Verdier, Simonet, Delbrouck. Lassus, qui fut le collaborateur de Viollet-le-Duc, outre la participation qu'il prenait à la polémique, élevait des édifices, véritables modèles du système ogival, parmi lesquels on compte l'église Saint-Jean-Baptiste de Belleville.

Le clergé, ramené à l'admiration de l'architecture du temps de saint Louis par les écrivains et les artistes laïques, poursuivant l'érection de nouvelles églises gothiques avec une ardeur démesurée, provoqua une réaction qui, avec la velléité de faire du nouveau, n'est guère parvenue qu'à introniser un éclectisme favorisé par des circonstances qu'il convient de noter.

1. Du style gothique au dix-neuvième siècle. *Extrait des Annales archéologiques*. Juin 1846.

La grande préoccupation du dernier règne n'a pu échapper à personne. Évidemment l'empire a été possédé, au suprême degré, de la prétention de marquer son passage d'une empreinte profonde et ineffaçable. Parmi les entreprises susceptibles de produire une grande impression sur les esprits, il devait mettre en première ligne celle de l'érection de somptueux édifices. Aussi cette partie de son programme a-t-elle reçu un développement d'une étendue peu commune dans l'histoire. La transformation de nos grandes villes par le remaniement de leurs voies publiques et la réédification ou l'accroissement du nombre de leurs édifices, s'est effectuée comme par enchantement; palais nationaux ou de justice, églises, musées, châteaux, mairies, écoles, théâtres, hôtels de ministères ou de préfectures, hospices, casernes, fontaines, halles, marchés, ponts, gares de chemins de fer, etc., ont surgi de toutes parts dans l'espace de dix-huit ans.

La prétention dont il s'agit se retrouve dans nombre de pièces officielles du temps. Je me bornerai à faire mention d'une seule, qui est significative :

Le 16 décembre 1855, le ministre d'État, Achille Fould, dans le discours qu'il prononçait, lors d'une distribution de prix à l'École des Beaux-Arts, gourmandait les élèves en même temps que les maîtres de la manière suivante : « .... Nos architectes, comme nos peintres et nos sculpteurs, ont obtenu à l'Exposition universelle de grands et légitimes succès; mais on a vu, non sans quelque surprise, qu'appliqués presque exclusivement à l'étude et à la restauration de nos monuments de l'antiquité et du moyen âge, ils n'aient pas offert à leurs juges des *compositions originales* telles qu'on en pourrait attendre de leur talent et de leur expérience. L'étude du passé doit servir au présent; mais si l'on demande aux anciens maîtres d'utiles leçons, c'est pour les mettre en pratique au profit de ses contemporains. Peu d'époques ont offert, comme la nôtre, un si vaste champ aux méditations de l'architecte. Sans parler des travaux immenses qui s'exécutent dans toute la France par les ordres de l'empereur, le mouvement prodigieux du commerce et de l'industrie semble inviter l'architecte à produire des projets de toute espèce, et les progrès rapides de la civilisation demandent à l'art des créations en rapport avec de nouveaux besoins.

« Tout se tient dans une époque : les grandes choses appellent de grands efforts. Depuis le commencement du siècle, dans la guerre, dans la paix, notre pays s'est signalé par des actions héroïques, par des découvertes immortelles. Les beaux-arts ne sauraient demeurer en arrière au milieu du mouvement incessant de l'activité nationale. Si le spectacle des grands événements, si la vue des grands hommes échauffe le génie des artistes, le règne qui vient de s'ouvrir leur prépare d'heureuses inspirations et doit les exciter à conserver et à augmenter les gloires de la France. . . . . »

Cette véhémente apostrophe ne pouvait passer sous silence. Dans une lettre fort remarquable qui a été insérée dans l'*Encyclopédie de l'architecture*, en février 1856, Viollet-le-Duc, toujours sur la brèche, expliquait de la manière la plus complète les causes de la stérilité signalée par le ministre. Il les trouvait dans l'inanité de l'enseignement officiel et dans la divergence de principes des écoles libres en présence : l'école dite classique étant, en réalité, une entrave par son exclusivisme; l'école rationaliste avec des vues plus larges, trouvant dans l'éclectisme des éléments plus variés, mais n'ayant pas de point d'appui pour marcher en avant [1];

1. L'*École spéciale d'architecture* fondée en 1865 par M. Émile Trélat, ingénieur-architecte, qui professait alors cette doctrine, a donné de prime abord des espérances d'impulsion fécondante qui n'ont pas été justifiées jusqu'ici par des résultats appréciables.

l'école gothique enfin, n'étant pas encore en mesure de tirer des conséquences de ses découvertes archéologiques. Pour conclure, ajoutait-il en finissant : « L'architecture en France est aujourd'hui arrivée (nous en avons la ferme conviction) à une de ces époques de germination, dirai-je, qui ne peut manquer de produire, dans un délai plus ou moins long, des résultats féconds. En ce moment la situation peut se résumer ainsi : beaucoup d'études, beaucoup de divisions, beaucoup de désordre, mais un sol fécond : pour lui faire produire quelque chose il ne faut que le cultiver. »

Plus tard, l'auteur de cette démonstration était parvenu à faire entrer les représentants de l'autorité dans ses vues pour abréger le délai qu'il prévoyait. On sait sous quelles influences les décrets de 1863, qui se bornaient à un essai de réforme de l'école des Beaux-Arts et dont il a été l'instigateur, ont avorté.

Par suite de la coalition des écoles classique et éclectique et de leur prépondérance jointes à l'effroi qu'inspirent aux routiniers les efforts intellectuels à faire pour étendre leur instruction, l'école gothique a éprouvé une sorte d'abandon. Bien qu'il soit incontestable aujourd'hui qu'un architecte qui ne connaît pas les ressources du système ogival en construction, ne saurait être considéré comme un praticien complet dans l'art de bâtir, on peut dire qu'il n'y a presque plus de maîtres enseignant l'art du moyen âge, ni d'auxiliaires pour seconder ceux qui veulent encore le cultiver. C'est au point que, dernièrement, un des ministres de notre République se plaignait publiquement de manquer d'architectes capables pour le service des édifices diocésains qui datent, en grande partie, des siècles où les *maîtres des pierres* élaboraient l'invention de l'*ossature équilibrée*.

Si le progrès a été enrayé, cela ne veut pas dire que, pendant ce laps de temps, la France soit tombée en décadence, car elle peut s'enorgueillir, à bon droit, d'avoir produit dans des genres bien différents des œuvres magistrales comme la cathédrale de Marseille et les bâtiments des Arts-et-Métiers, les salles de lecture des bibliothèques Sainte-Geneviève et Nationale, le complément occidental du Palais de Justice, la caserne de la rue de la Banque, l'église Sainte-Croix de Ménilmontant, le palais de Longchamps (Marseille), le nouvel Opéra, l'Hôtel de ville du nouveau Paris, œuvres signées des noms des architectes Vaudoyer, Henri Labrouste, Duc, Grisard, Héret, Esperandieu, Ch. Garnier, Th. Ballu, qui sont acquis à l'histoire, avec tant d'autres qui mériteront aussi d'y figurer.

III

Au commencement du siècle nous n'avions pas encore, à proprement parler, un seul ouvrage didactique pour l'enseignement de l'architecture, telle que nous étions appelés à la pratiquer pour répondre aux exigences de notre époque.

Depuis l'invention de l'imprimerie, on n'invoquait, comme autorité, que le *Traité d'architec-*

ture de Vitruve, compilation incomplète de plusieurs ouvrages grecs perdus, faite par cet ingénieur mécanicien du temps d'Auguste, qui ne connaissait même pas *de visu* les monuments grecs, et dont le style plein d'obscurités donnait lieu aux interprétations les plus diverses.

Or, en 1800, Vitruve avec ses traducteurs et commentateurs, Alberti, Serlio, Scamozzi, Palladio, Vignole, Philibert Delorme, Daviler, Ducerceau, Le Muet, Bullant, Blondel et autres auteurs dont les ouvrages morcelés peuvent offrir un certain intérêt archéologique aux maîtres, étaient loin de constituer un enseignement classique pour l'instruction des élèves en architecture.

Le *Dictionnaire historique d'architecture* publié de 1795 à 1825 par le savant archéologue Quatremère de Quincy, et qui, avec des appréciations judicieuses de l'architecture antique, est entaché du dénigrement de l'ignorance à l'endroit de l'architecture du moyen âge, n'était pas, non plus, pour la jeunesse, un livre à consulter au point de vue de l'étude de l'art de bâtir.

C'est le dix-neuvième siècle qui, dans cette spécialité comme dans beaucoup d'autres, a comblé la lacune qui existait dans l'enseignement de l'art architectural.

Jetons un coup d'œil sur les principaux recueils que notre siècle a mis à notre disposition, en France.

D'abord les ouvrages didactiques qui forment la base de l'instruction professionnelle.

C'est notre grand maître J. Rondelet qui ouvre la liste par son *Traité théorique et pratique de l'art de bâtir*. La première édition de cet ouvrage, composé de cinq volumes et d'un magnifique atlas de Planches, a été commencée en 1802. M. Rondelet fils, également architecte, en a donné plusieurs éditions après la mort de son père ; la huitième a paru en 1842.

Cet ouvrage, expression d'une époque qui avait complètement perdu le sens de l'art libéral et l'avait répudié au profit de la science qu'on formulait de toute part, est une œuvre historique et didactique sur la construction, qui laisse bien loin derrière elle tout ce qui avait été écrit sur cette matière. L'auteur, homme grave et plein de science, après avoir passé en revue les différents genres de construction des anciens et les matériaux qu'ils ont mis en œuvre, y traite *ex professo* des diverses qualités des matières premières, que la nature met à notre disposition pour l'érection des édifices, et après les avoir pesées et disséquées, pour ainsi dire, il donne la manière de les employer en observant les lois physiques de la stabilité, d'après les connaissances acquises jusqu'alors. Puis il ajoute à ces richesses léguées de siècle en siècle le résultat des nombreuses expériences faites par lui, avec toute la persévérance et l'exactitude dont il était seul capable. Il est à remarquer que, dans ce traité sans précédents, Rondelet, par son vaste savoir en histoire de l'art, en sciences appliquées, en construction tant ancienne que moderne, dépasse le cercle de l'école gréco-romaine, dite *classique*, à laquelle il appartenait comme membre de l'Institut du temps [1].

Vers 1847, l'architecte Abel Blouet a fait paraître un *Supplément*, destiné à enrichir l'ouvrage de Rondelet des nouvelles ressources que la science et l'industrie avaient apportées à l'art de bâtir depuis la mort de cet auteur ; mais ce supplément consacré à des détails n'ajoute rien aux principes fondamentaux posés par l'habile praticien qui a achevé le Panthéon français.

L'architecte Toussaint (de Sens) a publié, de 1824 à 1838, un *Memento des Architectes et*

1. Extrait du *Traité de l'évaluation de la menuiserie*, par L.-A. Boileau et F. Bellot. Paris, 1847.

ingénieurs, etc., qui comprend trois volumes. Le premier contient *les détails pour établir les prix* des ouvrages ; le second renferme un *Code de la propriété* annoté ; le troisième, intitulé : *Principes généraux, théoriques et pratiques*, est consacré, en partie, à un *Essai historique sur les diverses époques de l'architecture*, aussi intéressant qu'instructif et accompagné de planches.

De 1850 à 1858, feu Léonce Reynaud, architecte et ingénieur, nous a livré, dans son grand *Traité d'architecture*, une amplification de l'enseignement oral qu'il professait à l'École polytechnique. La valeur de cet ouvrage, clair, méthodique et affranchi de l'esprit d'exclusion, est rehaussé par l'adjonction de nombreuses planches du meilleur choix. La lacune relative à la mise en œuvre des fers spéciaux, qui existait forcément dans la première édition, a été remplie dans les éditions postérieures. Il en résulte que, maintenant, le *Traité* de Léonce Reynaud est à la hauteur du jour pour l'enseignement professionnel [1].

En 1879, l'architecte J.-B. Lesueur a publié un volume intitulé : *Histoire et théorie de l'architecture*, dans lequel il part de l'art égyptien pour arriver à l'art grec. Malheureusement il y a peu de figures dans ce volume.

Les divers recueils périodiques dont feu Oppermann, ingénieur, a poursuivi la publication à partir de 1855, et notamment les *Nouvelles annales de la construction*, forment une collection graphique des ouvrages les plus variés des ingénieurs et des architectes, qui peut être consultée avec fruit.

Le Génie civil, que la Société des ingénieurs civils publie périodiquement depuis 1881, contient, en plus, des notions savantes et des gravures instructives dont les architectes peuvent tirer parti.

Sous le titre : *Grammaire des arts du dessin* (1867), l'auteur de l'*Histoire illustrée* des peintres de toutes les écoles, feu Ch. Blanc, est parvenu, avec le style magistral qui le distingue, à mettre les règles de l'esthétique à la portée du public, dans une suite de propositions qui contiennent plus d'un enseignement pour les architectes aussi bien que pour les sculpteurs et les peintres.

Dans l'*Esthétique* de M. E. Véron, dont la première édition porte la date de 1878, on trouve aussi des principes généraux appliqués aux diverses branches des beaux-arts, qui peuvent s'étendre à celle de l'architecture, moins bien traitée que les autres, l'auteur étant moins familier avec les procédés de la construction qu'avec ceux de la plastique.

Pour l'histoire universelle de l'architecture, nous avons, par ordre de dates, l'*Histoire de l'architecture* de Th. Hope, traduite de l'anglais (1839), qui a le mérite de la priorité, mais non celui du choix et de l'exécution des gravures qui l'accompagnent ; puis l'histoire de l'*Art monumental* dans l'antiquité et au moyen âge, par L. Batissier (1845), et les *Monuments anciens et modernes*, par Jules Gailhabaud (1850) ; deux œuvres d'investigation et d'érudition qui rendent le service de simplifier les recherches, en mettant au jour et rassemblant de nombreux matériaux auparavant enfouis et disséminés, et qui se recommandent également par la justesse des descriptions et la fidélité des figures.

Les noms des collaborateurs qui figurent au bas des notices des *Monuments anciens et*

1. En 1855 j'ai donné, dans le journal *le Siècle*, un compte rendu de la première partie, alors publiée, du *Traité d'architecture* de Léonce Reynaud. Je reproduirai ailleurs les réflexions que m'avaient inspirées les vues élevées de cet auteur.

modernes, recommandent suffisamment cet ouvrage. Deux d'entre eux, MM. Albert Lenoir et Vaudoyer, architectes et archéologues, ont aussi enrichi le *Magasin pittoresque d'études* fort estimées sur l'*architecture en France*.

L'*Histoire générale de l'architecture*, que M. Daniel Ramée a livrée au public en 1860, est une édition revue et modifiée du *Manuel de l'histoire générale de l'architecture*, qu'il avait fait paraître en 1843. Cet ouvrage nous fait profiter des travaux de quelques auteurs allemands ou anglais que M. Daniel Ramée s'est appliqué à traduire. Il y a un choix à faire entre les doctrines philosophiques, diamétralement opposées, de la première et de la seconde publication, l'auteur ayant, paraît-il, changé de manière de voir dans l'intervalle de temps qui les sépare. Les petits clichés de rencontre insérés dans ces deux ouvrages, sous prétexte de figures, n'ont pas assez de valeur pour faire oublier la contradiction de principes dont ils sont entachés.

En étudiant à fond l'histoire universelle de l'architecture, qui devait être le point de départ de mes travaux, j'ai été obligé de reconnaître que nos ouvrages français ne fournissent pas autant de matériaux historiques que ceux de l'Anglais James Fergusson, dont la réunion forme quatre volumes contenant plus de 1700 figures de monuments de toutes les parties du monde. La seconde édition de ces ouvrages porte les dates de : 1873, 1874 et 1876. Le volume consacré à l'architecture de l'Inde et de l'Orient comble le vide qui existait dans cette partie si importante de l'histoire architecturale, en remplaçant par 394 bonnes gravures, exécutées pour la plupart d'après des photographies, les dessins purement pittoresques qu'on trouvait à grand' peine dans les bibliothèques publiques.

Tout en faisant des réserves sur certaines théories un peu hasardées que M. James Fergusson a exposées dans son texte, il faut avouer que, par les nombreuses gravures qu'il a réunies, grâce au concours d'un éditeur hors ligne, son *History of architecture in all countries* est, dans le sens de la vulgarisation et de la facilité des études, la collection la plus complète ; car jusqu'ici il ne s'est agi que de collections de matériaux pouvant être coordonnés et classés pour fonder un enseignement progressiste.

L'archéologie, et notamment celle du moyen âge, a produit un tel nombre de livres, depuis 1830, qu'ils forment à eux seuls une riche bibliothèque dont je ne puis donner le catalogue. Je me contenterai donc de faire remarquer qu'à côté du précurseur, M. de Caumont, cette branche de littérature compte une foule d'auteurs distingués et célèbres à d'autres titres, tels que Victor Hugo, Mérimée, Vitet, Albert Lenoir, de Montalembert, C. Nodier, de Laborde, du Sommerard, et tant d'autres.

L'archéologie du moyen âge a eu, à partir de 1844, un organe retentissant dans les *Annales archéologiques*, fondées par Didron aîné, et dirigées par lui jusqu'à l'époque de sa mort en 1867. M. Édouard Didron, neveu du précédent, a continué cette publication périodique, qui a perdu l'intérêt qu'elle avait excité lors des premières luttes entre les écoles divergentes.

Les archéologues, même les plus érudits, ne pouvant faire connaître que la forme extérieure ou le vêtement des édifices, c'est-à-dire ce qui se réduit au style proprement dit, il fallait un architecte praticien en même temps que théoricien pour en découvrir la structure intérieure et en expliquer l'organisme. Viollet-le-Duc, qu'on ne saurait trop regretter, s'était chargé de cette mission, qu'il a accomplie à notre grand profit, en ce qui concerne une époque d'architecture insuffisamment explorée avant lui sous le rapport de la construction. Dans son *Dictionnaire rai-*

sonné de l'architecture française du onzième au seizième siècle, il dissèque, d'une main savante et exercée, les différents *systèmes* de construction des édifices du moyen âge; et, avec l'autorité de sa parole, il nous fait assister aux phases successives de l'apparition, de l'apogée et du déclin de l'art monumental dont ils sont l'expression. Dans les neuf volumes de cet ouvrage, parus de 1854 à 1868, et qui sont enrichis de gravures sur bois dignes de ses propres dessins, Viollet-le-Duc a traité son sujet d'une manière tellement complète, qu'il paraît l'avoir épuisé. Mû par une conviction sincère et dégagée des préventions cléricales, il retourne en tous sens ses arguments, et enfonce, plutôt trois fois qu'une, le coin de la démonstration pour briser l'idole des préjugés enracinés.

Cet auteur animé d'un esprit libéral et primesautier ne pouvait s'enfermer dans le cercle restreint de l'exclusivisme. Aussi les *Entretiens sur l'architecture* qu'il a publiés de 1858 à 1871 sont-ils suffisamment significatifs à cet égard. Dans les deux volumes de cet ouvrage, il propose des créations architectoniques opposées à la routine, et dans lesquelles l'emploi du fer joue un grand rôle, et cela, au grand étonnement du public qui, l'ayant proclamé grand maître de l'*école gothique*, le supposait voué pour toujours à la spécialité de l'ogive.

On doit regretter que l'activité fébrile que Viollet-le-Duc a déployée dans la rédaction de plus de trente volumes, et dans des restaurations d'édifices mutilés, dont celles du château de Pierrefonds et de la cathédrale de Paris l'ont occupé pendant une trentaine d'années, ne lui aient pas laissé le temps de participer davantage au mouvement de la rénovation architectonique. Par l'étendue et la direction progressive de ses études, l'auteur des *Entretiens* et des *Histoires* de la collection Hetzel remplissait, en effet, les conditions voulues pour accélérer ce mouvement, quand la mort l'a surpris.

L'apport du demi-siècle que nous franchissons, en ce qui concerne l'instruction des architectes, est si considérable qu'on ne saurait l'énumérer, même approximativement. Pour clore ce chapitre, je me bornerai donc à mentionner, de mémoire, les travaux de MM. P. Chabat, E. Bosc, L. Château, Choisy, G. Perrot et Chipiez, F. de Dartein, sur la construction et l'archéologie; les dissertations de M. César Daly, sur ce qu'il appelle l'*architecture organique* et sur l'invention à faire d'une nouvelle architecture, qui ont été insérées dans la *Revue de l'architecture* dont il a été parlé; la polémique plus acerbe qu'instructive engagée, il y a quelques années, entre M. Émile Trélat et M. Ch. Garnier, sur l'enseignement de l'architecture; la composition dite *le Sitellarium*, mise au jour par le premier, et la monographie du nouvel Opéra par ce dernier, qui critique humblement certains détails de son œuvre pour avoir le droit d'en vanter l'ensemble. En résumé, à l'heure qu'il est, on peut dire que les bibliothèques de la spécialité regorgent de matériaux de toute sorte, prêts à être mis en œuvre, après avoir subi l'épreuve d'un examen critique. On verra, plus loin, quel parti on en peut tirer à l'expiration de l'époque de transition que l'architecture a eu à traverser.

DEUXIÈME PARTIE

RÉFUTATION DES ERREURS PROPAGÉES PAR L'ÉCOLE DITE CLASSIQUE SUR LES ORIGINES DE L'ARCHITECTURE

Quiconque travaille à l'avancement d'une science ou d'un art a, d'un côté, des découvertes récentes à mettre en valeur, et, de l'autre, d'anciennes idées erronées à déraciner, pour atteindre le but qu'il poursuit.

Or, l'histoire générale qu'on enseignait aux écoliers de ma génération, et qui ne remontait guère au delà des Grecs et des Romains, a faussé les notions sur l'origine de l'architecture, au point que l'école bien improprement dite classique attribue encore aux Grecs la priorité ou la suprématie en fait d'art monumental.

Bien que l'engouement rétrospectif de l'antiquité, qui a soulevé, dès le dix-septième siècle, une discussion assez oiseuse entre les « anciens » et les « modernes », dans le camp de la littérature, ait perdu, depuis cinquante ans, un certain nombre de ses sectateurs dans celui de l'art, il importe d'en faire disparaître les derniers vestiges. La persistance des adeptes de cette école classique à cet égard, s'étant encore manifestée de nos jours, ne nous permet pas de reculer devant cette nécessité.

N'avons-nous pas vu, en effet, un professeur d'archéologie de l'État, un instant ministre, E. Beulé, renouveler en 1867 l'exaltation exclusive de l'art grec, et le dénigrement systématique de l'art du moyen âge, qui ont été si justement reprochés à Quatremère de Quincy, l'un de ses prédécesseurs à l'Académie [1] ? Dans le livre cité, cet antiquaire laisse échapper un de ces mots malheureux dont il était coutumier, en disant pour toute critique que, pour son principal ouvrage,

1. *Causeries sur l'art*, par E. Beulé. Librairie Didier, 1867.

Viollet-le-Duc avait adopté « la forme du dictionnaire, qui est tout simplement le hasard par ordre alphabétique ».

Après cela, il est bien permis de s'écrier encore, avec un poète de la fin du dernier siècle : « Qui me délivrera des Grecs et des Romains ! »

Ce qui a trompé longtemps les auteurs modernes sur l'attribution de l'initiative faite à la Grèce, au point de leur faire oublier la priorité de l'Asie et de l'Égypte, c'est le privilège exclusif qu'ont eu les écrits des Grecs sur ceux de leurs devanciers de parvenir jusqu'à nous. A bien prendre, la réputation bien méritée de la Grèce vient de sa littérature, de sa philosophie et de sa science qui ont été son œuvre propre, bien plutôt que de l'art monumental dont elle a emprunté les éléments aux Asiatiques.

A la fin du quatorzième siècle et pendant tout le quinzième, la connaissance des ouvrages originaux de l'ancienne Grèce provoqua un vif enthousiasme et ouvrit aux esprits des horizons nouveaux.

A la fin du quinzième siècle, l'architecture dite gothique, ayant poussé l'extension de sa richesse jusqu'à l'abus du style flamboyant, on crut opérer une réforme en retournant en arrière. Par induction on conclut de la valeur de la littérature des Grecs à celle de leur architecture. La tradition païenne, prenant le dessus, enraya pour un temps le progrès architectonique par une réminiscence de l'art antique à laquelle on étendit la qualification de *Renaissance*, plus justifiée dans le domaine des lettres que dans celui des arts.

On connaissait à peine les vestiges des monuments grecs, il est vrai ; mais n'avait-on pas sous les yeux les copies plus ou moins fidèles laissées par les Romains leurs élèves ? N'avait-on pas retrouvé un livre d'architecture, composition indigeste faite par un certain Vitruve, réminiscence de divers ouvrages grecs non conservés? C'était plus qu'il n'en fallait pour prôner l'imitation de l'antique et pour déclarer nos cathédrales chrétiennes conceptions de barbares ! A partir de cette époque, les artistes ne jurèrent plus que par les Romains, Aristote et Vitruve. Le livre de ce dernier fut traduit, commenté, compilé ; les fables dont il fourmille furent répétées avec la crédulité la plus naïve par les maîtres accrédités, jusqu'au commencement de notre siècle. Le sentiment ne pouvant plus animer l'imagination des artistes, il fallut remplacer son souffle par des règles matérielles, des procédés techniques. Ce fut Jacques Barozzio de Vignole qui donna à ses confrères, en échange du génie des maîtres du moyen âge, une échelle métrique de proportion. C'est ainsi que la renaissance, qui n'avait entrevu l'art grec qu'à travers les ruines de l'art romain, nous a légué une fausse appréciation du premier.

Maintenant qu'on est arrivé à constituer la science chrétienne, en brisant les entraves que lui apportait la méthode des anciens, qu'on a exploré le champ inconnu de l'archéologie indoue, égyptienne, assyrienne, etc., en visitant de nouveau celui de l'archéologie grecque, on s'aperçoit que les Hellènes n'ont pas tiré de leur propre fonds, autant qu'on s'est plu à le supposer, et l'on revient de l'engouement suscité par la renaissance. Laissant de côté la littérature et la science, on reconnaît que pour l'art, et notamment pour l'architecture, s'ils perfectionnèrent des détails secondaires, ce fut au détriment de l'ensemble synthétique, que loin d'enrichir par des inventions, ils ne firent qu'amoindrir, que fractionner. Il est une foule de considérations qui peuvent être invoquées à l'appui de cette dernière assertion, la seule qui rentre dans le sujet de ce chapitre ; nous n'en exposerons qu'un petit nombre.

La portion du continent et les îles auxquelles le nom de Grèce est resté, semblent avoir été destinées à être le point de contact de peuples les plus divers, de civilisations opposées. Habité successivement par les Pélasges, les Hellènes (Achéens, Æoliens, Doriens, Ioniens), le sol de la Grèce [1] a conservé les traces de deux formes monumentales bien tranchées. Les unes appartiennent aux sociétés organisées par tribus, les autres aux sociétés plus avancées qui avaient fondé les monarchies de l'Inde, de l'Asie occidentale et de l'Égypte et qui formaient le deuxième âge de la civilisation. Les premières se distinguent par une construction toute particulière qui consiste en grosses pierres brutes, fragments de rochers, que le fer n'a point touchés, selon l'expression de Moïse.

Ces blocs, qui forment presque toujours épaisseur de mur, sont posés selon leur convenance naturelle et sans ciment; c'est cette construction qui a reçu le nom de pélasgique ou cyclopéenne, comme étant l'œuvre d'une race douée d'une force physique surhumaine. Le hiéron de Signia qu'on suppose avoir servi de soubassement à des autels primitifs, peut en donner une idée. Petit-Radel a laissé des descriptions et des modèles en relief de ce système primitif de construction, à la bibliothèque Mazarine.

Les secondes traces monumentales reproduisent le système de construction, par montants et traverses, qui est exécuté en pierres taillées, juxtaposées et superposées à l'aide de joints, quelquefois réunies par l'adhésion du ciment ou l'attache des agrafes.

Le système pélasgique est un de ceux qui ont été employés pour l'érection des monuments du premier âge. On le retrouve sur les points du globe les plus opposés; les Tlaxaltèques ont laissé, en Amérique, des constructions qui surpassent, par leur hardiesse, tout ce qu'on voit en Grèce dans ce genre; ce sont des murailles bâties en quartiers de rocs inégaux, qui ferment des vallées entières, pour arrêter le cours des torrents.

Les monuments les plus avancés, comme forme et comme construction, qui puissent être attribués à cet âge, ne se trouvent pas en Grèce, mais en Sardaigne : ce sont ces nombreux *Nurhags* qui offrent les rudiments du dôme et de la voûte, et dont l'origine et la destination sont l'objet d'une controverse interminable entre les antiquaires. D'où l'on peut conclure que même pour le système pélasgique, la priorité ne saurait être attribuée aux anciens habitants de la Grèce. Peuples, du reste, fort mêlés, d'une origine toute différente de celle des Grecs proprement dits, et dont ceux-ci ne connurent même pas l'histoire.

Quant aux monuments élevés, selon la synthèse du deuxième âge, par les sociétés grecques reconstituées après l'émigration des colonies orientales, il est de toute évidence que le système de construction qu'ils exécutent n'est autre que celui des supports et des plates-bandes, employé bien avant eux, par les Asiatiques et les Égyptiens; avec cette seule différence, qu'il présente infiniment moins de puissance. En effet, les matériaux des Grecs ne peuvent être comparés, pour les dimensions, à la plupart des monolithes mis en œuvre par les Égyptiens. Les pierres et les marbres dont ils se sont servis généralement, n'offrent pas, pour la taille, les mêmes difficultés que les granits et les grès des bords du Nil. Leurs constructions, enfin, ne peuvent

1. Voici comment on explique le nom de *Grèce*, que les Romains nous ont laissé : « Le terme Graikoi (Graeci) ne s'appliquait primitivement qu'aux Hellènes de l'ouest de l'Épire. Les Étrusques portèrent ce mot en Italie, où bientôt on s'en servit pour désigner tout le peuple hellène, tandis que chez ce dernier il était depuis longtemps tombé en oubli. » *Encyclopédie de l'antiquité* de Pauly, 3e vol., p. 959.

être comparées pour l'importance à celles des Pharaons; elles diffèrent entre elles comme la force numérique de chaque peuple. Celles-ci ont exigé le concours d'une quantité innombrable de bras serviles dirigés par le chef unique d'un grand empire : les ressources d'une *simple cité* ont suffi à celles-là. — Cette dernière observation acquiert un nouveau poids lorsqu'on quitte le terrain de la construction pour se placer au point de vue de l'expression sentimentale des monuments artistiques des Grecs. Tout le monde sait quelle est l'exiguïté des temples grecs, lesquels devaient être placés sur le sommet d'une Acropole, pour avoir de l'apparence; et certes, on ne songerait jamais à retrouver l'origine de ces sanctuaires étroits, rarement circonscrits d'un péribole ou d'un bois sacré, dans les figurations du Ciel indou ou du Cosme égyptien qui occupent un espace si considérable sur la terre, si l'on n'avait devant soi l'expérience du morcellement de l'art. Car, en effet, pour retrouver la filiation, il faut comparer le tout avec des parties, l'ensemble avec des annexes. Les religions antérieures au christianisme admettant toutes, sans exception, un principe du mal, esprit d'impureté et de ténèbres chargé des iniquités de la matière, dont la fonction était de tourmenter les mortels ici-bas, dans un but d'expiation; les hommes, en même temps qu'ils adjuraient les dieux bons, principes du bien, pour obtenir leurs grâces vivifiantes, croyaient devoir conjurer l'esprit du mal pour adoucir ses rigueurs. D'abord l'imagination assigna des demeures naturelles à ces esprits de ténèbres; plus tard, quand le culte eut pris une grande extension, l'art fut appelé à leur composer des lieux de propitiation. Aux époques de foi, les monuments consacrés à l'esprit du mal sont les imitations d'un fragment minime du temple divin, approprié à leur destination. A mesure qu'on approche des époques sceptiques, ces deux monuments vont constamment en s'égalisant; or, les Égyptiens érigeaient à côté de leurs grands temples, des chapelles appelées Typhoniums consacrées à Typhon, c'est-à-dire à la matière et à la force brutale et désordonnée.

A l'exception des détails symboliques, ces chapelles étaient semblables à celles qui se trouvaient en grand nombre dans les diverses enceintes du temple. Eh bien, on peut s'assurer, en compulsant les ouvrages où les monuments égyptiens sont fidèlement représentés par la gravure, que les temples grecs ne sont qu'une reproduction mutilée des *Typhoniums et des Mammisi* égyptiens. Comme eux, ils sont formés d'un *Naos* et d'une *Cella* entourés d'un péristyle, précédés d'un propylée et supportés par un soubassement ou des marches; dans l'une comme dans l'autre des murs, des colonnes et des plates-bandes, parties essentielles d'une construction identique. Il n'y a de modifications que dans la décoration que les Grecs dotés d'une matière plus docile et d'une finesse de sentiment supérieure, arrivèrent à perfectionner, sous le rapport de l'exécution, mais en sacrifiant le symbolisme au désir de plaire aux yeux. Après avoir, à l'origine, copié en bois la forme générale des chapelles égyptiennes[1], ils remplacèrent certains motifs de décoration, dont ils avaient perdu le sens mystique, par les accidents que ce mode de construction avait engendrés. Sous leurs mains, les colonnes galbées à têtes d'hommes ou d'animaux, figurant les dieux secondaires, agents des phénomènes cosmiques ou soutiens de la voûte céleste, devinrent en se redressant, de simples supports matériels. C'est encore ainsi, que l'ancien autel du sacrifice qui dominait les façades et annonçait le mystère intérieur, s'écrase en fronton, figure d'un toit bien éloignée de la signification originelle, le sacrifice devant s'accomplir à

1. M. Dieulafoy a élucidé la question des origines de l'architecture grecque, dans une communication qu'il a faite à l'Académie, en 1884.

l'extérieur devant la porte, eu égard à l'exiguïté du temple. — En résumé, les Grecs héritiers de la religion des Égyptiens amoindrirent la signification des monuments consacrés au culte, non seulement dans l'ensemble, mais aussi dans les parties, en les assimilant à la demeure de l'homme.

L'analogie que nous venons d'établir entre les temples des Grecs et les chapelles des Égyptiens, se retrouve dans les maisons d'habitation des deux peuples. Dans les unes et dans les autres on voit ces grandes salles hypostyles destinées à la vie publique, et autour des chambres destinées à la famille et au service domestique de la maison. Enfin, quelques savants ont établi que les habitations décrites par Homère avaient une grande analogie avec les harems actuels des pays orientaux. Or, ces harems ont perpétué, jusqu'à nos jours, les gynécées du paganisme chez des peuples qui ne sont pas encore affranchis des traditions des doctrines polythéistes.

Après avoir brisé le joug des anciennes règles hiératiques, et rejeté les grandes préoccupations de l'enseignement au moyen de l'art, les Grecs favorisés sous le rapport de la matière, du climat et de la pureté du ciel, poussèrent à un haut degré de perfection l'exécution des détails, c'est-à-dire de l'ornementation, des proportions et de la statuaire.

Le chapiteau fut traité avec délicatesse, la frise avec élégance, les figures surtout, avec une grande vérité de nature, et, c'est là ce qui a ébloui les artistes de la renaissance, avides de la beauté des détails, de l'habileté technique et admirateurs du naturalisme, au point de leur faire considérer les Grecs comme les créateurs en ce genre. Pour détruire cette opinion, il nous suffira d'invoquer un passage de Strabon, dans lequel cet auteur, donnant la description des monuments égyptiens d'Héliopolis, dit : « Sur les murs sont sculptées de grandes figures, ouvrages semblables à ceux des Étrusques et à ceux qui ont été faits très anciennement par les Grecs. » Il est une multitude de faits qui prouvent jusqu'à l'évidence que les Grecs ont commencé par copier les idoles grossières de leurs devanciers. Les productions éginétiques en témoignent. « Les plus anciennes sculptures, dit V. Cousin, reproduisent presque servilement les formes égyptiennes. Elles offrent ces personnages dont la raideur, les poses, les mouvements sont commandés par la doctrine religieuse dont découlent les arts. » Sans doute, bien que les Grecs ne puissent être considérés comme les inventeurs de la sculpture, bien que la fable de Dubitade ne soit qu'une naïveté risible, on doit convenir qu'ils ont poussé cet accessoire de l'art monumental à un degré de perfection inconnu avant eux. Cependant lorsqu'on soumet la généralité de leurs œuvres en ce genre, à l'examen de la saine théorie de l'art, on est encore obligé de rabattre des éloges enthousiastes dont elles ont été l'objet. A part quelques statues des grands maîtres du siècle de Périclès, on trouve dans la statuaire grecque plus de recherche de la forme extérieure que d'expression morale. On reconnaît que le but de cet art a été plutôt l'imitation de la nature et la glorification du sensualisme, qu'un enseignement éducateur ; que la priorité a été donnée à la perfection technique qui satisfait la vue, sur la recherche de l'impression qui émeut l'âme. Dans la plupart des figures grecques qui sont parvenues jusqu'à nous, l'expression la plus élevée ne va pas au delà de la douleur physique et des sensations de l'organisme. Ce fait est attesté par les éloges de Winkelmann, admirateur passionné du ciseau grec au point de vue du naturalisme ; il proclame comme un des principaux mérites de leurs figures l'absence de toute émotion faciale ou « le silence de l'âme ».

Il ne nous a été conservé aucun produit de la peinture historique des Grecs ; elle a dû suivre les mêmes phases que la sculpture, avec laquelle elle a des rapports étroits. Néanmoins, d'après le témoignage des auteurs, la peinture aurait marché plus rapidement que la sculpture; nous pensons que cette assertion doit s'appliquer exclusivement au procédé qui consiste en un simple dessin des contours des figures, coloriées de teintes plates, et qui n'emploie ni modelé, ni perspective aérienne. Quant à la décoration polychrome des édifices grecs, tout ce que nous en connaissons est bien effacé par ce que les Orientaux nous ont laissé en ce genre

Il n'est pas jusqu'à ces détails de l'architecture proprement dite, sur lesquels les prôneurs de la Grèce s'étaient appuyés pour établir la priorité en leur faveur, qui n'aient été retrouvés chez leurs devanciers. Les cannelures des colonnes, qu'ils regardaient comme un caractère distinctif de l'architecture grecque, ont été observées sur les piliers des monuments égyptiens qui remontent à une époque très reculée, tels que l'hypogée de Beni-Hassan à Amada. On en voit aussi à Karnac et à Bet-Oualle. Ces piliers ont une si parfaite analogie avec les colonnes des temples doriques que Champollion jeune les a surnommés *proto-doriques*, ne doutant pas qu'ils n'eussent servi de modèles aux constructeurs grecs. On trouve un exemple frappant de l'audace qu'avaient les Grecs de se vanter d'être les inventeurs en toutes choses, dans l'introduction des figures humaines comme support, qu'ils revendiquent. Tout le monde sait que, quand ils ont employé les *cariatides* et les *télamons*, dont ils avaient vu des spécimens chez les peuples avec lesquels ils étaient en guerre, il y avait longtemps que les Égyptiens se servaient de ce mode de support. Seulement, les premiers l'adoptaient comme une fantaisie et une satisfaction de leur vanité, tandis que les seconds y attachaient une haute signification symbolique.

Vraiment, en présence de tant d'affirmations erronées, on se demande si la vanterie des Grecs doit être attribuée à la mauvaise foi ou à l'ignorance de leur propre origine? A en croire Platon, l'alternative se résoudrait en faveur de la seconde hypothèse. Dans le dialogue intitulé *Timée*, Critias, disciple de Socrate et plus tard l'un des trente tyrans, raconte une histoire que son grand-père et son père tenaient du sage Solon lui-même, et qu'il possédait écrite. Le législateur athénien, pendant son voyage en Égypte, s'entretenait un jour avec un prêtre égyptien des histoires passées. Il se montrait fort ignorant, et le prêtre lui dit : « O Solon! Solon! vous autres, Grecs, vous êtes toujours des enfants; il n'y a pas un Grec vieillard! Car vous êtes tous novices pour ce qui regarde l'antiquité; et vous ignorez tout ce qui s'est passé anciennement, soit ici, soit chez vous. »

On conçoit qu'un tel certificat d'ignorance dispose à l'indulgence en vers ceux qui l'ont mérité; mais on ne peut admettre cette raison comme suffisante pour propager des illusions fausses. C'est cependant ce qu'ont fait un grand nombre d'auteurs, depuis Vitruve jusqu'à Quatremère de Quincy. Vitruve, qui est le premier dans la spécialité, non content de jouer ce rôle, a brodé de son propre fonds sur les fables grecques; citoyen d'une nation dont le but d'activité tout de réalisation pratique par la conquête excluait le développement de l'activité sentimentale, cet auteur était lui-même plus mécanicien ou ingénieur qu'artiste. C'est ce qui fait que sans avoir pu juger *de visu* les monuments grecs, il voulut dans son ouvrage établir les règles à leur égard. Il résulte que la plupart de ses théories sont inapplicables aux monuments grecs. C'est ainsi qu'il a cherché à fixer les dimensions relatives des parties composant les péristyles des temples et qu'il en a distingué trois sortes que les modernes ont, à l'imitation de Vignole, appelées *ordres*, et auxquels ils en ont joint deux autres empruntés aux Étrusques et aux Romains. D'après ce qui a été dit ci-dessus, on suppose facilement que ces trois sortes de péristyles nommés ordres, ne sont autre chose que l'indication de trois *styles* du système grec variés selon le génie particulier des peuples qui les ont adoptés de préférence. En fait, il n'existe pas un seul monument grec qui soit exactement composé selon les règles indiquées par Vitruve ; on en peut dire autant des prescriptions de Vignole qui ne sont basées que sur les monuments romains, ou imaginaires comme le toscan. Le dorique est le style favori des habitants de la Hellade ; l'Ionique, le style importé de l'Asie Mineure ; le Corinthien, le mode de décoration essayé seulement par quelques artistes. Enfin, ce qui achève de condamner ces distinctions tranchées, établies après coup, ce sont les exemples observés plusieurs fois en Grèce, du mélange de deux de ces styles dans un même édifice.

Les créations les plus réelles des Grecs sont les monuments civils commandés par la cité tels que : Agoras, Palestres, Gymnases, Théâtres, Odéons, Leschés, etc. Tous les arguments que nous venons de donner contre la prétention des Grecs à l'invention et à la priorité n'ont trait qu'à la production des œuvres d'art. Il serait facile de les corroborer par des considérations puisées dans la manifestation des autres modes de leur activité sociale ; mais nous n'avons pas à nous étendre sur ce point.

Relativement au culte, non seulement les Grecs suivirent les pratiques du deuxième âge, que l'affaiblissement de leurs croyances leur permit de garder, mais encore ils conservèrent durant un long temps des pratiques du premier âge, telles que les sacrifices humains. D'après Homère, Patrocle sacrifia sur le corps d'Achille son plus beau cheval et un certain nombre de Troyens nobles. Comment s'étonner alors que les Grecs, qui ont reçu leur culte de leurs devanciers, leur soient aussi redevables des éléments de leurs temples.

Il y aurait aussi des inductions précieuses à tirer de l'étude de la terminologie artistique de la langue grecque et de sa comparaison avec celles des langues qui lui ont donné naissance. Le mot *architecte*, formé de ceux *archô*, je commande, et *tektôn*, ouvrier en bâtiments, dont ils se sont servis pour désigner le directeur de l'œuvre monumentale et qui n'implique aucune idée de l'intervention des facultés sentimentales, fournirait également un curieux sujet d'investigations et de comparaisons.

Malheureusement les éléments nous manquent pour entreprendre ce travail, sur lequel nous appelons l'attention des philologues.

Sans recourir à la linguistique, partant de ce qui a été dit du morcellement de l'art monumental en Grèce, nous sommes porté à croire que les artistes dominants de ce pays, c'est-à-dire les sculpteurs, avaient la plus grande part dans les compositions architecturales qui, aux époques de foi, appartenaient au sacerdoce, comme en Égypte, par exemple.

Nous pensons que les considérations auxquelles nous nous sommes livré et que nous pourrions étendre bien davantage, suffiront pour dissiper les doutes qui resteraient encore sur le véritable rôle que les Grecs ont joué dans le développement de l'art monumental. Afin de ne laisser subsister sur ce point aucune racine de ces anciens préjugés qui ont porté le chaos dans l'exploration du progrès artistique, parce qu'ils nous masqueraient les véritables termes de la progression qu'ils nous font établir, il nous reste à examiner la part bien exagérée qui a été faite aux Romains dans l'avancement de l'architecture.

II

Pour la vérification des titres architectoniques de la nation qui, par la mission qu'elle a accomplie, établit la transition logique entre l'antiquité païenne et la civilisation chrétienne, nous ne trouvons pas devant nous le préjugé que nous avons été obligé de combattre à l'égard des Grecs. Il est généralement admis que les Romains, en dehors de leur politique de conquête qui les a si admirablement servis, ne sont inventeurs en rien. Les emprunts qu'ils ont faits en toutes choses à leurs voisins ou à leurs sujets sont en effet consignés dans leur histoire presque contemporaine de celle de nos ancêtres.

Composée de divers éléments de l'âge primitif, parmi lesquels on compte les Pélasges de la Grèce ancienne, cette nation ne reçut que fort tard et par divers intermédiaires une portion notable de l'enseignement de la civilisation orientale, aussi a-t-elle gardé, jusqu'à l'apogée de sa puissance quelque chose de la rudesse de ses mœurs primitives. Destinée à réunir en un seul faisceau sous sa domination la majeure partie de l'ancien monde, y compris le peuple juif conservateur de l'unité de Dieu, afin de préparer le terrain sur lequel le christianisme allait s'implanter, elle devait avoir un but constamment en dehors d'elle et point de doctrine propre. C'est ce qui fait qu'après avoir accueilli les idées philosophiques, scientifiques et artistiques de ses rivales, elle finit par donner l'hospitalité de son Panthéon aux dieux de tous les peuples qu'elle avait subjugués.

En art, les Romains ont puisé presque exclusivement à deux grandes sources : l'Étrurie et la Grèce. Bien que l'origine des Étrusques soit assez obscure, tout porte à admettre une influence asiatique sur cette société ; selon plusieurs historiens, les Étrusques descendraient des Tyrrhéniens venus de l'Asie Mineure sous la conduite de Tyrrhénus, prince lydien. La mythologie étrusque qui rappelle les croyances assyro-phéniciennes et les produits de la statuaire, de la peinture et de la céramique de ce peuple semblent confirmer cette opinion.

Quelle que soit la souche de la nation étrusque, il est évident que les œuvres d'art qu'elle a produites sont inspirées de l'art du deuxième âge. Il en résulte que les Romains ont adopté, dès le principe, les données des monuments égyptiens dont ils ont emprunté plus tard la réduction embellie à la Grèce. Dans ces deux cas, ils n'ont été que les exécuteurs en seconde main des réminiscences du type primordial, et encore n'ont-ils érigé leurs monuments qu'avec le concours des artistes de l'Étrurie et de la Grèce, tant leur esprit absorbé par l'art de la guerre et les agitations du forum était inhabile à concevoir une œuvre d'art.

Pour la décoration de leurs édifices, les Romains ne firent que reproduire, avec moins de délicatesse, les motifs de leurs maîtres. Ce style qu'ils avaient emprunté en Toscane, dont on a fait l'ordre toscan, et les trois styles dorique, ionique et corinthien qui leur furent enseignés par les Grecs, composaient tout leur bagage artistique, le mélange qu'ils ont fait sous le nom de *com-*

posite n'ayant aucune valeur esthétique. La variété de leurs édifices sous le rapport de la destination ne leur appartient pas davantage; ceux-là même qu'on a considérés longtemps comme leur appartenant en propre, sont reconnus aujourd'hui pour des plagiats. L'amphithéâtre appartient aux Étrusques; ils avaient vu des basiliques en Macédoine et en Épire; le rudiment du dôme et de la voûte existait en Assyrie et dans les Nurhags de Sardaigne. Enfin, leurs tombeaux nous montrent jusqu'à quel point ils poussaient l'éclectisme. Ils formèrent des *tumulus* en terre, ils creusèrent des *hypogées;* ils imitèrent la *pyramide* égyptienne comme dans le tombeau de Caïus Sextius, les *nurhags* comme dans celui des Horaces et des Curiaces, la Cucumelle étrusque de Vulci comme dans le Mausolée d'Auguste, dans le Champ de Mars[1].

Il est cependant un mérite réel en architecture qu'on doit accorder aux Romains, c'est celui de l'appropriation des emprunts qu'ils ont faits à leur organisation sociale et à la nature de leurs matériaux. Nulle autre nation ne sut mieux appliquer les lois de la construction et de la décoration, découvertes ailleurs, à l'embellissement de la cité et à la commodité de la vie. Appelée à être pour un temps reine du monde, Rome semble avoir voulu éterniser sa destination passagère par des monuments. Les dépouilles des vaincus appartenaient à ses enfants par le droit du plus fort; elle les employa à satisfaire leurs besoins légitimes d'abord, puis leur volupté insatiable et leur mollesse, jusqu'au point d'enfanter des prodiges d'architecture pour plaire à ces plébéiens dégénérés dont le bonheur se résumait dans ces deux mots : « *Panem et Circenses* ». Si cette architecture n'égala pas les constructions religieuses des Pharaons sous le rapport de l'immensité, si elle n'atteignit point l'élégance et la perfection des monuments grecs sous le rapport de l'exécution artistique, on peut dire qu'elle créa l'architecture civile et qu'elle fit progresser la science de la construction. Il n'est pas une seule application de l'architecture civile de leur temps que les Romains n'aient étendue en lui donnant un cachet de grandeur et de solidité : maisons ou aqueducs, théâtres ou ponts, amphithéâtres ou arcs de triomphe, ports ou cirques, thermes ou forums, basiliques ou camps, tout a été traité par eux avec une grande entente de la destination. C'est surtout par leurs travaux d'utilité publique qu'ils se sont acquis une gloire immortelle, c'est là qu'ils se sont montrés les ouvriers dociles de la Providence. Quelles prodigieuses facilités n'ont-ils pas ouvertes pour la propagation de la parole nouvelle du Christ, par l'établissement de cet immense réseau de voies de communication qui sillonnait tout leur empire! Mais si les tendances politiques et sensualistes du *peuple-roi* le poussaient à perfectionner l'architecture civile, le scepticisme de ses patriciens ne concluait pas à l'extension de l'architecture religieuse. Sous sa main, le temple grec perdit sa valeur esthétique. La décoration, que l'on crut rendre riche en employant le plus souvent le style corinthien, dont les Grecs n'avaient pas abusé, perdit de sa grâce et de son élégance en passant du sol de l'Attique sur celui de l'Italie. Les moulures elles-mêmes, ces indices délicats de la fraîcheur du sentiment, se sentirent de la lourdeur de leur crayon. Le temple romain, souillé par des usages profanes, ne fut plus sous les derniers empereurs qu'un des décors de ces magnifiques forums trop étroits pour contenir la foule des sophistes ergoteurs. Le cirque où l'on se repaissait de la vue du carnage était préféré au sanctuaire où l'on ne trouvait plus d'inspirations; signe architectural d'une

1. On ne peut considérer l'Arc de Triomphe, qui n'est que la reproduction isolée d'une porte de ville, comme une création.

décadence croissante en même temps que d'une régénération prochaine, le polythéisme y fut éclaboussé du sang des martyrs chrétiens dont chaque goutte minait ses autels et ses idoles !

Ce que nous venons de dire suffit pour caractériser l'esthétique qui présida aux compositions monumentales de l'art romain; nous laissons au lecteur le soin d'en faire l'application aux œuvres de cette nation. Quant à nous, nous nous arrêterons spécialement sur le principal mérite de l'architecture romaine qui réside dans la construction.

Nous avons indiqué comme un des grands résultats que les Romains ont obtenus, dans l'extension qu'ils ont donnée à l'architecture de leurs devanciers, l'appropriation de l'exécution à la nature de leurs matériaux. Obligés de remplacer les blocs résistants des Égyptiens et des Grecs par la brique et les calcaires dénués de force de cohésion, ils trouvèrent dans les propriétés des ciments dont ils étaient pourvus, les moyens d'obtenir une cohésion factice, et réussirent à former des masses considérables dont l'agrégation des parties était si parfaite, au bout d'un certain temps, qu'elles formaient réellement un seul morceau. C'est à cette propriété tenace de leurs ciments que les Romains doivent la physionomie qu'ils ont donnée à leurs constructions, qui se distinguent surtout par l'essai de l'arc et de la voûte que l'art chrétien a érigés en système.

L'arc et la voûte (qui n'est à vrai dire qu'une juxtaposition de plusieurs arcs) ont été employés accidentellement dès la plus haute antiquité; le dôme lui-même, qu'on peut appeler l'*extrados* de la voûte, se montre à une époque assez ancienne. Il ne faudrait pas conclure de ces exemples accidentels, comme l'ont fait certains philosophes, que l'humanité tourne toujours dans le même cercle d'inventions et qu'il n'y a rien de nouveau sous le soleil ; car au contraire rien n'est plus propre à démontrer le progrès de l'art de bâtir que l'observation, au point de vue de l'application mécanique, des différents genres d'arcs, de voûtes et de dômes qui se sont succédé. Combien n'a-t-il pas fallu de milliers d'années pour faire du berceau pélasgique de Tyrinthe le ciel de la cathédrale de Paris; pour élever la calotte du *tope* indien sur les pendentifs de Sainte-Sophie !

Dans les premiers indices d'arcs et de voûtes que nous connaissons, on trouve des pierres placées horizontalement et superposées de manière que chaque assise, à partir du bas, formant saillie ou encorbellement sur celle qui la supporte, les deux côtés vont en se rapprochant vers la partie supérieure qu'une dernière pierre posée en forme de couverture sur ces deux encorbellements ferme entièrement. On voit de ces constructions, dans lesquelles on a laissé subsister les angles saillants de l'équarrissage de la pierre; on en trouve aussi dans lesquelles ils ont été abattus de manière à former une courbe souvent irrégulière, quelquefois décrite géométriquement soit en demi-cercle, soit même en ogive.

On a de nombreux exemples d'arcs et de voûtes de cette sorte dans les monuments de l'âge primitif. Nous citerons comme caractéristique les portes pélasgiques des anciennes cités d'*Arpina* et de *Signium* en Italie, les voûtes des trésors de Mycène et d'Orchomène, l'arc de décharge aigu construit en briques du *teocalli* mexicain de Cholula, les plafonds des cellules des nurhags de Sardaigne. Il est encore une forme de voûte rudimentaire plus prononcée que la précédente qui appartient également à cet âge ; elle consiste en grandes pierres inclinées, se réunissant en un angle à leur sommet, ou écartées et reliées par d'autres pierres posées horizontalement. La première disposition a été employée à la porte des Lions à Mycènes et à celle du trésor d'Atrée comme arc de décharge. La seconde a été pratiquée dans les murs des *Acropoles* de Tyrinthe et de Délos pour former des galeries de communication. La plupart de ces travaux sont exécutés à sec.

Il est à remarquer que tous ces spécimens d'arcs et de voûtes ont toujours lieu dans une construction continue, souvent appuyée par les terres, dont le poids énorme est indispensable pour équilibrer les pierres en saillie, de telle sorte qu'on doit considérer les arcs et les voûtes de ce système plutôt comme des vides ménagés dans des massifs, que comme des voûtes proprement dites, selon l'acception que nous attachons aujourd'hui à ce mot.

Le système de voûtes par encorbellement fut encore longtemps en usage dans les temps postérieurs. Les Égyptiens l'ont employé à leurs parties de plafond d'une certaine étendue, comme on le voit encore dans les ruines du palais d'Osymandias, à Abydos, aujourd'hui *El-Birba*, dans celui du temple d'Ammon-ra, à Thèbes, et ailleurs. Les belles constructions mexicaines du Yucatan en offrent aussi des exemples; il en existe également dans l'Inde.

Le progrès réalisé dans la construction des arcs et des voûtes consiste dans l'invention des claveaux ou voussoirs taillés en pierres *cunéiformes*, dont les plans jointifs sont dans la direction du centre de la courbe. Ce système de juxtaposition de petites pierres qui se soutiennent en l'air par leur propre pression, révèle une conception toute nouvelle sous le rapport de la mécanique. Il n'exige pas, comme le précédent, l'encadrement d'un pesant massif. La fixité des points d'appui de la courbe leur suffit. Cette propriété qui permet le dégagement de l'extrados a conduit à la réalisation du dôme ou coupole.

Voici les principaux monuments dans lesquels on a constaté l'emploi de ce système. Le portique d'une des pyramides de Méroë a un toit voûté à plein cintre régulier; chaque arc de cette voûte est construit alternativement de quatre et de cinq pierres, c'est-à-dire que les unes présentent un joint à l'aplomb du centre et les autres un voussoir ou clef.

A Djebel-el-Barkal une pyramide a, dans son portique, une voûte composée de cinq pierres : il y a par conséquent une clef.

M. Layard, artiste anglais attaché à l'ambassade de Constantinople, en continuant l'exploration des ruines de l'ancienne Ninive, découvertes par M. Botta, consul français, a découvert quatre palais dans le monticule de *Nimroud*. Entre autres choses intéressantes pour l'art, M. Layard a retrouvé, dans ces palais, des voûtes dont il a relevé la figure et les dimensions. Or, la ville de Ninive fut détruite par les Mèdes 606 ans avant notre ère. Si l'on en croit M. Layard, ces voûtes assyriennes remonteraient au onzième ou douzième siècle avant J.-C., et pourraient avoir par conséquent quelques siècles de plus que celles de la *Cloaca Maxima*, construite sous les Tarquins, et de la décharge du lac Albano, ce qui n'aurait rien de surprenant. M. Layard a aussi découvert près de Mossoul un *tunel* assyrien creusé sous le Tigre. Le Grec Ctésias, médecin d'Artaxerxès III, qui visita plusieurs fois Babylone au quatrième siècle avant J.-C., parle d'un *tunel* semblable qui passait sous l'Euphrate.

Le grand usage que les Étrusques ont fait de la voûte composée de voussoirs est cause qu'on les a longtemps regardés, mais à tort, comme les inventeurs de ce système. Ils en ont exécuté de toutes les courbures et de toutes les formes. On en a retrouvé plusieurs dans les tombeaux. La porte de *Volaterre*, qui est leur ouvrage, est très ancienne; elle est à plein cintre; son archivolte est formée de voussoirs; les deux retombées et la clef de l'arcade sont ornées d'une tête saillante d'un style barbare ; il y a aussi des arcades dans les murailles de *Tarquines* et de *Faleries.*

Quoiqu'il ne nous soit resté aucun édifice grec ayant conservé des vestiges de voûte ou de dôme, il n'est pas permis de douter que les Grecs n'aient connu ce genre de construction. Ces formes étant les moins faciles à conserver partiellement, tout porte à croire que le peu de ces ouvrages que leur amour exclusif de la ligne droite leur aura permis d'exécuter, ont été complètement détruits.

Nous citerons tout à l'heure, à l'occasion des dômes, des passages de plusieurs auteurs de l'antiquité qui sont fort significatifs. Les indices de dômes les plus anciens qu'on connaisse, se montrent dans les Conoïdes des Nurhags de Sardaigne. Les calottes des *topes* ou Stupa's du Caboulistan en ont la forme d'une manière encore plus prononcée. « Les topes, dit Batissier, les uns sont bâtis avec des pierres assez bien appareillées, les autres avec de larges galets reliés au moyen d'une espèce de ciment terreux. Il paraît qu'ils étaient couronnés par quatre sphères disposées en forme de pyramide, c'est-à-dire que l'une d'elles était supportée par les trois autres ; peut-être étaient-elles faites de métal précieux et auront-elles été détruites par les musulmans. On a fouillé quelques topes et on a constaté qu'ils présentent à l'intérieur une petite chambre carrée aux angles de laquelle sont disposées diverses reliques. Les quatre murs de cette chambre s'élèvent en forme de tour carrée jusqu'au sommet de la coupole.

« Le premier groupe de stupa's que l'on ait connu en Europe est celui de *Manikyala*, dont les deux principaux, dit Ritter, sont comme de grands pylônes placés en avant d'une longue série de plus de cent édifices pareils, disposés des deux côtés de la route indo-bactrienne. On compte d'ailleurs quatre groupes principaux de topes : le premier est près de Peichawer, sur la rivière de Caboul ; le deuxième est dans les environs de Jellalabad ; le troisième près de Caboul, où ils sont désignés par le mot *Curj*, tours ; et le quatrième à Beghram, au pied de l'Indou-Kouch. »

On présume que la majeure partie de ces topes datent du troisième au quatrième siècle avant J.-C. ; selon quelques auteurs, plusieurs remonteraient au neuvième.

Les *Dagobas* de l'île de Ceylan ont une certaine analogie avec les topes du Caboulistan ; mais leurs dimensions sont beaucoup plus restreintes ; ce sont des *tumulus* de forme parabolique dont le noyau en terre est revêtu d'une maçonnerie en briques ou en pierre. Bien qu'ils soient encore imparfaitement connus, il paraîtrait qu'ils sont fort peu évidés à l'intérieur, ce qui ne permettrait pas de mettre leur construction en parallèle avec celle des topes.

Passons maintenant aux témoignages des auteurs. M. D. Ramée en a réuni un certain nombre dans son Manuel de l'Architecture, dont voici des extraits : « Platon dit que le monument qu'on devra élever au premier magistrat ou censeur qui aura bien mérité de la République, devra être travaillé en forme de voûte oblongue, composée de pierres excellentes et capables de résister aux injures du temps. »

Aristote non-seulement parle des voûtes, mais il en explique le principe et le mécanisme, lorsqu'il dit : « Tout ce qui se fait dans l'air, sur la terre et dans les eaux est l'ouvrage de Dieu, qui a fait le monde et qui le soutient. On pourrait le comparer (quoique la comparaison ne soit pas très noble) à ces pierres qu'on surnomme clefs de voûte, qui soutiennent tout l'édifice par la résistance qu'elles opposent de toutes parts. »

On voit par tout ce que nous venons de rapporter, que les Romains n'ont eu qu'à perfectionner des éléments de construction connus bien avant eux. La *Cloaca maxima* bâtie sous Tarquin l'Ancien, et qu'on a regardée longtemps comme l'exemple le plus ancien de voûte à voussoirs, a perdu son droit d'aînesse. En supposant que les voûtes étrusques ne remontassent pas à une plus haute antiquité et que les cellules des Nurhags leur fussent inconnues, ce qui ne nous paraît pas admissible, l'ancienneté de la voûte romaine serait surpassée par l'antiquité de celles que M. Layrard vient de découvrir à *Nimroud*, dans les palais assyriens. Quant au dôme, qu'ils n'exécutèrent que plus tard, on ne saurait dire si l'idée leur en a été apportée de l'Inde, où ils n'ont pas étendu leurs conquêtes, ou s'il en ont reçu la notion des Grecs; mais il suffit qu'ils aient eu sous les yeux les Conoïdes des Nurhags de Sardaigne pour être déchus du mérite de l'invention de ce genre de construction.

Au reste, la question de priorité n'est pas la plus importante pour nous : ce que nous voulons préciser, c'est le parti que les Romains ont tiré de ces trois éléments qui convenaient si bien à l'exiguïté de dimension de leurs matériaux et à l'excellence de leurs ciments : l'arc, la voûte, le dôme.

Les Romains trouvèrent dans l'arc un moyen de soutenir des plates-bandes composées de plusieurs pierres, tout en augmentant l'écartement des colonnes. Par l'adoption qu'ils en firent, dans ce double but, ils modifièrent l'aspect de leur architecture civile, sans tirer de ce nouveau motif les conséquences qu'il comportait sous le rapport de la construction. C'est ce que M. Albert Lenoir, savant architecte, qui a rendu de grands services à l'archéologie par ses travaux consciencieux, explique si bien de la manière suivante :

« Les Romains, ayant adopté à la fois la religion et la civilisation des Grecs, durent élever leurs temples à l'imitation de ceux que leur avaient laissés leurs prédécesseurs. Et quant à l'architecture de leurs monuments, ils se composèrent un style mixte qui ne saurait être considéré comme un type original, ni passer pour un art nouveau, et leur appartenant en propre; aussi est-ce convenu de le désigner sous le nom de *gréco-romain*.

« Les Romains, trouvant un art constitué d'après des principes si bien déterminés et si parfaits, se l'approprièrent et adaptèrent les éléments organiques qui en compensaient le rythme. Mais leurs besoins étant bien plus nombreux, et surtout plus complexes que ceux des Grecs, ils furent conduits à la recherche et à l'emploi de nouveaux éléments, parmi lesquels le principal fut la construction en arcade, dont on attribue l'iniative aux Étrusques, et que les Grecs ne semblent avoir jamais introduite dans leurs édifices. Chez les Romains, ce système tout nouveau de construction en arcade demeura toutefois une forme isolée, et ne devint pas alors, comme il semblerait que cela dût être, le principe générique d'un nouveau mode d'architecture.

« En effet, nous voyons les Romains se contenter d'introduire l'arcade dans l'entre-colonnement grec, où elle reste emprisonnée et par conséquent immuable. L'arcade n'était ainsi que la forme d'un vide percé dans une construction en plate-bande, et la colonne grecque, isolée ou engagée, continuait à supporter l'architrave horizontale comme par le passé; de sorte que le cintre de pierre appareillé en claveaux qui composait le véritable système de la construction, et duquel dépendaient les conditions de solidité, demeure subordonné à l'importance apparente que conservait l'entablement dont l'utilité n'était que fictive ; ce ne fut que plus tard, dans les constructions plus importantes, comme les grandes salles des thermes, que l'on vit la colonne devenir le support direct des arcs et des voûtes ; mais cela n'avait lieu que dans de rares occasions, et quoiqu'il y eût là tout le principe d'un nouvel art, qui pouvait être constitué tout différemment, les Romains, en supposant qu'ils l'eussent pressenti, n'eurent pas le temps d'en accomplir le développement ; c'est au christianisme que cette mission était réservée [1]. »

Notons en passant que ce terme du progrès, que M. Albert Lenoir a si justement défini : « l'affranchissement de l'arcade », n'est, aux yeux des écrivains de l'école classique, qu'un signe de décadence. On reconnaît là l'influence du fétichisme des prétendus *ordres* de Vignole.

Outre la *Cloaca maxima* et le long canal voûté pour la décharge du lac Albano, les Romains ont construit quantité de voûtes en berceau. Ils ont développé et perfectionné ce genre de constructions jusqu'à construire des voûtes d'arêtes inconnues jusque-là ; les plus remarquables sont celles de la grande salle des thermes de Dioclétien et de la basilique de Constantin, dite temple de la Paix, à Rome. Mais ils n'ont produit cette forme qu'avec des moulages concrets d'une massivité frappante.

Quelques-uns des édifices ronds que les Romains ont élevés en grand nombre étaient terminés par une voûte hémisphérique dont l'extrados formait un dôme plus ou moins écrasé. Le dôme du Panthéon d'Agrippa, à Rome, est célèbre entre tous ; c'est le monument voûté le plus grand que les anciens aient contruit. Le diamètre extérieur du dôme est de 55 mètres ; il est construit partie en briques, partie en blocages ; les fonds des caissons, en petits tufs et en pierres-ponces.

Des constructions, aussi avancées relativement à celles des autres peuples de l'antiquité, annoncent chez les Romains une certaine entente de la mécanique et l'emploi de machines perfectionnées. Nous ne possédons, à l'égard des moyens dont ils pouvaient disposer pour l'exécution, ainsi que pour l'étendue de leurs théories sur les voûtes, que des inductions que l'on a tirées de divers auteurs non spéciaux, tels que Pline. Le seul traité d'architecture romaine que nous ayons ne contient aucun renseignement sur ce point. Cette lacune a frappé le savant Rondelet : « Vitruve, qui florissait sous Auguste, dit-il, et qui a rassemblé dans son ouvrage toutes les connaissances qu'il regarde comme nécessaires à ceux qui exercent la profession d'architecte, ne parle aucunement des secours qu'ils doivent emprunter de la mécanique pour connaître et décomposer les forces, et pour renvoyer leurs efforts vers des appuis capables de les soutenir. Il ne dit rien non plus de l'art du *trait* ou de la coupe des pierres et des bois. »

Cette absence de la science proprement dite, dans le livre de Vitruve, lequel est loin, d'ailleurs, d'être l'expression fidèle de l'état de la construction chez les Romains [2], ne nous étonne pas autant que Rondelet. Nous sommes porté à croire, en effet, que l'art de bâtir de cette nation reposait plus sur une pratique industrielle, pour ainsi dire instinctive, et une expérience constante, que sur l'application des lois mathématiques.

Cette opinion, basée sur l'obscurité et l'insuffisance scientifique du livre de Vitruve, est pleinement justifiée par l'observation des constructions romaines. Quel que soit le mérite de leurs voûtes (ici nous entendons par voûtes, les arcs, les dômes, toute *construction voûtée*) sous le

1. *Magasin pittoresque*, 10e année, p. 122.

2. Le grand nombre de chaussées romaines qu'on a découvertes ne concorde pas avec les prescriptions de Vitruve (Batissier). On peut se faire une idée de la science de Vitruve par ce qu'il dit de la musique et surtout des machines de guerre qui étaient cependant sa première spécialité.

rapport de l'engendrement de la forme, de l'étendue et de la solidité, il est facile de reconnaitre que les lois des sciences mathématiques ont fort peu ou, pour mieux dire, n'ont point présidé à l'exécution. Tous ces ouvrages sont d'une lourdeur excessive, ils comportent une exubérance de matière qui est le propre de l'enfance de l'art, et qui accuse les tâtonnements d'une pratique dénuée de guide scientifique. On n'y rencontre pas cette sage économie de matériaux que révèle l'assurance du calcul et la puissance de la mécanique poussée à ses dernières limites. Aussi, leurs voûtes écrasantes reposent-elles constamment sur des massifs énormes. La calotte du Panthéon d'Agrippa a trois mètres d'épaisseur à l'endroit où elle se détache de son support, et le mur circulaire sur lequel elle est élevée n'a pas moins de 6 mètres d'épaisseur.

On conçoit que le caractère de lourdeur de ces voûtes, admissible dans les conditions de peu d'élévation et d'isolement dans lesquelles les Romains les ont placées, devait être un obstacle, lorsqu'on voudrait les élever dans les airs et les multiplier. On sait quels efforts les constructeurs byzantins ont faits pour s'affranchir des entraves de la pesanteur romaine. Pour arriver à un résultat satisfaisant, il fallait non-seulement abandonner les errements de la pratique romaine, mais encore, par une application rigoureuse des lois de l'équilibre, en appeler de la science antique à une science plus avancée. Nous verrons plus loin comment la synthèse chrétienne a résolu ce problème en inventant l'ossature ogivale. En résumé, si les Romains ont apporté des perfectionnements dans la construction voûtée, on peut dire qu'ils en ont fait une industrie, sans l'élever à la hauteur d'une science; qu'ils en ont étendu la pratique, sans en formuler la théorie d'une manière positive. La limite à laquelle ils se sont arrêtés établit entre leurs ouvrages et ceux du moyen âge une ligne de démarcation que la comparaison rend extrêmement sensible. Propagateurs d'un mode de construction dont la synthèse suivante devait tirer un si grand parti, ils ont, en cela comme en tout, ménagé la transition. De même qu'ils ont préparé les esprits à recevoir le christianisme en effaçant les croyances antiques des peuples soumis, par la force, à l'influence de leur atmosphère d'indifférence religieuse, de même ils ont préparé les éléments qui devaient servir à réaliser la composition des cathédrales chrétiennes, en exécutant leurs basiliques et leurs voûtes[1].

1. La plupart des pages composant cette partie de l'ouvrage ont été écrites en 1850.

TROISIÈME PARTIE

CLASSIFICATION DES ŒUVRES DE L'ART MONUMENTAL AU POINT DE VUE DU PROGRÈS

I

Pour être fécond, tout enseignement d'une spécialité des connaissances humaines doit s'appuyer sur les traditions historiques de cette spécialité, dans le but de tirer de son passé des conséquences utiles à son développement dans le présent et dans l'avenir. Les progrès accomplis étant une accumulation d'inventions successives et croissantes, ce n'est pas dans de simples énumérations de découvertes isolées dont l'enchaînement et la coordination ne sont pas connues, que peut se trouver la prévision des progrès à accomplir.

Il faut donc que les termes connus de la progression des œuvres de la spécialité soient établis par une classification méthodique des acquisitions successives qui l'ont amenée au degré d'avancement où nous la trouvons, afin que nous puissions déterminer quel est le terme de progression qui doit s'y ajouter logiquement.

Or, les classifications méthodiques qui ont si puissamment contribué à l'avancement des sciences naturelles, font défaut dans l'enseignement de l'architecture, ce composé de science et d'art. Il est indispensable de combler cette lacune préjudiciable à l'étude de cette branche des beaux-arts.

Dans ma conviction, le seul moyen pour y arriver est de se placer au point de vue historique. La philosophie de l'histoire a été l'objet de nombreux travaux à notre époque. Pour moi, l'hypothèse générale de Buchez sur le progrès est celle qui répond le mieux à la vérité des faits. J'ai vérifié par l'étude des monuments la théorie qui en découle concernant les progrès de l'architecture, et je l'ai trouvée parfaitement conforme à la réalité.

Le plan de la classification établie dans le tableau synoptique qu'on trouvera plus loin, était tracé en 1851.

Un écrivain distingué qui nous a été enlevé à la fleur de l'âge, au moment où ses premiers travaux faisaient concevoir de grandes espérances, le regretté H. Feugueray, a donné, à cette époque, un *aperçu* de ce plan, qui a été inséré dans une de mes publications [1]. Cet « aperçu » que l'auteur regardait comme une déduction logique de l'analyse de l'ouvrage inédit que j'avais soumis à son examen, étant, en réalité, une exposition aussi claire que concise des données historiques que j'ai prises pour point de départ dans la composition de mon tableau de classification, le lecteur me saura gré de transcrire ici ces pages d'introduction dues à une plume que la mienne ne saurait égaler :

« Notre siècle est en train de refaire la théorie et l'histoire de l'art, deux choses plus intimement liées qu'on ne le croit communément.

« Jusqu'à nous, dans la théorie philosophique la plus élevée, celle qui est encore le plus généralement reçue, l'art a été considéré comme l'expression d'un sentiment naturel à l'homme, d'un sentiment du beau, qui se retrouverait le même au fond de toutes les âmes, et qui serait resté identique dans tous les temps. Il y aurait ainsi comme une vague idéalité de la forme que chacun porterait en soi et qui serait la règle de ses jugements. Telle est la prétention de la théorie. Mais, en fait, comme dans l'humanité les sentiments varient autant que les idées et les mœurs, comme les règles de ce qu'on appelle le beau manquent de toute fixité, l'art dans ce système devient chose purement individuelle, dont chacun est juge en dernier ressort et qui n'a plus d'autre loi que le goût. Il est évident, d'ailleurs, qu'à ce point de vue, les développements et l'histoire de l'art doivent être considérés comme à peu près étrangers aux transformations des sociétés humaines, conclusion que les connaissances actuelles rendent inadmissible.

« A cette théorie, dont les origines sont évidemment platoniciennes, la philosophie de notre époque tend à substituer d'autres données plus précises et plus fécondes.

« Aujourd'hui l'art apparaît surtout pour nous comme l'expression des croyances et des doctrines, qu'il tire de la calme et froide région des idées pures, pour les transporter dans la sphère plus agitée où règne le sentiment. A la notion perçue par l'intelligence vient ainsi se joindre une émotion sympathique dont le siège est dans notre être physique. L'homme alors, non-seulement connaît, mais de plus, il aime ou il hait; son cœur s'émeut, la passion s'éveille en lui et sa force est doublée. Toute cette marche du sentiment qui naît à l'appel de l'esprit et qui retentit jusqu'au fond de l'organisme, a été étudiée et suivie à la fois par les philosophes et les physiologistes. Elle explique comment les idées deviennent des passions, comment les sentiments se transmettent et se propagent, comment l'homme tout entier, dans sa dualité permanente, entre en jeu et se développe, sous l'action artistique, comme un germe se vivifie sous l'action de la chaleur. Tous nous sommes plus ou moins accessibles à ces influences; il n'est pas d'intelligence, si dégagée des sens qu'elle puisse être, qui s'en affranchisse complètement; et malheur à elle si elle le faisait! car l'homme dépouillé du sentiment n'est plus qu'un être incomplet, mutilé, qui n'a rien gagné d'un côté que pour perdre davantage de l'autre. Mais c'est surtout au sein des masses, là où l'instruction fait défaut, où l'intelligence se repose, mais où le cœur s'abandonne, par suite, à ses impressions avec plus de naïveté et de simplicité, c'est là que l'art exerce une domination presque absolue, aussi redoutable pour le

1. *Nouvelle forme architecturale*. Paris, Gide et J. Baudry, 1855.

mal que féconde pour le bien; c'est là qu'il règne. L'art, le grand art, celui qui a été connu et pratiqué dans toutes les époques capitales de l'humanité, est surtout fait pour le peuple; il est le plus puissant moyen de l'éducation populaire, et à ce titre il intéresse éminemment le législateur, comme, étudié dans ses moyens d'action, il intéresse le physiologiste.

« Tout ce que nous venons de dire s'applique à l'art en général, et peut spécialement s'appliquer à l'architecture, à l'architecture religieuse surtout, qui, s'adressant nécessairement au peuple, a toujours un caractère éminemment social, qui est si propre à inspirer à l'homme les sentiments les plus élevés, et qui, en s'aidant des autres arts comme de ses auxiliaires, les groupe autour d'elle et s'en fait un cortège dont elle est le centre et le lien.

« Au point de vue où nous nous plaçons, l'importance de l'architecture apparaît donc tout entière; en outre, à ce point de vue, on doit comprendre aussi pourquoi et comment l'art monumental a toujours été l'expression, la traduction sentimentale des civilisations dont il était le produit, de sorte que l'histoire de cet art, prise dans sa généralité, est le reflet de l'histoire de l'humanité.

« Nous n'avons ici considéré l'architecture que par son côté spirituel, si je puis dire ainsi, par celui de l'idée et du sentiment; il y a un autre élément dont il faudrait tenir compte, un élément matériel, celui de la construction. Personne ne peut douter que les progrès de la science, en offrant aux hommes des moyens de plus en plus puissants et de plus en plus parfaits, n'ouvrent à l'art monumental une immense source de développements. C'est par là qu'il répond de mieux en mieux aux besoins et aux nécessités de la civilisation. Pourtant il est très remarquable, et c'est tout ce que je puis noter ici, que le progrès de l'art de bâtir ne s'est pas opéré à part, indépendamment de celui du sentiment et sous la seule influence de la science. Au contraire, c'est toujours le sentiment qui a pris les devants, qui a eu l'initiative; ce n'est pas la science qui a frayé de nouvelles voies à l'art, c'est l'art qui, pour se créer des moyens d'expression, a interrogé la science et lui a demandé les solutions dont il avait besoin.

« Telle est, dans sa plus vaste généralité, la théorie de l'art monumental que les écoles modernes tendent généralement à adopter et qu'elles ont tracée avec plus ou moins de précision et d'exactitude. L'histoire confirme pleinement ces données.

« A chaque grande civilisation, en effet, a toujours correspondu une grande synthèse d'art, qui s'est étendue partout où se sont propagés les principes moraux et religieux de la société dont elle était l'expression. Cette synthèse, on le comprend, n'est pas du tout un type arrêté, fixe, qui se reproduise partout dans un moule uniforme; loin de là : c'est une donnée générale dont l'essence seule reste constante, mais qui, selon les lieux et les temps, varie assez dans son aspect et ses formes pour que l'observateur ait peine à saisir la parenté des monuments qu'il étudie; comme dans les classifications d'histoire naturelle on n'aperçoit souvent pas d'abord l'analogie qui unit plusieurs espèces d'une même famille. La synthèse générale engendre donc des styles particuliers, ou plutôt des *systèmes* d'art, pour adopter la terminologie de M. Boileau, qui dépendent des modifications que les sociétés éprouvent; qui tantôt répondent aux différences des nationalités, et tantôt aux différences des époques, et sur lesquelles influe aussi considérablement le point de développement où est arrivé l'art de bâtir. Puis, sous des influences analogues, chaque système à son tour engendre des écoles secondaires, des *styles* proprement dits, dont chacun a ses périodes de développement et de décadence, jusqu'à ce qu'en descendant toujours cette échelle logique, on en arrive à ces détails purement individuels où se révèle et se joue le génie personnel de l'artiste.

« Nous venons de tracer l'histoire philosophique, l'histoire abstraite d'une synthèse d'art. Quant au lien qui unit les synthèses entre elles, c'est évidemment celui d'une ligne ascendante et progressive. Tout dans la création croît et progresse, et à mesure que se fait l'éducation humaine, l'art, qui est une des plus grandes puissances de notre nature, croît et s'élève avec la science et la morale.

« Nous n'avons pas ici la place suffisante pour suivre avec quelques détails les progrès (même les plus généraux) de l'art. Qu'il nous soit permis seulement d'en rappeler les grandes synthèses, qui d'ailleurs ont été très peu nombreuses. De même qu'en étudiant les grands types de civilisation, on peut les ramener tous à trois principaux ; de même on peut ramener les trois synthèses d'art à trois types correspondants.

« D'abord se présente la société barbare, ou patriarcale, qui n'est fondée que sur la parenté, quand la tribu seule existe, quand la nation n'est pas encore née. Beaucoup d'exemplaires de cette forme sociale primitive existent encore sur notre globe. Alors la religion est surtout une expiation et un sacrifice; souvent elle dégénère en superstitions sanglantes : le meurtre de l'homme devient un hommage à Dieu. La forme permanente de l'art dans les sociétés de cette espèce est l'autel du sacrifice, — autel massif, solitaire, qui n'offre ni abri, ni enceinte, mais rien qu'un amas de pierres ou de terre s'élevant avec plus ou moins de masse sur le sol : c'est le tumulus, c'est la pierre levée, c'est le dolmen, c'est la pyramide.

« Dans l'âge suivant, quand les tribus se sont unies, quand les nations se sont formées, quand la religion s'est adoucie et épurée, quand en même temps la science humaine a grandi, alors commencent les temples fermés, couverts, entourés d'enceintes successives, dont un sanctuaire occupe le centre. C'est surtout dans l'Inde et dans l'Égypte, c'est-à-dire dans les sociétés à castes, que se retrouve ce type de l'art auquel se rattachent aussi les temples grecs et romains qui en sont à la fois un amoindrissement et un perfectionnement, comme la société gréco-romaine elle-même était à la fois une déviation et un progrès à l'égard des sociétés orientales où elle avait puisé sa sève civilisatrice.

« Enfin vient le christianisme, et avec lui une nouvelle synthèse d'art, qui s'essaye d'abord au milieu de l'héritage de l'art païen, qui se fonde et se dessine dans les systèmes de l'art latin et de l'art byzantin, qui rompt avec le passé dans le système roman et qui s'élève plus haut encore dans le système ogival, qu'on considère avec raison comme l'apogée où elle soit jusqu'à présent parvenue.

« C'est alors aussi que dans l'art de bâtir furent réalisés des progrès qui depuis n'ont pas été dépassés. Déjà la supériorité des temples païens sur les autels du premier âge était évidente ; mais dans ces temples on n'employait encore en général que la ligne horizontale et l'angle droit. La voûte en plein cintre, qui se rencontre dans les monuments romains, ne se vulgarisa pourtant que dans la première architecture chrétienne à laquelle nous devons aussi la coupole. L'ogive enfin, les voûtes à arêtes, toute cette *ossature* qui fait reposer l'édifice entier sur quelques points d'appui, l'économie de matériaux qui en résulte, l'élévation des monuments, la hardiesse des flèches, l'élégance et la variété des détails, tout atteste, dans les constructions du moyen âge, une supériorité que les meilleurs praticiens se sont, en effet, accordés à reconnaître.

« Pourtant, arrivé à ce terme, on ne pouvait pas dire que la synthèse chrétienne fût complète et achevée. Une raison bien simple suffira à le prouver, c'est qu'on a fait autre chose. Certes, si l'art ogival eût suffi à tous les besoins des populations, on l'eût conservé. Mais, au seizième siècle, comme dans tous les autres siècles, comme il en a toujours été et comme il en sera toujours, il y avait place pour un nouveau terme de développement dans l'art. Malheureusement, à cette époque le fil de la logique humaine fut rompu ; un retour passionné aux écoles et aux idées de l'antiquité dérouta les esprits ; la Renaissance vint engouer les hommes pour le grec et pour le romain; on fonda la théorie du beau, et ce fut l'art grec qu'on appela le beau. Ainsi furent délaissées, dans l'art, les traditions chrétiennes ; nos artistes se firent les copistes du passé païen, et les admirables travaux du moyen âge n'inspirèrent plus bientôt qu'un dédain qui s'est perpétué jusqu'au commencement de ce siècle.

« Aujourd'hui nous sommes revenus à une appréciation plus intelligente et plus juste des monuments de l'art; le système ogival a reconquis la faveur publique; on l'a étudié, on l'a compris et partout on commence à le reproduire. L'archéologie est ainsi devenue la maîtresse de l'art. Mais doit-elle conserver longtemps cette domination? L'art doit-il, au dix-neuvième siècle, se borner à répéter les œuvres du treizième? Il faudrait, pour le soutenir, tout l'aveuglement d'un érudit. Évidemment, l'art ogival, qu'il est excellent d'étudier, dont il faut partir comme d'un degré où l'on s'appuie pour monter plus haut, ne saurait suffire à notre siècle, même pour les monuments purement religieux. Notre goût, nos penchants, nos besoins ne sont plus ceux du moyen âge ; le culte lui-même, pour s'adapter à nos idées et à notre nature d'esprit, doit éprouver des modifications analogues à celles qu'il a déjà éprouvées tant de fois; enfin, les progrès des arts mécaniques et industriels permettent certainement de faire plus et mieux aujourd'hui qu'il y a six siècles. Donc, en dépit des archéologues, comme en dépit des copistes de toutes les écoles, il y a lieu aujourd'hui, il y a nécessité, il y a urgence de donner aux sentiments et aux besoins de notre époque, par l'invention d'une forme architecturale nouvelle, une satisfaction à laquelle le dix-neuvième siècle a droit..... »

La doctrine à laquelle H. Feugueray fait allusion dans cet exposé, et qui m'avait servi de guide dans mes recherches, appartient à notre maître, Buchez, qui a tracé les grandes lignes de l'histoire générale des créations synthétiques de l'art, dans la seconde édition de sa remarquable *Introduction à la science de l'histoire*, publiée en 1842. Les pages magistrales qu'il a consacrées à ce sujet ne sauraient être trop répandues. Je n'hésite donc pas à leur donner ici une nouvelle publicité, en observant que, s'il est dans ces prolégomènes quelques points de détail que des découvertes récentes tendraient à modifier, sa généralité reste acquise à l'enseignement de l'art.

« Le passé, dit ce philosophe, nous a laissé l'exemple de trois synthèses d'art. L'invention de la première se rapporte à cette civilisation primitive dont on trouve le souvenir dans les traditions originelles de l'humanité, et dont la fonction semble avoir été de parcourir et de peupler le globe, selon cette parole dite à Noé : Allez et multipliez. Partout où sont passées les nombreuses tribus qui en sont sorties, elles ont laissé sur le sol les solides traces de leurs migrations. On trouve des monuments de cette synthèse en Europe, en Asie, et jusqu'en

Amérique. Ils sont encore debout aujourd'hui dans tous les lieux où la main des hommes n'a pu les atteindre.

« Toutes les croyances de ces peuples se résumaient dans la pratique du sacrifice et de la prière. Le but et l'organisation de la société en émanaient ; le monde lui-même était considéré comme une immense hiérarchie de sacrifices et l'humanité était envisagée comme une image du monde. Le sacrifice était le symbole et la condition d'existence de ces sociétés, qui avaient tout à combattre autour d'elles. Toutes choses présentaient alors aux hommes un aspect redoutable et un visage ennemi. La terre était inculte, hérissée de sombres forêts, sillonnée de rivières rapides, coupée de vastes marais. Les profondeurs des bois étaient remplies d'animaux sauvages, qu'il fallait attaquer presque nu. La nature entière était un mystère encore fermé à la prévoyance humaine, et en face duquel on n'avait de recours que dans le mépris que l'on faisait de la vie et dans sa confiance en Dieu. L'art de cette société se résuma donc en une forme qui exprimait en même temps le symbole de ses pensées, le symbole du monde et de l'humanité : on éleva des autels immenses, de grandes pyramides en terre, en pierre, en brique ; quelquefois on tailla des montagnes ; au sommet, le pontife roi invoquait l'Éternel pendant que sur les degrés de la pyramide était agenouillé le peuple. Lorsque tous ces hommes étaient ainsi rangés sur les flancs de cet autel colossal, les mains levées vers le ciel, offrant leurs vies et invoquant des secours, ils présentaient un type parfait de la société, de son esprit et de ses actes. Les funérailles elles-mêmes étaient un symbole de la vie ; parce que celle-ci avait été un sacrifice, le mort était traité en victime : son corps était élevé sur un autel et offert aux dieux qui l'avaient formé ; et, lorsque les éléments de l'air lui avaient repris ce qu'ils lui avaient donné, les ossements étaient enfouis en terre, ou conservés de diverses manières : le lieu où ils étaient placés était considéré comme consacré par ce séjour.

« Nous n'avons ici ni le temps ni la place nécessaires pour réunir tout ce que la tradition nous a conservé sur ces pratiques mystérieuses, mais qui constituaient une forme tellement passionnée, tellement propre à remuer les sympathies et à provoquer l'imitation, que la simple exposition suffit encore aujourd'hui pour impressionner vivement l'imagination. On en trouve de nombreux souvenirs dans les fragments qui nous sont restés de l'histoire des Pélasges, des Celtes, des Gaulois, des Scandinaves, des Mexicains, des peuplades de l'Amérique du Nord, etc. Nous avons hâte d'arriver à une époque plus rapprochée et qui se lie à la nôtre par des traditions non interrompues dans l'art.

« La seconde synthèse d'art fut le symbole de la doctrine religieuse de l'expiation, doctrine sur laquelle reposait l'organisation sociale tout entière, et tout ce système de castes qui subsiste encore aujourd'hui, moral et physique, visible et invisible. Le temple fut le type des devoirs et des espérances humaines.

« Un mur haut et nu en formait le contour, l'uniformité de cette enceinte n'était interrompue qu'aux lieux où étaient les portes qui donnaient entrée dans l'intérieur. Ces portes elles-mêmes étaient de forme pyramidale, sculptées de la base au sommet, de manière à figurer la hiérarchie des prières et des oblations, au prix desquelles on acquérait le droit d'y passer. La vue seule de ce haut mur et de ces entrées suffisait pour rappeler aux hommes comment le péché leur avait ôté la jouissance des choses célestes et comment l'expiation seule pouvait leur rendre l'espérance d'en approcher un jour. Cependant, l'espace renfermé dans l'enceinte contenait divers temples, ouverts aux oblations et à la prière, et ornés des statues représentant les divinités du monde visible [1].

« Le temple égyptien exprimait la même doctrine, mais sous une forme plus régulière : il était également entouré de ce mur haut et nu, signe de la séparation qui existe entre le monde des ténèbres et le monde de lumière. L'entrée était placée entre deux énormes pylônes, figurant des autels de sacrifices, et sur lesquels étaient sculptées en effet les grandes œuvres d'expiation accomplies par la Société. Après avoir passé entre ces pylônes, on entrait dans une cour, dont les latéraux étaient décorés d'une suite de colonnes qui représentaient les dieux qui soutiennent et gouvernent le monde matériel inférieur. A l'extrémité de cette cour, on trouvait encore un pylône, une pierre de sacrifice, sous laquelle il fallait passer pour pénétrer dans la seconde enceinte. On voyait encore, sur les côtés de celles-ci, les lourdes colonnes, à large ventre, à têtes humaines, qui représentaient les dieux présidant aux éléments. Enfin, à l'extrémité de cette cour, on apercevait un propylée profond, formant une vaste salle ; mais les regards n'y pouvaient pénétrer; un mur bas le séparait de la cour et ne permettait de voir que les chapiteaux à face humaine qui surmontaient les colonnes destinées à en soutenir le faîte. Là étaient déposées les statues des dieux supérieurs : de ce porche on pénétrait, par des passages étroits et difficiles, dans un sanctuaire vide, connu seulement du prince des prêtres, et où l'on supposait que résidait l'esprit du souverain du monde.

« La perfection de ces œuvres monumentales sous le rapport symbolique n'en diminuait pas la beauté. Maintenant encore qu'elles ne nous présentent plus que de froides ruines, qu'un spectacle dont nous avons perdu le sens, un signe auquel nous ne croyons plus; maintenant encore, elles nous imposent par la majesté grave et la grandeur dont elles sont empreintes. Tous les temples cependant n'avaient pas ce complet d'expression : il y en avait un grand nombre de consacrés à des divinités particulières ; ceux-là, le plus souvent, offraient un démembrement de la synthèse précédente. En Égypte, ils étaient composés seulement d'un propylée et d'un sanctuaire; dans les Indes, ils étaient formés tantôt de l'une des pyramides qui servaient d'entrée à l'enceinte générale des grands monuments, ou de l'une des chapelles qui y étaient éparses.

« Pour comprendre comment les grands temples, en même temps qu'ils étaient les symboles du monde, de l'expiation et de la vie religieuse des peuples, étaient aussi les symboles de l'homme, il faut recourir à la doctrine physiologique de ces temps reculés, et se souvenir que, selon l'expression très exacte, copiée par Platon, l'homme le plus parfait, c'est-à-dire celui des castes supérieures, était considéré lui-même comme un petit monde, un microcosme : son âme, sans doute, reposait dans les ténèbres du corps ; mais elle avait, à côté d'elle, un principe émané de la raison divine, que les Indiens appelaient Bouddhi, et Platon *logos ;* ce principe présentait à l'âme le but et le terme qui lui était proposé. Ainsi, l'âme souillée, reposant dans son corps, représentait l'homme plongé dans le monde matériel, et séparé du monde spirituel par le mur de ses péchés. Le principe émané de la raison divine était devant elle, comme dans le temple, cette enceinte secrète, difficile, accessible seulement au premier et au plus pur des prêtres, et où résidait la majesté invisible de l'auteur de toute loi. Le corps lui-

1. Sous le rapport de la réunion de divers temples sur une grande étendue, ce qui précède s'applique à ces immenses excavations de l'Indoustan que la multitude de leurs compartiments a fait comparer à des gâteaux de miel avec leurs alvéoles, par de savants voyageurs. Voir les exemples cités dans la dernière colonne du tableau. (Note de l'auteur.)

même, dont les parties diverses étaient consacrées à diverses divinités, était le moyen de diverses expiations comme les chapelles multipliées, consacrées aux différentes divinités, placées dans l'enceinte du temple.

« Les peuples qui eurent des contacts avec l'Égypte en tirèrent l'idée de leurs monuments religieux; mais ils se bornèrent à copier ce qui en formait la terminaison, c'est-à-dire les propylées et le sanctuaire réunis. Ainsi, à Athènes, le temple de Minerve était composé d'un propylée où était placé l'autel, sur lequel se faisaient les offrandes et les sacrifices, et d'un sanctuaire où étaient renfermés les archives et le trésor de la République. A Rome, le temple de Jupiter Capitolin était formé de la même manière; l'autel était sous le porche; c'était dans le sanctuaire que s'assemblait le Sénat. Ainsi, en se démembrant, le symbole perdit son caractère et sa signification primitive. L'unité étant rompue, on s'éloigna de plus en plus du sens primordial, et les parties acquirent la principale importance; elles devinrent l'objet des modifications et d'enjolivements de détail : on changea les formes des colonnes et chapiteaux ainsi que celles des propylées; on prolongea ceux-ci en péristyle. En un mot, de ce qui était un signe majestueux et sévère on fit un abri uniquement élégant. Dès ce moment l'art tomba en décadence; la peinture, la sculpture, l'architecture, la poésie, etc., suivirent chacune une voie particulière. Nous ne rappellerons pas ici quels en furent les derniers produits en Grèce et à Rome; ils sont sous nos yeux. Il suffit de remarquer qu'ils furent aussi individuels que possible, et que les artistes finirent par devenir les serviteurs complaisants de toutes les espèces de passions et de caprices.

« Ce fut le catholicisme qui produisit la troisième et la plus parfaite des synthèses d'art. Nous ne nous arrêterons point sur ses premiers pas; car nous ne faisons pas ici une histoire; nous ne cherchons que des exemples. Il serait trop long d'ailleurs de faire mention des tentatives diverses par lesquelles il préluda à sa dernière création; il fut doué d'une telle fécondité, que ses essais ont servi de point de départ à des écoles qui subsistent encore aujourd'hui dans des pays non catholiques : nous ne nous occuperons que de la forme qu'il préféra lui-même à toutes les autres et qu'il inventa aux plus beaux siècles de sa puissance. Les artistes prirent pour point de départ cette parole de saint Paul : « L'Église est le corps de Jésus-Christ »; et ils construisirent en effet un monument qui fut la figure de Notre-Seigneur. Le temple représenta le Sauveur étendu sur la croix, la tête penchée comme au moment où il dit : « Mon père, je remets mon âme entre vos mains. »..... Le reste du vêtement architectural dessinait la forme d'un corps étendu sur la croix, les bras ouverts, la face tournée vers le ciel. Ce vêtement fut orné par la main des peintres et des sculpteurs; ils y exposèrent les enseignements que le christianisme adressait aux peuples, et par lesquels il les appelait à entrer dans son sein. Sous ce vêtement, dans l'intérieur, on figura toute la mémoire de Jésus-Christ, et de plus l'histoire entière des pensées, des souvenirs et des espérances qui doivent agiter une âme catholique. Enfin on donna la vie à ce grand corps. La voix des cloches porta au loin l'appel qu'il adresse aux fidèles et aux incrédules; des cérémonies saintes remplirent le chœur de la cathédrale; des chants majestueux en firent frémir les voûtes. Ainsi, au jour des solennités, lorsque le clergé, dans le chœur, les fidèles dans les nefs, unissent leurs chants, lorsque l'orgue les accompagne, la parole de saint Paul est accomplie; l'église représente en vérité le Sauveur lui-même, implorant le pardon et la protection de Dieu.

« Le catholicisme imprima une modification profonde à toutes les parties de l'art : la sculpture changea ses expressions; la peinture lui dut cette impulsion qui se termina à Raphaël; la musique acquit une puissance nouvelle, celle de l'harmonie, puissance fondée sur une révolution de la gamme elle-même. Enfin l'architecture vint tout réunir dans une unité symbolique dont aucune description ne peut rendre la magnificence, description inutile d'ailleurs, lorsque chacun de nous peut aller étudier la réalité. Il n'est personne, sans doute, qui ne se soit incliné devant l'attitude majestueuse de nos cathédrales; il n'est personne qui, sous ces voûtes immenses, au demi-jour des vitraux, ne se soit senti saisi de ce recueillement profond qui signale l'approche des choses saintes et du monde invisible. Les plus incrédules rendent témoignage de cette influence exercée sur les âmes par nos monuments catholiques. Il n'est aucun d'eux qui, lorsqu'il en parcourait les nefs, n'ait regretté son défaut de foi. Ces monuments sont donc des signes d'une bien haute expression, puisque, muets et vides, ils inspirent des pensées et forcent les sympathies même chez les hommes les plus étrangers aux sentiments qu'ils sont destinés à représenter. Ils sont, de plus, d'admirables instruments de musique; la disposition des nefs et des voûtes donne au chant et à l'orgue une sonorité particulière que l'on cherche vainement à imiter ailleurs. Que serait-ce si l'on étudiait, une à une, chaque chapelle, chaque symbole peint ou sculpté; si l'on pénétrait le sens de toutes les cérémonies!

« Ainsi, l'Église est pleine de souvenirs, riche de mille enseignements, les uns toujours pratiques, toujours pleins de vie dans lesquels les fidèles sont en même temps acteurs et spectateurs; les autres, immobiles comme la lettre écrite et stables comme la vérité. Ce grand ensemble présente l'exemple le plus parfait de l'unité dans l'art. Aussi, après quatre siècles d'oubli, pendant lesquels on a vainement cherché une autre forme, voici qu'il ressaisit l'admiration des générations actuelles. Vainement on nous a dit que l'époque où ces monuments furent construits, était un temps de ténèbres et de barbarie, que c'étaient des œuvres grossières, bizarres, dépourvues d'harmonie; vainement on nous avait enseigné une théorie du beau toute de convention et tout opposée; vainement, en un mot, on avait fait tout ce qu'il était nécessaire pour en détourner nos regards : notre siècle a ouvert les yeux, et, quelle que fût son incrédulité, il a été frappé d'étonnement, épris d'admiration et de sympathie. »

Sous une autre forme, Lamennais a laissé, dans son *Essai d'une philosophie*, une théorie des créations artistiques, qui confirme les conclusions générales de Buchez. Le lecteur, désireux de se former une conviction complète à ce sujet, pourra recourir à cette autorité.

II

La théorie générale qui résulte de ce qui précède prouve clairement qu'une classification rationnelle des monuments subsistants sur la surface du globe, ne saurait trouver sa méthode, ni dans la marche du temps, ni dans les degrés de latitude des lieux; soit dans les distinctions chronologiques ou géographiques auxquelles on s'est borné jusqu'à présent.

En ce qui concerne le premier point, quand bien même on connaîtrait parfaitement la date de tous les monuments relatés dans les recueils historiques, ce dont on est loin, on ne suivrait pas la progression architecturale en les classant par ordre de dates, sans rechercher à quelle doctrine religieuse et sociale, tel ou tel monument doit sa configuration esthétique et sa structure organique.

En effet, outre que les croyances du premier âge ne sont arrivées dans des contrées diverses, qu'à des temps bien différents et avec des altérations notables, celles du second et du troisième âge n'ont pas été répandues sur la totalité du globe. Il en résulte que l'enseignement ancien a continué à se propager à côté de l'enseignement nouveau et que, les formes artistiques et les procédés constructifs du premier âge, ont été employés dans certaines contrées pendant que ceux du second âge étaient en vigueur dans d'autres ; de même que les formes du premier âge et celles du second âge ont été, et, sont encore employées pendant le troisième âge. La synthèse primitive par exemple, était à peine développée chez les Pélasges, tandis que les peuples de l'Asie propageaient la synthèse égyptienne. Les Celtes et les Gaulois, nos ancêtres, se contentaient encore de la pierre druidique du sacrifice, pendant que les Romains élevaient le Panthéon, le Colisée, etc. Le nègre de la Cafrerie se prosterne encore devant son fétiche grossier, tandis que nous nous agenouillons dans nos splendides cathédrales. L'art a pénétré chez les peuples plus ou moins lentement, comme la civilisation dont il est inséparable ; dans ce fait, nous devons reconnaître un dessein de la Providence qui a voulu nous laisser sous les yeux des spécimens de toutes les sociétés passées, même les plus primitives. N'existe-t-il pas encore des peuplades sauvages qui, comme les descendants de Cham le maudit, se nourrissent de la chair de leurs ennemis, tandis que nous cherchons à effacer du front de nos frères les traces de l'esclavage du monde ancien. Nous devrons donc consulter l'histoire de la filiation des peuples, pour établir l'ordre progressif des monuments, plutôt que la date de ces monuments, d'ailleurs fort incertaine pour les deux premiers âges. Ce n'est qu'en prenant pour point de départ d'une classification, les caractères moraux de la composition et les organes de la construction, qu'on peut saisir un fil conducteur, car il n'est, dans chaque âge, qu'un petit nombre de nations qui aient reproduit complètement le type propre à cet âge, et la réalisation du type a été proportionnelle au degré d'énergie et de pureté de leurs croyances religieuses et morales.

Quant à la géographie, il est clair qu'elle ne peut servir de base à une classification des monuments, par la simple raison que dans la plupart des pays on trouve des monuments de tout âge et de tout système d'architecture.

Il est à remarquer aussi, que chaque synthèse nouvelle, par cela même qu'elle est un progrès, c'est-à-dire une accumulation de moyens, profite de toutes les ressources de la synthèse qui l'a précédée, et la résume en composition comme en exécution. La pyramide originaire de l'âge primitif se retrouve dans les monuments de la synthèse égyptienne, soit unique sur la porte du temple de l'Inde, ou répétée en pylône sur chacun des latéraux de la porte des temples de l'Égypte. La synthèse chrétienne, à son tour, effile la pyramide primitive en flèches élégantes, élance et multiplie les colonnes, et greffe les lois de l'équilibre élastique sur celles de la stabilité par la simple superposition des solides. La pierre levée, plantée brute sur le sol, et le menhir rugueux multiplié en alignements, se montrent successivement avec ses surfaces planes et polies, dans les obélisques égyptiens, puis avec une prodigieuse efflorescence d'ornements, dans les clochetons de nos cathédrales.

Une tendance inverse à celle que nous venons de signaler, dans l'accroissement de la progression pour les synthèses successives, a lieu pendant la durée de chacune d'elles. Nous voulons parler du démembrement de l'ensemble typique que font les peuples purement imitateurs. Il est facile de s'assurer, en effet, qu'aux époques individualistes, quand la décadence commence, le temple encyclopédique démembré et toutes les parties qui le composaient sont prises à part ; tout s'amoindrit, tout est morcelé, la pensée et la forme ; heureux, quand cette réduction est rachetée, comme en Grèce par des perfectionnements dans les détails secondaires de la décoration ! Ainsi, pour le premier âge, l'autel qui couronnait le sommet des pyramides étagées, devient un simple *dolmen* par la suppression de son support, symbole de la hiérarchie des castes ; pour le second, on fait du couronnement accessoire de la porte indoue un monument isolé, sous le nom de tope ou de talayot ; la chapelle, qui était le centre et le sanctuaire des nombreuses enceintes des gigantesques monuments religieux, est à elle seule le temple ; la colonne même, détournée de son emploi, de son but, cessant d'être un soutien, est employée comme monument isolé et son chapiteau n'est plus un support, mais bien un couronnement.

Plus tard, par suite de la recherche des commodités de la vie, il arrive que le palais d'abord et la maison d'habitation ensuite gagnent en importance au fur et à mesure que le temple s'amoindrit ; bientôt les motifs de la décoration de celui-ci passent à ceux-là ; les rois et les particuliers voulant être logés comme les dieux, la distinction entre les deux sortes d'édifices finit par s'effacer, de sorte qu'il n'y a plus aucune différence entre eux. Le palais de Karnac a autant d'importance que les plus grands temples égyptiens, et sauf les *salles hypostyles*, à peu près la même disposition que ces derniers. Ou bien encore, le diminutif du temple lui-même finit par être employé, en partie, à des usages civils. En Grèce, on y serre le trésor de la République ; à Rome, on y loge le Sénat. Parvenu à ce point, il reste peu de trace de la pensée qui a présidé à la création du type. Le technique passe avant le sentiment, la symbolique est abandonnée pour réaliser la commodité, la forme se plie aux exigences des besoins usuels, le culte se retire devant la satisfaction des besoins matériels, en un mot, le métier finit par dominer et l'art ne se retrouve que dans les souvenirs attachés à des ornements de détail.

On verra dans mon tableau de classification que les monuments religieux sont, jusqu'à présent, les plus sûrs indices de la marche de l'art, et que c'est par l'étude et la comparaison de ces sortes de créations qu'on peut découvrir les termes de la progression de l'art monumental.

Il est reconnu généralement qu'aucune société ne pourrait se constituer ni se conserver sans l'adoption d'un devoir commun, d'un but d'activité susceptible de donner l'impulsion à toutes les individualités dont la société se compose. Or, le devoir et le but sont imposés par la parole ou le dogme qui gouverne le sentiment religieux et fonde le lien social. Le premier signe matériel de l'union sociale est nécessairement, partout et toujours, l'autel ou le temple, et le culte a, alors, une puissance d'autant plus grande, les créations du drame religieux sont d'autant plus complètes que, dans la première période de toute civilisation, c'est l'activité sentimentale qui domine presque exclusivement.

La construction des abris, que les auteurs du dernier siècle se sont efforcés de donner, sur l'autorité de Vitruve, pour origine à l'architecture, est au contraire du domaine de l'action économique ou de l'industrie, qui ne parvient à son plein développement que lorsque l'activité sentimentale et l'activité scientifique ont reçu un commencement de satisfaction. Toutes les traditions primitives partent de peuples qui habitaient, les uns des cavernes naturelles, les autres sous les arbres ou sur leurs chariots, et qui n'apprirent qu'après un laps de temps assez considérable à se construire des abris, et cependant ces peuples ont offert des sacrifices dès le premier jour de leur agrégation. Tout le monde connaît la fable de la cabane servant d'origine à l'architecture grecque; tous les auteurs qui l'ont répétée à l'envi, imbus des notions bornées de l'histoire ancienne en usage à leur époque, et des préjugés matérialistes, ne se sont pas aperçus que cette fable reposait sur deux erreurs grossières.

La première, que j'ai déjà combattue, est celle qui consiste à placer le berceau de l'art et de l'architecture chez les Grecs, rayant ainsi, de gaieté de cœur, de la chronologie une bonne moitié du temps, et de la carte du globe bon nombre de nations initiatrices; tandis que la civilisation grecque n'est que le résultat d'une séparation et d'un morcellement.

Placés au point de vue des détails décoratifs, ces auteurs se sont pris d'admiration, pour le peuple individualiste et élégant qui a perfectionné le chapiteau et la statue, sans faire attention que ces beautés ne décoraient qu'un tronçon du monument typique. Qu'on accorde à la Grèce un grand mérite dans l'ennoblissement de la forme, soit, mais qu'on lui attribue la création de toutes pièces de l'art monumental, c'est une absurdité palpable.

La seconde erreur vient de l'assimilation poussée trop loin, que ces mêmes auteurs ont faite de l'homme avec les animaux. Mettant tout le moteur de l'activité humaine dans la satisfaction des besoins matériels, ils ont pensé que l'homme avait dû se bâtir un abri, comme le castor construit sa cabane, ou comme le formica-leo engendre son cône sous la seule pression de l'instinct de la conservation. Ils n'ont pas fait attention que, à l'exception de ce qui se rapporte aux phénomènes de conservation de la vie organique, l'homme n'agit qu'en vertu de l'enseignement qu'il a reçu, de l'éducation qui lui a été donnée ou des découvertes qu'il a faites. La construction des abris tels que ceux qu'on donne pour origine à l'architecture n'a été, comme l'histoire le prouve, qu'un résultat d'un développement économique bien postérieur aux œuvres de l'architecture religieuse.

On trouve, dans les traditions primitives, les noms des génies qui ont enseigné aux peuples la construction des abris. Les données de la physiologie et de l'ontologie concourent à démontrer que l'instinct a été donné aux animaux afin qu'ils se conservassent mécaniquement, pour ainsi dire; tandis que l'homme destiné à vivre en société a été créé de manière à devoir tout à cette société et que, dès qu'il faut de la science et de l'industrie pour construire un abri, il est bien évident que l'exécution de cet abri ne peut ressortir que d'un enseignement ou d'une invention.

C'est ce qui explique que les tombeaux font partie de cette classe de monuments. On conçoit en effet que les hommes aient transformé en des lieux saints, appartenant à la religion, les réceptacles de la dépouille de ces directeurs des sociétés auxquels ils devaient des inventions qui les affranchissaient des entraves de la barbarie. C'est surtout aux premiers âges de l'humanité que cette consécration se manifeste d'une manière saisissante. La mémoire de ces fondateurs qui étaient considérés de leur vivant comme des dieux secondaires, des esprits immortels, n'était-elle pas digne d'être éternisée par des monuments durables, où l'on devait encore invoquer leur intercession auprès de la Divinité, après qu'ils avaient quitté la terre? L'absurdité de l'origine de l'art monumental par les abris deviendra, du reste, palpable quand on considère la forme consacrée pour les monuments de la civilisation primitive. En effet, s'il est démontré, par ce qui doit suivre, que toutes les constructions qui méritent le nom de monuments dans la civilisation dont il est question, ne sont autre chose que des amoncellements pleins et massifs, dont les talus en plein air sont seuls accessibles, il deviendra difficile d'attribuer la construction de ces monuments au besoin d'abri. De plus, cette objection formidable acquerra un nouveau poids quand on saura que souvent ces sortes de constructions ont précédé l'usage des habitations, de quelque nature qu'elles fussent.

« Il est faux, dit Gœthe, que la cabane soit la première-née des constructions des hommes. Deux perches en croix devant, deux autres derrière, au-dessus desquelles et en travers une cinquième en guise de faitage, ainsi que cela se voit journellement dans les huttes des champs et des vignobles, voilà ce qui a été et ce qui sera toujours une invention beaucoup plus primitive, et dont on ne saurait déduire le moindre principe pour construire seulement un trou à porcs[1]. »

III

Avant d'exposer le plan de la classification que j'ai dû formuler pour me servir de guide dans mes travaux, il est indispensable que je déblaye le terrain sur lequel elle doit être assise, des obstacles dont la terminologie usuelle l'encombre et qui rendent toute méthode impraticable.

Par une anomalie difficile à expliquer pour quiconque apprécie la netteté et la précision de notre langue, cet admirable instrument logique ne met à notre disposition qu'un seul mot pour désigner et les grandes transformations, et les modifications secondaires, et les variétés de détail qui différencient les œuvres de l'architecture, à savoir, le mot *style*.

Or, cette expression unique adoptée exclusivement à son origine, pour marquer les nuances tranchées des œuvres littéraires, comme son étymologie l'indique, est évidemment insuffisante au point de vue d'une classification. En archéologie architecturale comme en botanique, il y a des divisions principales et des subdivisions. Les différences qu'on observe entre les monuments, ainsi que celles qu'on observe entre les plantes, sont, les unes fondamentales, les autres secondaires. En appliquant la qualification de *style* à l'art égyptien, en même temps qu'à l'art grec de l'époque de Périclès et à l'art romain de l'époque d'Auguste qui en sont dérivés, ou bien à l'art chrétien du moyen âge, en même temps qu'à l'art du treizième ou du quatorzième ou du quinzième siècle qui n'en représentent que des modifications, on met les créations mères sur la même ligne que les imitations variées qu'elles ont engendrées, de sorte qu'on admet des styles dans un *style*, ce qui est assez absurde.

1. Gœthe, *Mémoire sur l'architecture allemande.*

Il est évident que ce mélange des ordres avec les genres, des genres avec les espèces et des espèces avec les variétés, entraîne une confusion fatale dans l'histoire, et rend illusoire l'enseignement normal de la fraction des connaissances humaines dont il s'agit; car, comment parvenir à suivre la filiation des inventions capitales, si, au lieu de ranger autour de leur tronc généalogique les rejetons qu'elles ont produits, on les met sur la même ligne sous prétexte qu'ils portent des pousses plus délicates que le tronc? Est-il admissible, par exemple, que l'invention fondamentale de la structure égyptienne par l'érection de la plate-bande sur des supports, ne soit qu'un *style*, au même titre que les perfectionnements de détail dans l'apparence de cette forme architecturale, auxquels se sont bornés tous les continuateurs dont les Grecs font partie?

Sous le titre banal de *style* on confond, en outre, les progrès ressortant de facultés différentes de l'esprit humain, et qui se distinguent ainsi : 1° progrès dans les idées morales et religieuses qui provoque, dans l'ordre sentimental, la création de types dont l'expression va toujours en augmentant de puissance, et qui se rapporte à la *composition artistique* proprement dite; 2° progrès de la science et de l'industrie, qui fournissent les ressources matérielles nécessaires pour élever successivement la forme à la hauteur de l'esprit, et qui se rapporte à l'*exécution* réunissant la *construction* et la *décoration*.

Nous pouvons déjà entrevoir que c'est principalement dans l'*exécution* que se trouve la cause des *variétés* architecturales. On conçoit, en effet, que la construction doit varier selon la nature des matériaux répandus sur le sol occupé par les populations qui inventent ou reproduisent telle ou telle forme de monument. Les énormes monolithes égyptiens comportent une main-d'œuvre différente de celle des briques babyloniennes ou des calcaires de petite dimension que les Romains avaient à leur portée. L'abondance du bois permet aux Chinois et aux indigènes du nord de l'Europe de faire des combinaisons constructives interdites aux habitants des déserts sablonneux de l'Afrique ou des plaines rocheuses de diverses contrées.

Or l'exécution, qui ne joue qu'un rôle secondaire dans les autres spécialités des beaux-arts, a une importance considérable dans l'architecture. Pour le peintre, l'exécution se réduit à la combinaison des couleurs et au maniement du pinceau; pour le sculpteur elle se borne à la manipulation de l'argile et à la taille des corps solides; un peu plus compliquée pour le musicien, elle n'exige cependant que la pratique des instruments sonores. Mais l'exécution contraint l'architecte à recourir aux apports de la science et de l'industrie. Il ne peut matérialiser sa conception qu'avec le secours d'un grand nombre de bras. Le concours des autres arts plastiques lui est même nécessaire pour compléter l'expression de sa pensée, sous le rapport de la *décoration* qui, variant aussi selon le génie de chaque peuple, est distincte de la *composition* et de la *construction*, et demande à être définie à part.

Si j'ai réussi à démontrer que le seul terme en usage ne peut, en bonne logique, s'appliquer indistinctement aux modalités de l'art architectural, on conviendra qu'il est temps de mettre fin à l'obstruction antiméthodique qui jusqu'ici a fait obstacle à l'avènement d'une classification architectonique.

Passons maintenant au plan de la classification que je propose et que j'ai conçue en 1850. En tête sont résumées les explications des principes ressortant des lois du progrès sur lesquelles il repose. Quant aux termes méthodiques de classification, qu'on ne fait qu'entrevoir dans l'exposé de H. Feugueray, je dois justifier leur adoption définitive, en précisant le sens que j'attache à chacun d'eux.

« Toutes les classifications, dit un de nos philosophes contemporains, M. A. Ott, reposent sur le rapport du général au particulier, en tant que ce dernier forme une subdivision qui ne comprend pas un individu unique, mais une pluralité d'êtres.

« En constatant des différences successives, on détermine au sein d'une idée générale plusieurs espèces particulières, qui sont subdivisées à leur tour de la même manière. C'est par ce procédé que s'établissent les classifications et les nomenclatures qui forment le début indispensable de toute science[1]. »

Suivant ce précepte généralement admis, mais rarement aussi bien énoncé, il y a donc lieu de distinguer les divisions principales et les subdivisions secondaires qui caractérisent les inventions de divers degrés en architecture.

Lorsqu'on consulte l'histoire sur la marche du progrès au point de vue de l'art, on trouve de grandes inventions radicales, véritables créations, qui modifient complètement la composition et l'exécution des monuments connus jusque-là. Ces inventions se conservent, avec plus ou moins d'immutabilité, pendant toute la durée d'un âge logique et même quelquefois au delà. J'ai appliqué le nom de *synthèses*, déjà usité en philosophie de l'histoire, à ces inventions capitales.

Sous le nom de *systèmes* je range les modifications survenues dans l'invention synthétique, quand elles changent d'une manière sensible le mode de structure ou les organes de la construction.

Enfin, comme je l'ai fait pressentir plus haut, je réserve le nom de *style* à toutes les variantes introduites dans la décoration visuelle, soit qu'elles aient lieu dans une même synthèse ou dans un même système, soit qu'elles se manifestent dans une synthèse nouvelle ou dans un système nouveau.

Les raisons qui m'ont amené à restreindre l'acception du mot *style* ressortiront de la simple inspection du tableau, quand on verra qu'un seul et même système de construction, celui de la plate-bande monolithe, par exemple, a donné lieu à onze styles considérés comme bien distincts par tous les archéologues.

Victor Hugo semble avoir été frappé de ces raisons quand, après avoir passé en revue les styles variés de l'architecture du moyen âge, il a ajouté : « Du reste, toutes ces nuances, toutes ces différences n'affectent que la surface des édifices, *c'est l'art qui a changé de peau*[2] ».

Le style étant le plus souvent une empreinte particulière apposée à la surface des édifices par le génie spécial de chaque nation, c'est naturellement la colonne du tableau consacrée à cette subdivision qui contient la partie géographique de la classification. Parfois ces empreintes distinctes sont le fait de quelques générations successives dans la même contrée, comme celles qui marquent les styles du moyen âge. C'est alors que les styles varient suivant l'ordre chrono-

1. *De la raison*. Paris, Sandoz et Fischbacher, 1875.

2. *Notre-Dame de Paris*, livre troisième, I. A ce sujet, je ne puis me dispenser de faire remarquer que l'explication du terme *style* donnée par Viollet-le-Duc dans son dictionnaire, toute différente de celle qui précède, me paraît inacceptable. Elle implique, du reste, une contradiction avec l'enseignement général donné dans cet excellent ouvrage.

logique et sont parfois désignés par des dénominations particulières, telles que le style de la *renaissance*, le style *éclectique*, etc.

Ainsi : *synthèse*, *système*, *style*, tels sont les trois signes indicatifs de classement pour les monuments. Un quatrième terme serait peut-être nécessaire pour désigner les différentes nuances qui peuvent se rencontrer dans un même style ; mais comme cette circonstance n'existe guère que pour l'art tout à fait moderne, presque contemporain, elle est sans importance. On pourrait, du reste, désigner ces nuances par le mot *mode*.

Les trois dénominations que j'ai adoptées répondent, si l'on veut, aux trois conditions que l'art-science de l'architecture doit remplir : la *composition*, la *construction* et la *décoration*. La première de ces expressions implique l'idée de création d'un type ou d'une forme spéciale sous le rapport de l'expression sentimentale ou esthétique ; la seconde, celle d'une combinaison particulière dans la construction qui réalise la conception ; la troisième, celle d'une variante dans le revêtement décoratif. Ainsi, toutes les fois qu'en comparant des monuments, on trouvera une structure ayant les mêmes organes revêtue de décorations différentes, on dira qu'il y a plusieurs styles pour le même système ; de même que, toutes les fois qu'on reconnaîtra, dans un même type de monuments, des applications diverses de la science mécanique dans la construction, il en résultera qu'il y a plusieurs systèmes pour une même synthèse. D'où il suit que toute synthèse comporte nécessairement des systèmes et des styles.

Par les applications qui seront faites de cette méthode de classification, on verra quelle clarté elle apporte dans l'histoire des progrès de l'art monumental. Pour le faire comprendre par anticipation, je prendrai un exemple que l'archéologie moderne a mis à la portée de tout le monde. L'art du moyen âge ou chrétien appartient à la troisième synthèse dont l'art byzantin avec ses coupoles sur pendentifs, ainsi que l'art dit gothique avec son ossature élastique, sont des systèmes en progrès manifeste sur ceux qui les ont précédés, et chacun de ces systèmes se décompose en styles.

Pour le système de la coupole, il y a le style byzantin, le style latin, le style de la renaissance, etc. ; pour le système de l'ossature ogivale, il y a le style du treizième siècle ou en lancettes, le style du quatorzième siècle ou rayonnant, le style du quinzième siècle ou flamboyant, etc., etc.

Avec cette méthode, rien de plus facile que de classer un monument unitaire ou chacune des parties d'un monument hétérogène, dès que l'on tient compte de leurs trois caractères distinctifs. C'est ainsi que le Parthénon est de la deuxième synthèse (portique), du système de la plate-bande monolithe, et du style gréco-dorien (ce qu'on a appelé des *ordres* n'étant, en réalité, que des styles) ; et que la cathédrale d'Amiens est de la troisième synthèse, du système de l'ossature ogivale et du style du treizième siècle.

Les progrès que les premières colonnes du tableau accusent, d'une synthèse à l'autre, dans les caractères distinctifs de l'*expression esthétique*, de la *construction pratique*, de la *science appliquée* et des *formes typiques*, sont tellement saisissables qu'il serait superflu d'ajouter des explications à ce qui est formulé dans ces trois feuilles.

Dans le tableau synoptique, le symbole monumental qui domine dans chaque synthèse, comme résumant les idées religieuses et sociales du groupe, est pris pour prototype de l'expression sentimentale, parmi les caractères distinctifs formulés.

Pour la première synthèse, c'est l'Autel des sacrifices, ayant, à mon sens, la signification d'*intermédiaire de propitiation entre le ciel et la terre.*

Pour la deuxième, c'est le Temple qui, d'après sa véritable étymologie tirée du verbe grec *temno*, je divise, a pour signification adoptée la *configuration de la hiérarchie céleste sur la terre* [1].

Pour la troisième, c'est la Cathédrale, dont la signification strictement évangélique doit être l'*extension du foyer de la fraternité à tous les membres de l'humanité.*

Avant d'aborder les autres aspects de l'architecture, et afin de ne laisser subsister aucune ambiguïté sur ce qui concerne les idées esthétiques évoquées dans cet ouvrage, je terminerai ce paragraphe par les lignes suivantes, que j'emprunte à M. A. Ott, en me les appropriant par droit d'ancienne amitié [2] :

« Je commence par écarter provisoirement le mot « beau », qui exprime une notion très complexe et s'emploie dans divers sens figurés. Le mot d'*esthétique* résume mieux, à mon avis, tout cet ordre d'idées et il en marque parfaitement la nature, car il vient d'*aisthanomai*, qui signifie « sentir, être touché ». La réserve ainsi faite sur cette expression banale, qui est prise dans des sens très différents, selon la manière d'envisager l'art de ceux qui l'emploient, simplifiera ma tâche pour la suite touchant la définition à donner de l'architecture [3].

IV

Comme on l'a déjà vu, l'architecture, plus que les autres spécialités des beaux-arts, exige l'exercice des trois facultés primordiales de l'activité humaine : le sentiment, le raisonnement et l'action réalisatrice, par la fusion qu'elle fait, dans ses œuvres, de l'esthétique, de la science et du technique industriel.

Dans l'étude que je poursuis sur ce composé compliqué d'art et de science, ce qui a été dit des synthèses et des styles étant suffisant pour expliquer la première et la troisième colonne du tableau concernant l'art, il ne me reste plus qu'à donner des éclaircissements sur la seconde colonne répondant aux caractères distinctifs de la *construction pratique* et de la *science appliquée*, laquelle a une importance toute particulière au point de vue de l'invention.

1. L'étymologie d'Isidore de Séville : *Templa dicta quasi tecta ampla*, n'est qu'un jeu de mots de basse latinité.
2. *De la raison.*
3. Tout récemment, on a pu voir, dans des Revues d'architecture, un exemple de la logomachie que suscite le mot *beau* ; l'une disant : « Le beau c'est l'utile » ; l'autre répondant : « Le beau c'est l'inutile ». Selon nous, le *beau* serait ce qui se fait imiter et aimer.

De l'examen et de la comparaison de ceux des monuments épars sur toutes les parties du globe, qui sont parvenus à notre connaissance, il résulte que, sous le rapport de la construction, considérée comme application des sciences physiques, ces monuments révèlent trois inventions corrélatives des synthèses et séparées entre elles par une ligne de démarcation bien tranchée; ligne de démarcation marquant la *raison mathématique* qui sépare les termes de la progression de la mécanique scientifique et industrielle.

La première de ces inventions, qui correspond à la synthèse de l'art primitif des tribus descendues de Noé, repose sur les propriétés les plus élémentaires des corps solides. Ce système général n'est autre chose qu'une simple application des lois de la pesanteur et de la résistance à l'écrasement de ces corps. Quel que soit le monument qu'on observe dans ce système depuis le *tumulus* rudimentaire et le *dolmen* celtique jusqu'aux pyramides les plus parfaites de l'Égypte ou de l'Amérique, on trouve que la construction se réduit en somme à un simple transport de matériaux.

Le même procédé qui a servi à ériger la pierre unique du monument druidique, a pu être employé pour élever chacune des assises des monuments pyramidaux les plus élevés au moyen de plans inclinés successivement rechargés, et formés de terre ou de toute autre manière.

Ces monuments massifs, qu'ils soient élevés en terre, en briques ou en pierres, sont toujours construits par amoncellement; ils ne varient que par le plus ou moins grand nombre des superpositions qu'ont exigées leurs hauteurs relatives, les dimensions des matériaux et leur agglutination. Les bras des esclaves ont été suffisants pour former et déblayer les plans inclinés, aussi bien que pour élever ces monuments eux-mêmes, sans le secours d'aucune machine proprement dite.

La seconde invention mère, qui se rapporte à la synthèse de l'art asiatique égyptien, dont l'art grec est dérivé, dénote l'acquisition des éléments de la statique et la dynamique. Ici ce ne sont plus des massifs réduits à une forme extérieure, mais bien des enceintes formées par des constructions au moyen de montants, pieds-droits ou colonnes, élevés verticalement, qui supportent à leur faîte des traverses ou plates-bandes monolithes placées horizontalement et surhaussées ou non par d'autres constructions. Ce système est exécuté dans le même principe, avec les ressources les plus différentes, tantôt au moyen de blocs taillés et superposés, comme dans le temple de Thèbes et le Parthénon; tantôt par évidement intérieur, comme dans les grottes souterraines de Salcette et d'Éléphanta, ou par évidement intérieur et extérieur, comme le temple à ciel ouvert de Kaïlaça.

En examinant ce système général, on voit qu'il est fondé sur la double résistance des montants à l'écrasement et des traverses à la fracture. Quand il est imité avec des plates-bandes appareillées, ce sont des barres de fer qui remplissent la fonction des traverses.

La troisième invention mère, qui coïncide avec la synthèse caractérisée par l'art du christianisme, résume toutes les acquisitions que la science de la mécanique avait faites dans les âges précédents, par l'inauguration de l'ossature ogivale. A part quelques productions de l'art étrusque et de l'art romain, qui elles-mêmes ne sont relativement que des essais, la stabilité des constructions n'était obtenue jusque-là que par l'état de repos complet de ses diverses parties. Les pieds-droits ou les colonnes, stables par eux-mêmes, recevaient encore des plates-bandes qui les surmontaient une liaison favorable à la stabilité.

L'effort de ces plates-bandes borné à une pression verticale, loin de s'exercer au détriment des points d'appui doués d'une résistance à l'écrasement toujours surabondante, ne faisait que les affermir. Au lieu de tendre à renverser ces points d'appui d'une hauteur d'ailleurs restreinte, elles maintenaient leur aplomb en les rendant solidaires. Quand le système de construction de l'art monumental chrétien fut complètement formulé, on vit la ligne droite et horizontale des traverses faire place à l'arc de cercle projeté au-dessus et en dehors des points d'appui. Les colonnes ou piliers montés à des hauteurs considérables, supportèrent des arcs et des voûtes d'appareil exerçant une poussée dans tous les sens, au lieu de plates-bandes en repos. Exposés à être renversés par les efforts latéraux, les piles ne purent conserver leur aplomb que par une opposition réciproque des poussées. La construction des monuments, qui pouvait avoir lieu auparavant d'une manière successive, avec peu d'engins, sans beaucoup de calculs, dut se faire simultanément au moyen de soutiens momentanés. Doué d'une hardiesse prodigieuse, ce système de construction restreignit le nombre des points d'appui tout en projetant dans les airs le fardeau qui les chargeait. En un mot, le problème posé depuis l'antiquité étrusque était définitivement résolu, le système selon les lois de l'équilibre élastique était trouvé.

Ces trois sources des progrès de l'art de bâtir d'où sortent les types constructifs de la *pyramide*, du *portique*[1] et de l'*arcade*, sont en corrélation parfaite avec les trois synthèses d'art. Chaque fois qu'une parole nouvelle vient apporter un nouveau symbole religieux ou social, elle enfante aussi le moyen d'exécution qui doit servir à matérialiser le signe spirituel. La formule sociale qui commande la séparation de l'esprit et de la matière au groupe primitif, lui inspire le signe du sacrifice et de la prière ainsi que le symbole de la hiérarchie céleste, en même temps qu'elle lui apporte la connaissance des lois de la pesanteur, et les hommes orientent la pierre colossale du sacrifice à la surface du champ, ou bien ils la rapprochent du ciel, en lui donnant pour base une stratification pyramidale de corps solides.

Les migrations terminées, l'inimitié des races qui avait servi à réaliser l'occupation du globe, devait être adoucie. La doctrine indoue enseigne la réhabilitation de l'esprit par des épreuves successives et des purifications ; elle donne le signe de la division de la société en castes, en même temps qu'elle fait appliquer les lois de la rigidité moléculaire et de la cohésion, qui permettent de former ces enceintes successives percées de nombreuses ouvertures, séparation matérielle des castes et qui leur montrent, dans une longue suite d'autels de sacrifice, la série des purifications. Alors, les matériaux arrachés des profondeurs de la terre sont superposés en colonnes isolées, en plates-bandes ou en murs continus, où l'homme conquiert le vide sur les masses rocheuses en les frappant de son ciseau. Enfin, l'humanité devait arriver à une unité complète et se composer de frères. Le verbe du Christ effaçant les dernières lignes de démarcation entre les hommes, inspira le signe de la charité et le symbole de la fraternité en même temps qu'il révéla les lois de l'équilibre dans l'élasticité dont les ressources pouvaient, seules, permettre de rassembler les fidèles dans une même croix, et sous un même couvert de voûtes. C'est ainsi que la ligne courbe projetée vers le ciel selon les aspirations du christianisme,

1. On comprendra que, dans les formules de mon tableau, j'ai dû éviter la confusion qui résulte de l'abus que l'on fait de cette expression en l'appliquant indifféremment aux portiques en plates-bandes et aux abris en arcades, et qu'il faut la restreindre à son véritable sens quand il s'agit de classification.

remplaça la ligne horizontale, emblème de la force matérielle émanant de la terre dans l'antiquité.

Pour s'assurer que ces créations représentent réellement les termes de la progression, il suffit de rechercher quelle est la nature des perfectionnements qui ont eu lieu entre chacune d'elles. On verra qu'ils ne portent que sur des points de détail sans modifier les principes architectoniques d'une manière radicale, ou qu'ils n'accusent que de la fécondité dans les moyens d'exécution. Ainsi en construction on trouve bien des essais, quelquefois hardis, des nouveautés même qui sembleraient devoir appartenir à la synthèse ultérieure. Cependant ces améliorations ne représentent que des systèmes plus ou moins nombreux qui forment des subdivisions dans chaque synthèse ; quelques-uns peuvent être considérés comme des éléments de transition, mais non comme des bases de formation.

Il y a bien, dans les pyramides de Memphis et dans les Téocallis mexicains, des vides, des ouvertures, mais ce sont plutôt des évidements creusés dans le massif que des spécimens de propylées. On trouve des rudiments de voûtes dans le palais d'Osymandias à Abydos, dans le trésor d'Atrée et dans les édifices romains du temps des empereurs ; mais de ces derniers, les plus dignes de remarque pourtant, qui rappellent encore l'amoncellement par les masses énormes sur lesquelles les voûtes sont appuyées, à l'enfantement du système de l'ossature ogivale, qui enferme des espaces immenses avec si peu de matière, il y a tout un abîme.

Parmi les *caractères distinctifs* formulés dans les trois séries de mon tableau, celui de la *construction pratique* fait ressortir encore un signe du progrès dans les formes architecturales résultant de la synthèse artistique et du système constructif d'où elles émanent.

La première forme, motivée par l'autel des sacrifices et réalisée par l'application des lois de la pesanteur et de la résistance des corps solides, est celle des massifs pleins montés en TALUS ;

La seconde, qui est appropriée au temple et où s'ajoute dans l'exécution l'application de la rigidité et de la cohésion moléculaire de la matière, se distingue par des enceintes évidées, élevées d'APLOMB ;

La troisième enfin, qui domine dans la cathédrale et repose sur le complément d'application des lois de l'équilibre élastique, se fait remarquer par des fermetures voûtées qui, des extrémités supérieures des piliers, s'élancent en ENCORBELLEMENT.

Il n'est pas nécessaire d'être constructeur praticien pour saisir toute la différence qu'il y a entre construire en talus, d'aplomb ou en encorbellement, et apprécier l'accroissement de difficultés que chacun de ces termes du progrès comporte.

On verra par la suite, que c'est ce dernier terme de progression qui doit nécessairement engendrer toute nouvelle invention architectonique [1].

Pour faciliter la recherche des exemples de monuments cités dans mon tableau, j'ai dû me borner à ceux dont on trouve la figure dans les ouvrages à planches qui sont à la portée de tout le monde, sans recourir aux dessins que renferment les collections des dépôts publics que j'ai compulsées.

Il suffira donc de consulter les gravures des publications de Batissier, Gailhabaud, Léonce

1. Ce qui précède a été exposé dans le compte rendu que j'ai fait du *Traité d'architecture* de Léonce Reynaud, dans le journal *le Siècle*, en novembre 1855.

Reynaud, Viollet-le-Duc et Fergusson, indiquées plus haut, pour connaître ces exemples et leur place dans la classification.

V

Au point où nous en sommes, l'enseignement consigné dans les pages précédentes étant résumé en tête du tableau synoptique, il est temps d'aborder la définition de l'architecture.

Or, s'il est vrai qu'une bonne définition d'un art doit être une explication claire et précise du but qu'il a en vue et des moyens dont il dispose pour l'atteindre, on reconnaîtra que les définitions nombreuses, souvent contradictoires, qu'on a données de l'architecture, laissent beaucoup à désirer.

Pour s'en assurer, il suffit de passer en revue celles qui ont cours, et dont quelques-unes, appartenant à des auteurs qu'il est inutile de nommer, font autorité. On y trouvera l'architecture différemment définie ou interprétée en termes tels que ceux-ci :

L'art de bâtir, — *l'art des convenances et du beau dans les constructions*, — *l'art de construire selon les règles du beau* (qu'on ne définit pas) *et répondant à une idée de devoir* (ou de politesse !). — *Pour l'architecte, l'art, c'est l'expression sensible, l'apparence pour tous d'un besoin satisfait.* — *La beauté de la forme est la visée supérieure de l'architecte et la qualité prépondérante de ses œuvres.* — Enfin il en est qui disent : *C'est la construction décorée*, et d'autres : *C'est la décoration construite.*

En présence de ces divergences aboutissant à une véritable logomachie, je suis fondé à proposer une définition déduite de la méthode qui m'a servi de guide, et que je formule ainsi :

L'ARCHITECTURE EST L'ART DE PRODUIRE DES IMPRESSIONS ESTHÉTIQUES, AU MOYEN DE LA SCIENCE CONSTRUCTIVE LA PLUS AVANCÉE.

Les trois feuilles du tableau synoptique qu'on trouvera dans le volume sont imprimées à part, de manière à ce qu'on puisse les réunir sur un châssis pour faire un cours oral sur la matière.

QUATRIÈME PARTIE

ORIGINES ET DÉVELOPPEMENT DE L'INVENTION DE L'OSSATURE OGIVALE

I

Maintenant que les termes de la progression architectonique sont connus, l'effet déplorable des entraves que l'enseignement des prôneurs exclusifs de l'art antique met au progrès de l'art de bâtir est facile à expliquer. Il est évident, en effet, que si l'on suivait logiquement leurs préceptes, en biffant le dernier terme de la progression pour partir de l'avant-dernier, on arriverait nécessairement à reproduire celui-ci, et qu'en prenant pour point de départ l'architecture gréco-romaine, on referait l'architecture dite gothique.

Le système de l'ossature ogivale étant une invention mère de la troisième synthèse, invention dont on ne saurait trouver aucun précédent dans aucune des œuvres antérieures à celles des constructeurs du moyen âge et qui n'a pas été dépassée depuis, il est impossible de ne pas l'invoquer lorsqu'il ne s'agit que d'en déduire des conséquences pour faire un pas en avant.

Rondelet, qui se trouvait d'un quart de siècle en avance sur son époque par l'étendue de ses connaissances scientifiques, l'a bien senti quand il a intercalé dans l'introduction de son grand ouvrage les lignes suivantes :

« ... Avant l'époque de la régénération des arts dans le centre de l'Italie, les peuples les plus éloignés de Rome n'ayant aucun conseil à prendre dans les ouvrages de leurs prédécesseurs, et encore livrés à leur propre industrie, étaient parvenus à se créer une architecture. Ici, comme en Égypte, cet art offre dès le principe le système de construction sur lequel doivent désormais reposer toutes ses compositions ; comme en Égypte aussi, il se montre préoccupé d'assurer la plus grande durée à ses ouvrages ; mais au lieu de masses péniblement entassées, comme chez ce dernier peuple, l'art de bâtir opéra, le plus ordinairement, avec des matériaux que les Égyptiens auraient rebutés ; et guidé seulement par une mécanique pratique, il parvint pas à pas aux résultats les plus inouïs.

« S'il était besoin de justifier cet éloge de l'architecture gothique, il suffirait de rappeler comment, au moyen de formes et de combinaisons, la matière seule, par le double effort de sa pesanteur et de sa résistance, vient composer les ensembles les plus stables, indépendamment de la force d'union du ciment, qui ne prête qu'un faible secours aux constructions en pierre de taille ; comment ensuite, par de sages dispositions, elle sait procurer une longue durée à des matières périssables ; comment enfin, au milieu d'un système *où tout est en action*, rien cependant ne parait fatiguer à l'œil, ni dans l'ensemble ni dans aucune de ses parties.

« En un mot, savoir reconnaître et assigner pour chaque matière le mode d'emploi dans lequel l'art de bâtir peut en obtenir les services les plus durables, telle semble avoir été la règle constante de l'architecture gothique : et l'on ne peut s'empêcher de regretter de voir *un système de construction si bien approprié aux ressources et à la nature de notre climat*, qui pourrait convenir encore dans tant de circonstances, entièrement abandonné de nos jours. »

Vu sa date, ce plaidoyer en faveur de l'architecture gothique, n'est-il pas un acte de conviction, bien remarquable de la part d'une des sommités de l'école classique?

En raison de l'importance de l'invention du treizième siècle comme indicateur du progrès à poursuivre, il importe de faire ressortir les principes de fécondité qu'elle contient, pour arriver à en déduire des conséquences pouvant servir à justifier les compositions transformatrices présentées dans cet ouvrage.

Je détache dans ce but les pages suivantes d'une étude faite dans la ferveur de la propagande de l'archéologie chrétienne.

Le vieux monde finissait avec l'an mille, l'empreinte de l'antiquité était définitivement effacée par l'intronisation de la civilisation moderne. « Tout, dit Chateaubriand, change avec le christianisme (à ne le considérer que comme un fait humain) ; l'esclavage cesse d'être le droit commun ; la femme reprend son rang dans la vie civile et sociale ; l'égalité, principe inconnu des anciens, est proclamée. La prostitution légale, l'exposition des enfants, le meurtre autorisé dans les jeux publics et dans la famille, l'arbitraire dans le supplice des condamnés, sont successivement extirpés des codes et des mœurs. On sort de la civilisation puérile, corruptrice, fausse et privée de la société antique, pour entrer dans la route de la civilisation raisonnable, morale vraie et générale de la société moderne : *on est allé des Dieux à Dieu.* »

Quand on envisage en détail les actes innombrables, les efforts inouïs qu'a exigés la triple action de prédication, de martyre et d'organisation qui a établi le dogme chrétien, on reste convaincu que l'énergie de la foi nouvelle a pu seule en réduire la durée à dix siècles. En tenant compte des obstacles que le génie du passé lui a continuellement suscités, c'était certainement le minimum du temps qu'une révolution aussi radicale pût employer avant de produire ses conséquences sociales. — L'art qui se présente le premier dans l'ordre du progrès, ne pouvait recevoir sa formule qu'après la prise de possession des nations par la doctrine du Christ. Nous allons voir que cette transition de dix siècles était également nécessaire pour fondre les éléments antérieurs dans la combinaison monumentale départie à cette création artistique,

Le christianisme comportant une pratique toute différente de celle des sectes païennes, dès que les premiers chrétiens manifestent leurs croyances séparatrices, ils rompent complètement avec le culte du polythéisme. Les rites du Judaïsme, un moment défendus par saint Pierre, ne peuvent même pas trouver grâce devant les proscriptions de la loi nouvelle. Du jour où deux chrétiens s'embrassent et s'exhortent mutuellement à mourir pour rendre témoignage à la parole nouvelle, le germe d'un nouveau drame religieux existe, les fondements d'un art nouveau sont posés. Le sacrifice sanglant des âges précédents est remplacé par le sacrifice mystique institué au souvenir de la Cène et la communion l'éternise en le spiritualisant. La célébration du saint mystère que la religion gréco-romaine rejetait en dehors du temple, et dont elle écartait cette multitude d'hommes condamnés, par leur titre d'esclaves, à n'avoir ni religion, ni famille, cette célébration a lieu dans l'enceinte où tout être humain, devenu enfant de Dieu par le baptême, est admis sans aucune distinction ni de rang, ni de fortune. Le sanctuaire du *destin* inexorable, et le Saint des Saints du Jéhovah jaloux s'élargissent et de vastes enceintes se prêtent à la réalisation de l'Assemblée, c'est-à-dire de l'*Église* des chrétiens.

Il est évident que cette tendance qu'avait le christianisme, de réunir fraternellement dans une même enceinte, et sous un même couvert le plus grand nombre possible de frères, a été une des conditions impérieuses imposées à son architecture. Elle a exercé, sur la construction, une action semblable à celle que l'obligation d'exprimer le sacrifice volontaire de la rédemption a exercée sur les beaux-arts. Nos monuments les plus parfaits sont ceux qui satisfont le mieux à ces deux conditions principales.

Entourés des défiances du paganisme, poursuivis par les persécutions, nous voyons les premiers chrétiens trouver dans les catacombes de Rome et les latomies de Naples et de Syracuse les moyens d'effectuer leurs réunions chéries. Ces carrières creusées par l'industrie, qu'ils agrandissent à mesure que leur nombre s'accroît, se prêtent admirablement aux pratiques de leur culte frappé d'interdit. Là, ils peuvent unir leurs voix, dans un acte de foi commun, lire un passage de l'Évangile, commenter les épîtres des premiers disciples du Christ, entendre la parole inspirée d'un des leurs, rompre le pain de vie et conserver comme un gage d'avenir les corps de leurs frères martyrisés pour la foi. Là, se trouvent pour la première fois, ces autels, ces sarcophages, ces chaires épiscopales, ces emblèmes de la vie future, dont la grossièreté n'est que le signe du divorce de la forme chrétienne avec la forme païenne. Quand les prosélytes de la foi nouvelle emploient des motifs dérivés des symboles du paganisme, c'est pour s'entourer en toute liberté d'images auxquelles ils attachent une signification spirituelle et morale, différente de celle que le matérialisme leur donnait. C'est ainsi qu'indépendamment des figures de l'Ancien Testament appliquées aux réalités du Nouveau, *Orphée* est employé pour désigner la mission du Christ et l'attraction que sa doctrine exerce sur les âmes ; Jason fait allusion à Jonas, le berger hellénique portant une brebis sur ses épaules, au *bon pasteur*. Toujours, ces allusions du temps de la fondation de la foi qui, des parois des catacombes, sont montées sur les murs des premiers monuments chrétiens, ont trait à l'union, à la paix, au bonheur futur et surtout à l'espérance qui soutenait ces âmes ardentes. Rien de ce qui rappelle la passion du Sauveur, n'y figure. Ces hommes régénérés, qui reproduisaient chaque jour ce drame douloureux dans le cirque et dans les tortures de toutes sortes, en rappelaient suffisamment l'exemple à leurs frères.

Il était naturel que les chrétiens eussent en horreur tout ce que sentait le culte du paganisme, contre lequel ils soutenaient une lutte d'une telle opiniâtreté ; aussi évitèrent-ils généralement de se servir des produits de l'art qui avait été au service des idoles. Quand les fondateurs de l'Église apparaissent dans un édifice des anciens, c'est pour y fulminer une protestation éclatante. Jésus avait réduit les docteurs juifs au silence dans la synagogue, saint Paul dévoile le *Dieu inconnu* au milieu de l'aréopage d'Athènes, saint Pierre guérit le boiteux sous le portique de Salomon attenant au temple juif, où il fait sa première allocution au peuple; mais ce n'est qu'avec peine qu'ils se décident à purifier quelques temples païens pour les adopter[1].

II

Pour les églises d'Occident, il existait dans la ville des Césars des édifices publics qui remplissaient les conditions d'étendue et de couvert voulues par le nouveau culte, c'étaient les basiliques royales empruntées à la Macédoine, à l'Épire et sans doute aussi au palais de Salomon, et que l'esprit imitateur des Romains avait livrées à la justice et au négoce. Dès que l'édit de Constantin eut assuré la liberté de leur culte, les évêques de Rome n'hésitèrent pas à adopter ces édifices qui, outre leur grandeur beaucoup plus considérable que celle des temples, avaient encore l'avantage de n'avoir pas été, comme eux, souillés par les cérémonies païennes[2].

On connaît la disposition générale des basiliques. Leur plan a la forme d'un parallélogramme prolongé par une abside en hémicycle; elles se composent d'une nef principale accompagnée d'une ou de deux nefs secondaires, quelquefois avec galerie, dans la partie supérieure. Enfin elles sont couvertes d'un toit en charpente à deux égouts qui dessine un pignon sur la façade principale où sont percées les portes d'entrée. Contrairement aux temples païens destinés à un culte tout extérieur, qui avait donné lieu aux péristyles à l'entour de la cella, les basiliques unies en dehors reçoivent les colonnes en dedans, disposition qui les a fait appeler des temples retournés et qui explique le grand espace qu'elles renferment et qu'elles couvrent. A partir de Constantin, les chrétiens d'Occident construisirent toutes leurs églises d'après ce plan auquel ils apportèrent, avec le temps, quelques modifications; les principales furent l'adjonction des transsepts et la multiplicité des absides et des égouts sur les latéraux, enfin l'adoption qu'ils firent à partir du quatrième siècle des arcs reposant directement sur les colonnes, comme on en voyait au palais de Dioclétien à Spalatro, bâti dans le troisième siècle; innovation contre les règles de l'architecture antique et qui eut, plus tard, de grandes conséquences. Quelques souvenirs du temple de Jérusalem y trouvèrent aussi leur place, ce fut particulièrement dans l'ameublement. Le voile qui fermait la porte d'entrée et ceux qui entouraient le *Ciborium* rappellent l'œuvre de Salomon. La plupart de ces basiliques étaient construites avec des débris arrachés aux édifices païens et ajustés tant bien que mal dans les constructions nouvelles. Le Sénat avait donné l'exemple de cette spoliation, en ornant l'arc-de-triomphe de Constantin aux dépens de celui de Trajan. Les auteurs qui ont gémi sur cette sorte de barbarie n'ont pas compris tout ce qu'elle

1. Dans Rome, on cite le Panthéon, le temple de Minerve et celui de la Fortune virile, qui sont devenus des églises chrétiennes (Batissier, p. 559).

2. La basilique sessorienne et celle du palais de Latran furent converties en églises par Constantin (Batissier, p. 560).

avait de providentiel. Si elle nous a privés de quelques édifices antiques, elle a eu aussi pour résultat de provoquer des combinaisons fécondes pour l'art. N'est-ce pas, selon toute probabilité, la longueur insuffisante de ces colonnes, eu égard à l'élévation des basiliques, qui a motivé l'emploi des arcs et préparé cet affranchissement de l'arcade que M. A. Lenoir nous montre comme le fondement de la synthèse chrétienne? On verra, en effet, que le système de construction des basiliques du système latin a exercé une grande influence sur la formation de l'architecture chrétienne. Plus d'un monument important du douzième siècle accuse, par son plan, la disposition générale de ce système. Tous ceux du système *roman* et du système *ogival* en conservent des traces. Du reste la véritable importance des basiliques réside dans la construction d'une grande simplicité à l'extérieur; l'intérieur n'est guère décoré que par l'application de peintures et de mosaïques sur des surfaces unies. Les chapiteaux antiques de tous les styles qui y sont mélangés forment presque toute leur richesse en sculpture, et quand elles montrent des formes en relief, des motifs architectoniques particuliers, on peut, sans s'exposer à commettre d'erreur, les considérer comme une importation de l'Orient.

III

Pendant que l'on préparait en Occident l'élément essentiel de la synthèse chrétienne, en s'efforçant de satisfaire aux conditions de capacité des édifices imposées par le dogme de la charité et de la fraternité, les chrétiens d'Orient élaboraient l'élément complémentaire de cette synthèse en introduisant tout le luxe de la forme asiatique dans les églises. Quand Constantin adopta Byzance comme capitale de l'empire, il existait peu de basiliques dans cette contrée, qui avait cependant subi le joug de rois puissants et, chose remarquable, elles n'y prirent guère racine. Les Grecs, dont les ancêtres avaient exclusivement affectionné la ligne droite, s'étaient laissé séduire par la ligne courbe de l'Inde, de la Perse et de l'Étrurie. Abandonnant la plate-bande et le fronton, ils recherchèrent l'arc et le dôme qui, selon M. Albert Lenoir, aurait été employé dès les premiers siècles de notre ère.

La calotte hémisphérique des topes de l'Afghanistan, perfectionnée par eux, devient le couronnement des édifices publics. Dès les premiers temps de l'établissement de Constantin à Byzance, on élève dans l'empire d'Orient des dômes encore empreints de la lourdeur de ceux des Romains. Ils posent d'abord sur un massif circulaire ou à pans, que des percées petites et rares n'affaiblissent pas; puis, pour agrandir l'espace du cylindre ou du prisme, de l'enceinte carrée, au centre de laquelle ils se trouvent, on évide ces supports par des arcades de communication prolongées par des nefs qui, au nombre de quatre, forment autant d'ailes principales et égales disposées en croix. L'affaiblissement qui résulte, pour la stabilité, de l'ouverture des arcades est compensé par la butée des ailes. Enfin, en continuant d'élargir les arcades, de diminuer les supports et d'alléger les dômes, on arrive au système des pendentifs et des combinaisons de coupoles dont Sainte-Sophie offre le premier exemple bien caractérisé. D'après l'histoire ecclésiastique, un certain Joseph, juif-chrétien, aurait bâti à ses frais beaucoup d'églises sur ce modèle dès le troisième siècle. Le type de Sainte-Sophie fut adopté depuis les frontières de l'Arménie jusqu'aux provinces occidentales de la Grèce. On sait quel enthousiasme excita le résultat obtenu par Justinien, après de nombreux tâtonnements et plusieurs essais malheureux. A partir de cette époque, la forme générale de Sainte-Sophie resta un type de monument propre à l'Orient, qui a été successivement appliqué aux églises du schisme grec, pour passer définitivement aux mosquées de l'islamisme; mais le catholicisme occidental ne pouvait demeurer enfermé dans le carré païen, ce fut l'art latin qui l'en affranchit en lui ouvrant l'espace contenu dans ses triples nefs étendues en croix.

Si le système byzantin apporte moins de données à la synthèse chrétienne, quant à la disposition générale de ses monuments, que le système latin, elle lui fournit quelques éléments pour sa construction et presque tous les motifs de sa décoration. Pour accomplir l'audacieux dessein qu'il avait formé, de créer de toutes pièces une nouvelle capitale de son empire sur le Bosphore, Constantin confisqua les produits de l'art gréco-romain au profit de Byzance. Rome elle-même fut dépouillée de ses chefs-d'œuvre. Ce qui s'était fait en Occident sur une échelle restreinte, s'effectua en Orient sur de grandes proportions. De toutes parts les colonnes, les chapiteaux, les statues arrachés aux édifices païens furent dirigés vers la résidence du premier empereur chrétien. De l'assemblage de ces fragments d'époques diverses, de mains différentes, naquit une décoration riche et puissante. Ses parties épargnées par les mosaïques, autrement riches que les marbres plaqués des Occidentaux, sont envahies par les reliefs de la sculpture orientale. D'abord plate et lourde, comme ses modèles de granit, cette dernière s'assouplit, se soulève, s'enroule et se transforme jusqu'à réunir, dans une combinaison ravissante, le flexueux, les contours et le dentelé des végétaux avec le brillant dessin des joyaux de la parure des reines. Les agencements les plus gracieux, les combinaisons les plus heureuses surgissent de cette application nouvelle.

Nous retrouvons ici l'influence du même génie que nous avons reconnu chez les Grecs de l'antiquité. Dans la Byzance de Constantin comme dans l'Athènes de Périclès, les détails se perfectionnent sous leur main, seulement ils ont changé de modèles. Ce n'est plus maintenant l'Égypte, mais la Perse, l'Assyrie et même l'Inde qui leur fournissent des motifs dont ils tirent un excellent parti. Du reste, même impuissance pour la masse monumentale; s'ils ont accepté la ligne courbe, ce n'est pas pour l'adapter à un ensemble unitaire. Rien de plus gauche que l'emploi qu'ils en font; pendant longtemps, la forme extérieure de leurs monuments religieux n'est autre que celle d'un grand cube sur lequel est porté un petit cylindre terminé par une calotte hémisphérique [1]. Plus tard, ils prennent le parti de faire paraître, sur chaque face du carré, l'extrados des voûtes, sans trouver un ajustement extérieur qui motive convenablement l'inflexion si favorable de ce couronnement. Ce n'est qu'à la suite d'une réaction de l'Occident, par les conquêtes vénitiennes, qu'ils parviennent à composer des façades en accusant des pignons que l'absence de charpente ne motivait pas [2]. En un mot, l'esprit dialecticien et avide de subtilité des Grecs perce dans toutes leurs œuvres. Toujours préoccupés des détails, sans

1. Exemples : chapiteaux *cubiques* incontestablement d'origine byzantine (Batissier, p. 464).
2. Al. Lenoir, *Revue de l'architecture*.

pouvoir s'élever à la conception d'un ensemble artistique, ils n'ont été que les dégrossisseurs de la décoration chrétienne, dont d'autres devaient trouver le fond d'application. La masse monumentale, que leur manque d'entrain ne leur permit pas de spiritualiser, resta stationnaire sous l'influence du schisme. En somme, l'art byzantin a plus d'importance comme style que comme système; à l'inverse de l'art latin qui est presque nul sous le premier rapport. Un trait caractéristique de l'empire qu'a exercé l'art byzantin, c'est son universalité. Transplanté partout où les Romains ont étendu leurs conquêtes depuis le Tigre et l'Euphrate jusqu'au fond de l'Angleterre, en Europe, en Asie et, plus tard à la suite des croisades, il a même été porté plus loin sur des points très opposés, en Perse, en Russie, en même temps qu'il était appliqué aux édifices latins de l'ancienne Rome.

IV

On a dû reconnaître, dans le grand travail de préparation de la synthèse chrétienne que nous venons d'expliquer, l'action réciproque de l'Occident sur l'Orient et de l'Orient sur l'Occident, par laquelle l'amalgame des éléments s'est opéré. Plusieurs causes se sont réunies pour faciliter ce frottement perpétuel des deux empires, ce flux et ce reflux d'une extrémité à l'autre des débris de la civilisation antique. Une domination commune tour à tour abaissée et relevée sur différents points, des migrations d'artistes occasionnées par le choc réitéré des barbares et la fureur des iconoclastes, l'immixtion de mains étrangères et leur participation à l'œuvre, tout concourt à activer la fermentation de la sève génératrice. C'est cette dernière cause, mal expliquée par quelques observateurs, qui a fait croire à des styles lombard[1], saxon ou normand, là où il n'y a en réalité que des interprétations de l'art latino-byzantin, faites par le génie particulier de chacun de ces peuples dont l'influence n'a été que passagère.

Plusieurs de ces échanges entre les deux parties de l'empire sont très remarquables. Dès l'adoption du christianisme comme religion d'État, les voûtes du Panthéon et du temple de la Paix que les Romains ne pouvaient utiliser, dans leurs vastes basiliques, à cause de leur pesanteur, passent aux mains des Grecs qui, à l'aide de leurs monuments compacts et resserrés, les ajustent ou les allègent successivement, pour les transmettre à la synthèse chrétienne. Les édifices ronds et octogones terminés en coupole, dont ceux-ci avaient trouvé le principe d'un côté dans les topes de l'Inde, et, du côté diamétralement opposé, dans les temples ronds et les grandes salles des thermes de Rome, deviennent, à leur tour, les modèles de baptistères annexés aux basiliques latines. Le système des arcs reposant immédiatement sur les

1. Les auteurs qui font autorité sont très divisés sur la part qu'on doit attribuer aux Lombards dans la formation de l'art architectural du moyen âge. Il résulte des débats que la prépondérance qui leur est accordée par les uns et contestée d'une manière victorieuse par les autres, est inadmissible (Voir les ouvrages cités dans la première partie).

colonnes, dont le premier exemple se trouve au palais de Dioclétien à Spalatro, passe dans les supports des coupoles byzantines. C'est avec son aide que les Grecs parviennent à élever ces églises agrandies d'un pourtour, dont Eusèbe nous a laissé la description, et qu'on retrouve dans le baptistère de Saint-Vital à Ravenne et dans l'église ronde d'Aix-la-Chapelle. Plus tard, le type de Sainte-Sophie, cet effort de l'Orient, apparaît à Venise (Saint-Marc), à Périgueux (Saint-Front), et dans d'autres lieux du Poitou, avec l'indice des pendentifs, propriété exclusive des Byzantins. Vers l'époque des conquêtes vénitiennes, les Latins apportèrent aux Grecs ces pignons, projection des formes de leur charpente qui change bientôt la physionomie des façades byzantines dont le bois est exclu; ils en reçoivent, en échange, des détails d'ornementation, les arcatures de leurs absides, et les seuls portails qu'ils aient jamais eus, tels que ceux de la cathédrale de Vérone de San Ciriaco et de Saint-Michel de Pavie qui à leur tour exercèrent une influence nettement caractérisée sur celui de Sainte-Trophime d'Arles, bâti au commencement du douzième siècle, et sur celui de Saint-Gilles; enfin, l'identité se poursuit jusque dans les détails de l'appareil. « On reconnaît, dit M. A. Lenoir, dans les plus anciens édifices de Constantinople, une très grande analogie avec le système de construction employé dans les églises de Rome. » Pour copier ceux qui avaient été leurs prédécesseurs, les successeurs d'Ictinus divisent la plate-bande monolithe en voussoirs de petite dimension.

V

C'est ici le lieu de parler d'un apport qui a été fait au style byzantin, en dehors de l'échange réciproque que nous venons de mentionner; il s'agit de légères modifications provenant de l'introduction de quelques formes rapportées de l'Indoustan par les Arabes. Le trait le plus saillant de ces formes consiste dans un évasement considérable du chapiteau, par l'addition de consoles latérales qui lui sont superposées et qui reçoivent la retombée des arcs. Ce motif, dont les arcades de la cour du bassin de l'Alhambra et l'Alcazar de Séville offrent des exemples, est très fréquemment répété et varié dans les supports des plates-bandes de l'Indoustan. Il se montre déjà dans le temple antique d'Éléphanta, il pullule dans les monuments plus récents, tels que le Kaïlaça, où nous avons retrouvé cette manière de décoration que nous ne pouvons mieux comparer qu'à celle de quelques ouvrages de notre renaissance. Le chapiteau étendu de consoles, un certain cachet indien dans les moulures et les ornements, des entrecroisements d'arcs motivés par la fantaisie et les pièces rapportées aux plafonds pour imiter les voûtes dites stalactites, composent tout l'apport de l'Islamisme à l'art byzantin. A ces modifications superficielles se réduit ce qu'on a appelé le style arabo-byzantin, qui révèle plus de patience que de génie. Et ce qui prouve le peu d'importance du caractère de leur décoration inanimée, c'est qu'il n'a pu être utilisé, dans la nouvelle synthèse, comme tous les éléments du latin et du byzantin. Les détracteurs de l'art chrétien ont exagéré cette influence au point d'attribuer aux Arabes, non seulement l'origine du système byzantin, qu'ils ont longtemps copié avant leurs conquêtes dans l'Indoustan, ainsi qu'on peut s'en assurer par l'uniformité des constructions qu'ils ont laissées en Égypte, en Syrie et en Espagne [1], mais encore l'invention du système ogival, qu'ils n'ont jamais appliqué en tant que système. Nous aurons occasion de revenir sur ce point, qui nous fournira un argument décisif contre le mérite de *l'invention* faussement attribué aux Arabes. Tous les auteurs sérieux qui ont approfondi cette question au point de vue de l'origine, ont reconnu comme nous la stérilité complète du mahométisme. Nous citerons entre autres M. Girault de Prangey, qui nous a livré, dans de magnifiques ouvrages, le fruit de ses études approfondies sur l'architecture des Arabes dans tous les pays soumis à leur domination [2], M. A. Lenoir, qui démontre d'une manière irréfutable que l'arc en fer à cheval, dont les Arabes ont fait un si grand usage, appartient aux Grecs du Bas-Empire et vient d'Athènes, et enfin les dissertations concluantes, à cet égard, de MM. Didron et Batissier, qui n'accordent aux Arabes que l'invention du monument cubique de la Kaaba de la Mecque.

Nous pensons avec ces auteurs que quiconque voudra examiner les faits avec attention restera convaincu que cette influence arabe ou sarrasine ou mauresque, dont on a fait tant de bruit, se réduit à la composition d'un des styles du système byzantin, et que, loin de perfectionner le système lui-même, les musulmans en ont immobilisé le point de départ. Leurs mosquées offrent invariablement à l'extérieur une masse cubique surmontée de dômes, comme les premiers essais des Byzantins, et à l'intérieur, une multitude de colonnes disposées en quinconce, souvenir des grandes salles hypostyles de l'Égypte, reproduit avec un caractère de maigreur et de petitesse. En vérité, on ne comprend pas la valeur d'initiative que certains écrivains se sont efforcés de donner à ces Sémites qui, en permanence sur le même sol depuis les temps les plus reculés, semblent avoir été les éternels ennemis de toute civilisation. Après avoir été les antagonistes des institutions de la Babylonie, de la Perse, de l'Égypte, après avoir laissé, de leurs rapports avec les Hébreux, cette qualification consignée dans les Écritures, *insidiens sicut Arabs in deserto*, ils n'ont fait que susciter à la propagation de la morale évangélique un obstacle qui se dresse encore devant nous en Algérie.

Pour compléter l'énumération des éléments qui ont concouru à la préparation de la synthèse chrétienne, il reste à parler de l'adjonction des tours ou clochers aux édifices latins.

Quand l'Église chrétienne fut suffisamment organisée, pour étendre son action bienfaisante à tous ses enfants elle constitua la *paroisse*, chargée d'exercer sa sollicitude maternelle dans chaque localité, depuis les villes les plus opulentes jusqu'aux villages les plus ignorés. Les fidèles, groupés autour de la maison du Seigneur et de leur directeur ecclésiastique maintenant sédentaire, avaient besoin d'un signal qui pût avertir le laboureur isolé dans son champ, comme la ménagère affairée dans son intérieur, du jour des fêtes sanctifiées et de l'heure de la prière en commun. La paroisse demandait qu'une voix puissante la conviât aux réunions du sanctuaire. Cette voix, elle la trouva dans le son vibrant des cloches. L'ancienne clochette romaine, successivement augmentée de volume et perfectionnée de forme, suspendue dans les airs, porta au loin ses ondes sonores.

1. Voir les parties les plus récentes de la mosquée de Cordoue.
2. Voyez principalement : *Essai sur l'architecture des Arabes et des musulmans en Espagne, en Sicile et en Barbarie.*

On croit que l'usage des cloches date du cinquième siècle ; une interprétation d'un passage d'Isidore de Séville, que M. Batissier regarde comme erronée, en attribue l'adoption à saint Paulin, évêque de Nole en Campanie ; d'autres auteurs, parmi lesquels il faut citer M. A. Lenoir, pensent que ce ne fut qu'en 605, sous le pape Sabinien, que les cloches commencèrent à être en usage. M. de Caumont rapporte, d'après Anastase le Bibliothécaire, qu'en 770 le pape Étienne III fit bâtir une tour sur l'église de Saint-Pierre de Rome, dans laquelle il plaça trois cloches, pour appeler les fidèles à l'office. Ce qu'il y a de certain, c'est que les Lombards ont construit une grande quantité de clochers en maçonnerie avant le huitième siècle [1].

Dans le nord de l'Europe, beaucoup de tours furent d'abord construites en bois, comme les églises dont elles dépendaient, soit qu'elles fissent partie de la charpente, soit qu'elles fussent complètement isolées, ainsi que la plupart de celles construites en pierre à l'origine. Plus tard, on les éleva sur le milieu de la façade comme à Saint-Germain des Prés, ou bien une seule à l'angle, puis deux répétées symétriquement sur chaque angle de la façade, comme à Notre-Dame de Paris. Il est à croire que la disposition des tours militaires dont les châteaux et même les édifices religieux étaient flanqués à cette époque, a été imitée dans l'érection des clochers. Cependant cette annexe des églises, qui devait jouer un si grand rôle par la suite, fut souvent rejetée jusqu'au dixième siècle, à cause de la difficulté que présentait son ajustement avec le corps des édifices religieux. Alors on se contentait d'élever un campanile en charpente sur le faîte du comble, quelquefois au-dessus de la porte d'entrée, le plus souvent au centre de la croisée des nefs ; enfin cet élément ne pouvait acquérir toute l'importance dont il était susceptible qu'avec l'éclosion de la synthèse chrétienne.

VI

Le plan des églises étant donné par le symbolisme de la croix, il s'agissait d'assimiler à cette configuration les éléments latino-byzantins, dont nous avons suivi, ci-dessus, les diverses transformations ; c'est ce que les moines, alors directeurs des œuvres d'architecture, réalisèrent avec le plus grand bonheur en fondant la basilique des Latins avec la Kyrica des Grecs. Le système latin fournit la disposition générale, les tours et les pinacles ; le système byzantin apporta les voûtes, les portails et l'ornementation ; tous deux concoururent à la statuaire, à la peinture et à la mosaïque, peu répandue dans les contrées du Nord. De la combinaison de ces éléments et de leur appropriation aux convenances du culte chrétien et à son symbolisme, naquit le premier système de la synthèse chrétienne, système auquel nous conserverons le nom de *Roman*, qu'on s'accorde à donner à l'architecture de cette époque. Ce n'est pas, cependant, que nous regardions cette appellation comme exacte, car par le rapprochement qu'elle établit entre

1. D'après Ducange, on appelait au moyen âge les tours : *turres*, *campanarium* ou *campanile*.

l'architecture et la langue romane, elle semblerait indiquer, d'une part, une influence exclusive du midi de la France et de l'Italie, et, d'autre part, une origine celtico-latine, tandis que le développement de la première combinaison architectonique de la synthèse chrétienne a été considérable et simultané dans le nord, le nord-ouest et dans les provinces rhénanes de l'empire de Charlemagne, et qu'elle est de formation latino-byzantine. En outre, cette dénomination a été appliquée aux produits les plus différents de l'art, selon la manière de voir de chaque auteur. Celui-ci l'a restreinte aux œuvres du onzième et du douzième siècle; celui-là l'a étendue à tous les ouvrages byzantins, un autre l'a consacrée à un certain mélange de latin et de byzantin. Il y a là une confusion que la science archéologique devra faire disparaître un jour.

Le système roman a tous les caractères distinctifs d'une invention. Il ne rompt pas avec la tradition, il ne rejette pas les acquisitions des âges antérieurs; mais il en transforme visiblement les résultats et les fait concourir à la solution du problème de l'art chrétien. Ce problème, que nous avons déjà énoncé, consistait à réunir la communauté spirituelle et fraternelle des fidèles dans une enceinte et sous un couvert symbolique doués des propriétés de *vastité* et d'unité, qui semblent devoir s'exclure l'une l'autre. C'est-à-dire que le monument devait être d'un seul jet et non pas composé de plusieurs bâtiments accolés et mis en communication au moyen de percées. L'admission de tous les paroissiens à la célébration des mystères exigeait l'élégissement des massifs intérieurs ou supports qui interdisaient l'accès de la vue et la propagation des sons. La périodicité des pompes du culte voulait que dans les climats du Nord, toutes les cérémonies de la liturgie, jusqu'au spectacle si saisissant des processions, pussent s'effectuer à couvert: motifs puissants qui ont toujours dominé les tendances de la synthèse chrétienne dont le programme d'art monumental peut être ainsi résumé : espace couvert, étendue, dégagement. On trouve, dans les synthèses antérieures, deux sortes de créations simultanées et solidaires : celle du type symbolique et celle de la forme matérielle qui sert à le réaliser. Ces deux faces du progrès de l'art monumental sont bien caractérisées dans la synthèse chrétienne par le type de la croix, expression du sacrifice inaugural de la loi de charité, de fraternité et de liberté spirituelle; l'ancienne enceinte symbolique des castes marquant la subalternisation de l'esclave par l'homme libre, la ligne de démarcation qui séparait le sacré du profane et le pur de l'impur fut à jamais renversée. Le couvert que les païens réservaient, sous la forme d'un dais exigu, aux maîtres des nations, dans les réunions à ciel découvert, s'étendit en voûte crucifère, sur tous les enfants de Dieu sans distinction. Les parties binaires, emblèmes de la dualité du destin, firent place aux combinaisons trinaires, duodécimales, symboles de la trinité de la mission des apôtres. L'idéalisation de la force physique et de la fécondité, recherchée dans les représentations de la plus noble des créatures comme le *nec plus ultra* des arts figurés, ne fut plus qu'une grossièreté en présence de la transfiguration spirituelle de l'organisme humain. Les scènes de carnage, de volupté ou de bravoure, appliquées aux parois de la *cella*, perdirent toute signification et toute grandeur devant les exemples d'héroïsme, les tableaux éducateurs adhérents au vaisseau de la basilique spiritualisée. Enfin la mélodie de la musique antique, prostituée dans les orgies du Bas-Empire, fut retrempée par l'harmonie, sans exemple, des concerts célestes de l'orgue chrétien.

Par un commencement d'adaptation à la construction d'une *ossature* inspirée des propriétés de la charpente des animaux vertébrés, les massifs continus que l'enfance de l'art avait opposés directement à la poussée des voûtes, furent réduits à quelques points d'appui d'un écartement prononcé et à de légers soutiens rejetés en dehors des édifices. Les voûtes romaines allégées en même temps que renforcées au moyen d'arceaux croisés diagonalement, devenues des sortes de téguments, furent élevées à des hauteurs considérables, sur leurs frêles supports qui ne devaient de pouvoir résister à l'écrasement et au renversement qu'à une liaison solidaire de l'ensemble. Toutes les parties supérieures de la construction furent combinées de telle sorte que la stabilité résulte de l'appui qu'elles se prêtent mutuellement; chacune d'elles étant, en même temps, soutenue et soutenante.

Il est curieux d'étudier les essais et les efforts qui ont été tentés pour atteindre à ce but dans le système *roman*, premier et véritable début de la synthèse chrétienne. C'est alors qu'on apprécie toute l'importance de la neutralisation de la poussée des voûtes et le perfectionnement de celles-ci par l'invention de l'ossature, et combien ces avantages nouveaux étaient étroitement liés avec l'extension si désirée des édifices en plan et en élévation. Il fallait éviter l'énorme épaisseur et la continuité que les murs devaient avoir, pour résister à la poussée des voûtes en berceau qui ne se prêtaient pas aux ouvertures devenues nécessaires depuis l'adjonction des bas-côtés ou collatéraux. On n'était parvenu à lever cette difficulté qu'en opposant à la poussée du berceau de la maîtresse nef, des voûtes en demi-berceau ou en quart de cercle élevées sur les bas-côtés, comme cela se voit à Saint-Eutrope de Saintes et à Notre-Dame du Port (Clermont); mais cette disposition avait encore l'inconvénient de multiplier la poussée latérale, qui se reportait entièrement sur le mur des bas-côtés qu'elle obligeait de renforcer davantage; elle empêchait en outre d'ouvrir des fenêtres et d'éclairer directement le haut de la maîtresse nef. Pour vaincre cette difficulté, on eut recours aux voûtes d'arêtes antiques, qui offraient l'avantage de répartir la pression sur des points principaux, sortes de bastions qui permettaient d'évider les intervalles ou courtines; mais ces premières voûtes, faites en souvenir de celles du temple de la Paix et de la salle des Thermes de Dioclétien, empreintes de la lourdeur de leur modèle et formant une seule masse, ne pouvaient s'adapter au vaste espace des nefs centrales des grands monuments, accompagnées de bas-côtés. Aussi, vit-on souvent des églises où les bas-côtés étaient voûtés, tandis que la nef centrale était surmontée d'un comble en charpente, comme les basiliques latines. Ce ne fut que quand les arcs diagonaux établis dans la direction des arêtes saillantes des voûtes vinrent compléter l'ossature, que l'affranchissement de l'arcade avait déjà préparée par l'agencement des *arcs-doubleaux et formerets*, qu'il y eut véritablement un système constitué. Les surfaces des voûtes comprises entre les arcs diagonaux n'étant plus que des remplissages, l'épaisseur en fut réduite et l'ensemble des voûtes, par cela même, fut allégé. De plus, leur poussée cessant de s'exercer latéralement, se répartit dans tous les sens, et l'on put opposer, à l'effort ainsi divisé, de simples contreforts ou des arcs-boutants dégagés. Enfin, par un privilège attaché à tout perfectionnement réel, l'exécution fut simplifiée en raison directe de ce que la stabilité avait gagné. Le transport et l'emploi des matériaux fut plus facile, leur quantité relative diminuée, les frais de cintres et d'échafauds furent considérablement réduits. A tous ces signes manifestes, on ne saurait méconnaître l'un de ces progrès de la science de la mécanique, qui entraînent une véritable révolution dans l'art de bâtir. C'est ce que M. Viollet-le-Duc fait ressortir, avec son talent d'écrivain et de constructeur, dans les intéressants articles qu'il a insérés dans les *Annales archéologiques*[1]. Les conséquences de l'invention de l'ossature apparaissent successivement dans les œuvres du système *roman*. Les conquêtes de la science ne sont pas plus tôt reconnues, qu'elles sont fécondées par le génie de l'art chrétien dont l'énergie est encore accrue de ressources toutes nouvelles, telles que le carrelage en terre cuite émaillée, la peinture sur verre, etc. Profitant de leur puissance, l'art chrétien fait des basiliques latines, qui n'étaient que des granges somptueuses, un monument expressif, grandiose et émouvant; à ce qui n'était que la maison d'habitation du seigneur, il donne définitivement le cachet significatif d'une *église*. La croix accusée en transepts à l'extérieur et à l'intérieur, assure l'équilibre de la grande nef, les bas-côtés sont multipliés, pourtournent l'abside et sont surmontés d'une galerie dont le nom de *triforium* fait oublier la destination païenne du gynécée antique. Des chapelles rayonnent autour du chœur; ce sont les saints qui viennent se grouper autour du Sauveur qui trône sur l'autel central. Les murs sont évidés de fenêtres dont le nombre et la grandeur vont croissant. L'*oculus* exigu des façades latines est transformé en d'immenses roses à compartiments répétés sur les latéraux; elles sont garnies, comme les fenêtres, de ces resplendissantes peintures sur verre dont l'effet magique complète l'harmonie de la décoration polychrome. Les portails creusés, évasés, garnis de statues, s'harmonisent avec des tours de plus en plus élancées qui font définitivement corps avec le monument. Une efflorescence d'ornements court du portail à l'abside, du soubassement à la flèche et enlace chapiteaux, cordons, voussures. On le voit, nous sommes bien loin de la basilique primitive de Saint-Laurent de Rome. — Les monuments romans auxquels nous avons fait allusion jusqu'à présent, et qui sont en grande majorité dans ce premier système de la synthèse chrétienne, ont en général un plus bel effet à l'intérieur qu'à l'extérieur. L'ancienne abbaye aux hommes, de Caen, et Saint-Germain des Prés, à Paris, nous en offrent les prototypes. Il en est un certain nombre d'autres dont les masses, plus particulièrement imprégnées de l'influence des formes néo-grecques, comportent un plus grand mérite, quant à l'extérieur, par le mouvement magnifique qui résulte du jeu de leurs parties. Parmi les monuments de cette catégorie, nous citerons comme spécimens : l'église de Saint-Paul d'Issoire (Puy-de-Dôme), Sainte-Marie du Capitole, et Saint-Martin, à Cologne; la cathédrale de Bonn, et surtout la ravissante église des Apôtres, à Cologne. Il y a, dans l'élévation de ces édifices, une recherche *du balancement des masses* et une entente de l'effet perspectif qu'on regrette de ne pas retrouver dans le système ogival, si supérieur sous d'autres rapports. Dans les églises ainsi conçues, toutes les parties essentielles, chapelles et absides en cul-de-four, toitures des divers combles des croisillons de la croix, forment comme autant d'édicules ascendants qui, par une butée graduée, vont appuyer le dôme ou la flèche centrale, sommet de cette masse pyramidale étagée, que des tours cantonnées dans les angles rentrants achèvent d'accidenter de la manière la plus heureuse. Rien de plus saisissant que cet aspect qui produit son effet à des distances considérables; il y a évidemment là un mérite réel plus apprécié, à présent, par des particuliers impressionnables que par des archéologues amateurs des détails avant tout, mérite sur lequel nous aurons à revenir.

Quant aux églises à dômes, construites en Occident sous le règne du système *roman*,

1. Et depuis dans son *Dictionnaire raisonné de l'architecture française*.

comme celles de Saint-Front de Périgueux, de Souillac et de la Charente, on peut dire qu'elles sont des copies faites, par exception, des églises grecques dont il a été parlé [1].

M. Albert Lenoir professe une grande admiration pour le système roman dont il a sérieusement approfondi les lois. Sa prédilection pour les productions romanes l'empêche même de faire la juste part de chacun des deux systèmes de la synthèse chrétienne : elle l'entraîne à accorder une préférence un peu exclusive au système roman sur le système ogival, laquelle ne s'accorde pas complètement avec la logique du progrès. Nous devons à cette prédilection de l'auteur un tableau remarquable des caractères distinctifs et du système du style roman dont nous ne saurions trop recommander la lecture aux élèves, nos réserves étant faites quant à la conclusion [2].

VII

La naissance du système de l'ossature ogivale, le dernier de la synthèse chrétienne, correspond à l'époque de l'apogée de la puissance spirituelle de l'Église. Celle-ci, que nous avons montrée constituée au onzième siècle, au moment où l'art chrétien recevait sa première formule, avait continué d'acquérir une autorité morale immense, malgré des obstacles sans nombre et les fautes individuelles de quelques-uns de ses membres. Appuyée, dans cette seconde période du moyen âge, sur la puissance de l'opinion publique, à laquelle elle a donné pour base la morale chrétienne, elle fait accepter à tous un seul et même devoir. En même temps qu'elle apprend aux grands de la terre qu'ils ont des devoirs à remplir, elle annonce aux subalternes qu'ils ont acquis des droits, et elle inculque à toutes les nations l'intelligence du but commun. Par elle, les traces de la civilisation romaine et des coutumes germaniques sont presque entièrement effacées, pour faire place à des mœurs, à des idées et à des institutions nouvelles. Les anciens ordres religieux civils et militaires, réformés, prennent l'initiative de toutes les fonctions sociales qui demandent un grand dévouement. Les ordres mendiants ou mineurs de Saint-François d'Assise et de Saint-Dominique renchérissent encore en abnégation sur ceux de Cluny et de Cîteaux. La papauté, affirmée par Pépin et Charlemagne, est réellement la grande unité morale qui plane sur la diversité des peuples, des langues, des conditions et des individus. Vigilants moteurs du progrès, les papes interviennent partout où il y a des torts à redresser et des opprimés à secourir. « Les missions, la conversion des peuplades entières, les croisades, dit le docteur Ott, tous les actes où la civilisation est intéressée n'eurent d'autres moteurs qu'eux ; de fait, ils furent mêlés à tous les événements sociaux, et même à toutes les affaires civiles et particulières du temps. Rome fut pendant tout ce temps le centre de toute la juridiction canonique,

1. C'est à ces monuments exceptionnels de nos contrées que peut s'appliquer l'épithète de *romano-byzantin*, deux mots dont quelques auteurs ont fait un abus inexplicable en les séparant.

2. Voir le *Magasin pittoresque*, 7e année, page 259.

et il n'y eut pas de question d'évêque ou d'abbé, de discussion importante entre clercs et laïques, ou de clercs entre eux, qui ne passât sous les yeux du pape. Il est donc vrai de dire qu'ils furent réellement alors les directeurs de la société et que tous les pas que fit celle-ci dans la voie du progrès sont dus à leur influence[1]. »

Le point d'appui de l'Église dans son œuvre de transformations a été principalement la France, comme le démontre le même auteur.

La puissance de ces moteurs du progrès, qui a fait surgir la composition esthétique du système définitif de la synthèse chrétienne, a aussi conduit à la découverte des moyens techniques de son exécution. Pour satisfaire d'une manière plus complète aux conditions d'unité monumentale, d'étendue, de dégagement et d'élancement, il fallait parvenir à perfectionner les combinaisons d'équilibre essayées dans le système roman et diminuer l'effort de la poussée qui entravait l'essor de l'architecture.

L'esprit créateur du christianisme, transmis par les moines aux maîtres des œuvres laïques, déroba aux mystères de la science des constructions la forme qui devait être la solution du problème du perfectionnement de l'ossature : ce fut la voûte d'arête transformée par le croisement de nervures diagonales renforcées qui a donné lieu à l'ogive.

Les esprits analytiques de notre siècle ont dépensé beaucoup d'encre et de papier à discuter sur l'origine de l'ogive, en tant que combinaison pure et simple de deux arcs de cercle formant un angle curviligne. Après un long échange de suppositions toujours suivies de réfutations, on s'est enfin aperçu que la question était mal posée et qu'il ne s'agissait pas en définitive de savoir où et comment l'arc en ogive isolé avait été employé la première fois, mais bien à quelle époque et dans quel lieu il avait commencé à être groupé en système dans la construction des voûtes. Aujourd'hui on a cessé de rechercher des points de départ dans les détails insignifiants, pour s'attacher à des considérations d'un ordre plus élevé.

La première question était, en effet, puérile; l'arc en tiers-point se rencontre, comme forme isolée et accidentelle, dans tous les temps et chez presque tous les peuples ; nous avons déjà parlé des ouvertures ogivales qui se trouvent dans les constructions pélasgiques de la Grèce (*Segnia Arpino*) et du Latium (*Alatri*) exécutées par encorbellement. On voit plusieurs exemples de l'arc en tiers-point dans l'Inde, particulièrement à Salcette, et aussi en Chine.

Dans les rochers sculptés de Mavalipuram, il y a un toit sculpté en ogive. On en suit les traces jusque dans les topes de Caboul, témoin le Baurdji-Kemri. L'arc en tiers-point se trouve également en Égypte, à Djebel-el-Barkal, dans une pyramide. Il existe aussi chez les Étrusques ; on l'a même découvert jusqu'en Amérique, dans le téocalli mexicain de Cholula et dans les arches d'un pont de construction cyclopéenne.

Mais dans ces différents cas, comme dans beaucoup d'autres que nous avons omis, l'arc en tiers-point se montre par hasard, pour ainsi dire comme un accident exceptionnel, et non pas comme une forme recherchée, encore moins comme la base d'un système. Il en est de même sous le rapport de la décharge triangulaire ou semi-hexagonale et même de l'arc semi-circulaire, qui ferment par le haut les baies de certaines constructions antiques sous le règne exclusif de la plate-bande.

1. *Manuel d'histoire universelle*, tome II, p. 216. Plus loin, l'auteur, parlant des universités sorties des écoles fondées par le clergé, montre que l'université de Paris était devenue la grande lumière scientifique de l'Europe chrétienne.

Or, si l'on se contentait de rechercher quel est l'arc en tiers-point le plus ancien, pour donner un brevet d'invention du système ogival au peuple qui en aurait laissé la trace, il s'ensuivrait qu'on ferait remonter aux premiers âges du monde ce système qui est une application des principes découverts par la science moderne, ce qui serait absurde!

D'autres personnes moins antiquaires, mais plus disposées à attribuer les plus belles inventions à des circonstances fortuites, vont chercher l'origine de l'ogive, les unes dans le croisement des branches des arbres sous lesquels les Druides célébraient leur culte, les autres dans le croisement des arcs qu'on remarque dans certaines combinaisons semi-circulaires appliquées sur des fonds et servant de décoration, celles-ci dans la disposition de la carène d'un navire, celles-là dans la structure des huttes de certaines peuplades sauvages.

A ce point de vue, une fois son hypothèse émise, chacun s'évertue à chercher quel est le peuple qui a l'honneur d'avoir profité des caprices du sort, en imitant le premier le modèle dû au hasard, ce qui aboutit à une nouvelle hypothèse aussi erronée que la première. La méthode qui me sert à démontrer la filiation des divers systèmes de l'art monumental me dispense d'entrer dans une polémique qui gonfle fort inutilement des volumes entiers.

Il suffit de jeter les yeux sur la série des inventions capitales qui donnent lieu à des systèmes constructifs, pour être convaincu que l'invention de l'ossature ogivale est en progrès sur celle de l'arcade, comme l'invention de l'arcade est en progrès sur celle du portique, de même que l'invention du portique est en progrès sur celle de l'amoncellement pyramidal. En prenant les extrêmes comme point saillant de comparaison, n'est-il pas évident que les tribus descendant de Noé, qui dressaient et entassaient des pierres, n'étaient pas en mesure de les suspendre en voûtes sur des vides atteignant des hauteurs de quarante mètres?

C'est encore la préoccupation exclusive des styles chez les écrivains plus littérateurs que constructeurs qui a fait oublier la signification primitive du terme. En ne s'occupant que du style décoratif, ces écrivains n'ont vu dans l'ogive que la réunion de deux lignes courbes dessinant un arc brisé, sans songer au système constructif et économique qui a motivé ce tracé. C'est pourquoi ils ont fait remonter aux Arabes ce qu'ils appellent le style ogival. Cependant il est constant que, si les Arabes ont fait usage de l'arc brisé dans les arcades de leurs édifices, ils n'ont jamais mis à exécution le système de l'ossature ogivale.

La question de l'ogive, obscurcie depuis la Renaissance par les partisans exclusifs de l'architecture classique, a été remise dans son jour par les archéologues de la nouvelle école. D'après eux, comme dit M. Félix de Verneilh en les résumant, « le mot d'*ogive* ou d'*augive* (ainsi qu'on l'écrivait autrefois) est français, comme le constatent les traités d'architecture du seizième siècle. Nos derniers architectes du moyen âge la connaissaient certainement; les deux arcs diagonaux, membres si importants de voûte gothique, portaient seuls le nom d'*ogives*, et la disposition qu'ils forment, celui de *croisées d'ogives*. Les autres arcs qui divisent les voûtes perpendiculairement à l'axe de l'édifice, conservaient le nom d'arcs-doubleaux [1]. » Les constructeurs du moyen âge ne donnaient donc pas au mot d'*ogive* l'acception qu'il a reçue de nos jours; ils ne désignaient pas l'arc en tiers-point, puisque les arcs diagonaux auxquels il était spécialement affecté peuvent être semi-circulaires et même elliptiques. L'application qu'en fait Philibert

1. *Annales archéologiques.*

Delorme aux arcs diagonaux d'une voûte d'arête en plein cintre, comme celle de Saint-Eustache, confirme pleinement cette opinion. Dans l'édition de 1772 du dictionnaire de l'Académie, on trouve encore cette définition au mot *ogive* : « arceau en forme d'arrête (*sic*), qui passe en dedans d'une voûte d'un angle à l'autre ».

A l'appui de ce qui précède, il est juste de faire remarquer que Ch. Blanc, qui avait plutôt en vue les styles que les systèmes, a très bien fait la distinction suivante, dans sa *Grammaire des arts du dessin* : « Quelle que soit son étymologie, le mot *ogive*, qui signifie aujourd'hui arc aigu, arc brisé, signifiait à l'origine, nervure; on appelait *ogives* les arcs diagonaux que l'on avait substitués aux arêtes de la voûte romaine, et comme ces arcs diagonaux se croisent à la clef, on les appelait aussi *croisées d'ogives*. Or, les nervures diagonales qui, dans le principe, étaient surbaissées, c'est-à-dire décrivaient la courbe d'un semi-ovale, furent tracées en plein-cintre; il en résultait que le mot ogive était appliqué à des arcs qui, le plus ordinairement, étaient en plein-cintre ».

Dans son précieux dictionnaire, E. Littré a réparé la faute de ses prédécesseurs en reprenant la véritable définition du mot ogive.

Après avoir ramené à son vrai sens la qualification d'ogival pour le système constructif, il resterait à démontrer la fausseté de celle de *gothique* infligée à cette architecture que les bons esprits revendiquent comme notre bien national. Cette dernière question, qui se lie avec celle de priorité dans l'invention de la forme architecturale dont il s'agit, sera traitée plus loin.

VIII

L'apparition de la forme ogivale, étant considérée comme un progrès décisif réalisé dans la structure des grands monuments voûtés, nous ne saurions trop insister sur son importance. Il est indispensable, en effet, de renouer le fil de la tradition qui a été rompu par les écarts de la Renaissance. Du reste, notre admiration, sous ce rapport, est justifiée par les hommages que la science moderne a rendus à la conception des constructeurs laïques du temps de saint Louis.

On a vu, ci-dessus, en quels termes le savant Rondelet fait ressortir les mérites de la forme ogivale sous le rapport de l'art architectural. Il n'est pas moins explicite quand il la considère sous le rapport de la construction. Dans le même ouvrage, cet auteur, après avoir calculé la poussée relative des voûtes de différentes courbures, conclut ainsi :

« Enfin, les voûtes surhaussées les plus solides et qui poussent le moins sont celles dont le cintre est formé de deux arcs de cercle. Cette propriété rend le cintre ogif d'un grand secours pour les élégissements, les décharges, et généralement dans toutes les constructions *cachées* dont l'unique objet est d'unir la solidité à la légèreté. De pareils avantages ne font que plus vivement regretter de voir que la forme de ces arcs soit devenue un motif suffisant pour les proscrire de l'architecture moderne. Les architectes goths ont cependant obtenu les effets les plus pittoresques et les plus majestueux de leur emploi, dans une foule de combinaisons aussi ingénieuses que variées. Nous ferons voir, dans la suite, que c'est le cintre qui convient le mieux aux voûtes d'arête à cause de leur grande poussée lorsqu'elles sont en plein-cintre[1]. »

Nous trouvons en effet (tome IV, page 292) cette démonstration appuyée de chiffres, comme il suit :

« La courbure du cintre la plus favorable pour les voûtes d'arête est celle des arcs gothiques, parce que la partie qui pousse le plus se trouve supprimée. On trouve que l'effort de leur poussée n'est que les $\frac{3}{4}$ de celui des voûtes en plein-cintre de même diamètre, épaisseur, hauteur de pied-droit et forme d'extrados, et qu'il suffit de donner à leurs points d'appui les trois quarts de ceux des voûtes plein-cintre de mêmes forme et dimension. »

Avant de justifier ainsi les voûtes ogivales, le savant constructeur fait aussi ressortir l'évidence de la supériorité de l'arc ogival au moyen d'une comparaison mathématique des arcs de toutes les courbures : « On voit, dit-il, que c'est l'arc gothique qui pousse le moins, et que c'est celui dont le cintre est formé par la cassinoïde, qui pousse le plus. »

Ces passages ne sont pas les seuls où l'auteur de l'*Art de bâtir* reconnait la supériorité, en construction, du système ogival ; il en est encore beaucoup d'autres dans lesquels le lecteur pourra trouver l'explication du secret de la légèreté des voûtes ogivales par la ténuité de certains supports, qui approche quelquefois du merveilleux, comme à l'église de Saint-Toussaint d'Angers et au réfectoire Saint-Martin des Champs, à Paris.

Avant Rondelet, le célèbre architecte anglais Christophe Wren, chargé d'élever la grande basilique de Saint-Paul de Londres, tout en se résignant à employer dans cette construction l'arc semi-circulaire, pour plaire aux partisans du gréco-romain, déclarait que le système ogival était celui qui offrait le plus d'avantages pour les monuments d'une grande étendue[2]. Dans son ouvrage sur la *Coupe des bois et des pierres*, portant la date de 1754, le célèbre constructeur Frezier aperçoit la solution des problèmes les plus difficiles « dans le gothique ».

Voilà certainement des témoignages qui ne sauraient être suspects.

Tous les mérites du système ogival se résument dans une propriété bien grande qu'aucun des systèmes antérieurs n'avait possédée : c'est celle de l'*élasticité*, qui paraît si peu compatible avec l'emploi d'une matière comme la pierre. La stabilité de l'équilibre réclamait cette condition de l'élasticité qui peut seule la garantir. Il est facile à tout le monde de s'assurer, comme nous l'avons fait nous-même, que l'ossature des monuments ogivaux est douée de cette propriété à un haut degré. Il n'est pas rare de voir des courbes ogivales qui ont été déformées par un mouvement de la construction provenant d'un affaissement du sol ou de toute autre cause, sans être pour cela rompues. Au fur et à mesure qu'un arc s'est fermé, celui qui lui faisait équilibre s'est ouvert, et voilà tout ; l'arc-boutant cède-t-il à un écartement ou à un resserrement ? il se courbe ou se redresse et continue de remplir sa fonction. On sait que la plupart des clochers oscillent sous l'impulsion des vibrations sonores des cloches, ce qui n'empêche pas qu'ils ne résistent depuis des siècles à ce mouvement constamment répété. Pour se faire une idée du progrès de ce système de construction, qui se prête avec tant de docilité au mouvement, il suffirait de se reporter aux

1. Tome II, p. 60.
2. Hope, p. 545.

constructions antiques qui ne pouvaient être ébranlées sans qu'il y eût désunion des parties, et aux voûtes romaines qui, ne faisant qu'un seul morceau, avaient besoin d'une immobilité absolue. Par contre, nos monuments modernes du genre pseudo-grec pourraient aussi offrir un contraste frappant sous ce rapport [1].

Les constructeurs des monuments ogivaux n'ont négligé aucune précaution pour étendre cette propriété de l'élasticité. Dans ce but, ils ont extradossé tous leurs arcs, sans exception, qu'ils fussent isolés ou surmontés de murs ; ils ont composé leurs arcs de forte dimension de plusieurs arcs superposés sans aucune liaison ; ils ont simplement appuyé les arcs-boutants sur les pieds-droits qui les reçoivent, sans les y encastrer ; ils ont mis des cales de plomb mou dans les puits des parties délicates et un bon coussin de mortier dans tous les autres joints. C'est par la même raison qu'ils ont évité avec soin ces enchevêtrements de pierre recherchés depuis, comme les crossettes, les coupes biaises et les évidements, etc., appareils vicieux et coûteux qui augmentent considérablement le déchet et les tailles, et occasionnent des désunions.

Les nombreuses combinaisons nouvelles auxquelles l'adoption de la forme ogivale donna lieu apportèrent de grandes modifications à l'économie des monuments romans. Les piliers furent dissimulés sous des faisceaux de colonnettes partant du sol pour aller recevoir chacun des membres de moulures des différents arcs à leurs hauteurs respectives. Les anciennes murailles romaines, enlevées d'un pilier à l'autre, furent remplacées par des panneaux de verre encadrés de délicats compartiments de pierre. Les arcs-boutants, dégagés et projetés avec une hardiesse surprenante, devinrent un motif principal de la décoration. Leurs contreforts furent flanqués de pinacles creusés de niches et coiffés de clochetons qui, tout en établissant par leur poids une pression nécessaire à la stabilité, offrirent par leurs formes élégantes une nouvelle source de richesse à la décoration ; il n'y eut pas jusqu'au plus délicat ornement qui ne servit à assurer l'équilibre. Les portails acquirent du développement en tous sens, des porches splendides leur furent ajoutés, enfin les flèches furent élevées à des hauteurs vertigineuses.

La force du sentiment, mobile puissant qui animait les artistes de cette époque, se révèle dans les moindres détails. Loin de chercher à éluder les nécessités matérielles ou à dissimuler les moyens employés pour les satisfaire, ils les accusent franchement, témoin le parti qu'ils ont pris, pour rejeter les eaux pluviales au dehors des constructions, et la manière dont ils ont accusé les ferrures des portes et autres boiseries. Tout en conservant l'intégrité du système, ils approprient l'appareil et le détail à la nature des matériaux de chaque localité. Ils sont trop logiciens pour vouloir que la cathédrale de Chartres, bâtie en pierre dure et rugueuse, ait le même caractère que celle de Paris, construite en calcaire de moyenne dureté, et que ces deux édifices ne diffèrent pas de ceux du Nord, où l'on n'employait que la brique et une sorte de craie blanche ; de plus, leur stéréotomie est basée sur l'emploi le plus économique des matériaux, et leurs formes extérieures sont adaptées au climat ; en un mot, pour eux, l'architecture est l'expression du beau et du vrai au point de vue chrétien, et non une contrefaçon des formes païennes adaptées à l'usage du christianisme.

La dernière conséquence logique qui découle de la combinaison ogivale est l'économie de matière qui entraîne avec elle celle de main-d'œuvre. Il n'a fallu rien moins que cette facilité

1. Dès son achèvement il s'est produit des lézardes à la Madeleine.

pour que tant d'églises aient été construites au milieu d'une civilisation qui n'avait pas à sa disposition les milliers de bras esclaves des Égyptiens et les légions des Romains. C'est encore par la comparaison des édifices ogivaux avec les édifices antiques qu'on peut être édifié sur ce point.

Rondelet, qui n'a reculé devant aucun labeur pour porter la lumière dans la science des constructions, a donné, dans son traité de l'*Art de bâtir*, un tableau des principaux monuments anciens et modernes où l'on trouve la double indication de la superficie totale des points d'appui, et la superficie de l'espace libre de chacun de ces monuments. En comparant le rapport qu'il y a entre ces deux superficies, dans les monuments voûtés, on voit que les monuments ogivaux, malgré leur élévation relativement plus grande, donnent une proportion plus faible pour la superficie des points d'appui que les monuments antiques et les monuments modernes voûtés en plein cintre. Il résulte de ce travail que le Panthéon d'Agrippa, la basilique de Saint-Pierre de Rome et l'église des Invalides comportent une superficie de points d'appui à peu près double de celle de la cathédrale de Paris.

Viollet-le-Duc, qui s'est livré aussi à des calculs analogues à ceux fournis par Rondelet, dans le but de démontrer la supériorité des monuments ogivaux sur les monuments antiques, est arrivé à une conclusion sans réplique dans ce sens, par le troisième exemple qu'il donne à l'appui de cette démonstration. Voici comment il résume le débat :

« Le temple de la Paix, ou basilique de Constantin, à Rome, qui passe avec raison pour un des monuments les plus légers de l'antiquité romaine, bâti en briques et en blocages, avec colonnes et corniches colossales en marbre, couvre une superficie totale de 6225 mètres ; la superficie occupée par les constructions, piles, murs ou colonnes, est de 810 mètres [1]. Ainsi, les pleins occupent en plan le septième et deux tiers de la superficie totale. L'église de Notre-Dame de Paris, qui est peut-être une des plus massives constructions des douzième et treizième siècles, bâtie totalement en pierres, il est vrai, couvre une superficie de 6800 mètres ; la superficie occupée par les constructions est de 728 mètres. Ainsi les pleins occupent seulement le neuvième et un tiers de la superficie totale. Il y a évidemment ici économie de matériaux et, par conséquent, un plus grand vide couvert avec moins de dépense. Mais, ainsi que je viens de le dire, Notre-Dame de Paris est un monument massif comparativement à certaines églises des treizième et quatorzième siècles. La dernière limite que puisse atteindre l'architecture gothique, comme légèreté de construction, se trouve à Saint-Ouen de Rouen. Voici le rapport des pleins avec les vides dans ce monument.

« La superficie totale couverte par l'église de Saint-Ouen, à Rouen (non compris les tours qui n'ont pas été terminées et qui ne sont pas de la même époque), est de 4850 mètres ; superficie des constructions, 404 mètres. Les pleins occupent donc seulement en plan le onzième et neuf dixièmes de la superficie totale. Que nos lecteurs veuillent bien encore noter ceci : l'église Notre-Dame de Paris est chargée, sur sa façade, de deux énormes tours dont la base est nécessairement massive comparativement au reste de l'édifice, tandis que le temple de la Paix avait, sur toute sa superficie, une hauteur à peu près égale ; puis, maintenant, si, non contents d'obtenir ce résultat comparatif sur les *plans*, nous en venons à examiner les *coupes* et les

1. Le chiffre de Rondelet diffère un peu.

élévations, la différence du cube des constructions avec le cube du vide d'un édifice antique et d'un édifice gothique pouvant être comparés comme structure sera encore bien plus sensible. Car si les monuments gothiques s'allégissent à mesure qu'ils s'élèvent, les monuments antiques voûtés semblent, au contraire, s'alourdir ; les parties inférieures laissent de larges espaces vides, tandis que les parties supérieures sont pleines et massives »[1].

Après avoir ainsi établi la supériorité des monuments ogivaux sur des chiffres qu'on ne peut taxer d'être choisis avec partialité, le temple de la Paix étant, parmi les édifices antiques, une exception, sous le rapport de la légèreté, car le Panthéon d'Agrippa et le temple antique appelé *Galluzo*, à Rome, ont une superficie à peu près double de celle de cet édifice, Viollet-le-Duc achève ainsi de renverser les objections de cherté dont ce mode de construction est souvent l'objet : « On doit se contenter du résultat suivant : c'est qu'ici, en France, avec nos matériaux, un monument antique, bien construit, suivant le système et avec les moyens antiques, est plus cher, à surface égale, qu'un monument gothique, bien construit, suivant le système et avec les moyens employés aux douzième et treizième siècles ;

« 1° Parce que le cube de matériaux est moindre à surface égale de terrain ;

« 2° Parce que la main-d'œuvre est à peu de chose près égale, car les tailles des moulures gothiques du bon temps sont simples, les piles peu détaillées, les ornements toujours renfermés dans des hauteurs d'assises, et par conséquent d'une petite dimension. Pour faire quelques rapprochements sensibles, on peut facilement se rendre compte de la quantité énorme d'ornements gothiques que représentent une suite de chapiteaux corinthiens surmontés d'un entablement orné, et un fronton décoré de bas-reliefs ; combien de colonnes cannelées développent de surfaces de tailles ; combien des bases, combien ces voûtes à caissons doivent coûter, sans compter ces marbres plaqués, ces bronzes et autres accessoires. Tout compte fait, l'avantage resterait encore à l'édifice du treizième siècle.

« 3° Enfin parce que, si les monuments gothiques sont toujours, comparativement à leur surface, plus élevés que les monuments antiques, il n'est que bien rarement nécessaire de monter au faîte des premiers des matériaux d'une grande dimension, tandis que les seconds sont toujours couronnés par des pierres énormes. »

Comme nous tenons à ne rien négliger pour convaincre les esprits les plus prévenus, nous croyons devoir ajouter ce que notre expérience personnelle nous a appris relativement au sujet qui nous occupe. Nous avons eu occasion d'exécuter une construction ogivale dans l'est de la France[2] ; cette construction a été faite selon les règles suivies au moyen âge. Or, c'est un fait acquis, pour quiconque veut faire une comparaison, toute proportion gardée dans les surfaces et en tenant compte des matériaux employés, ainsi que des éléments de dépense, que cette construction ne coûte pas plus cher que les constructions de genre antique exécutées par mes collègues dans la même localité.

Les architectes et vérificateurs de la Ville de Paris ont également reconnu ce fait à l'occasion de l'église ogivale de Sainte-Clotilde, lors de sa construction sur la place Bellechasse.

Il ressort de l'énumération que nous avons faite des mérites du système ogival, au point de vue de la construction *seule*, lesquels mérites sont constatés par des hommes qui font

1. *Annales archéologiques*, tome III, p. 52.
2. L'église de Mattaincourt, près Mirecourt (Vosges).

autorité dans la matière, que ce système est le plus parfait, le plus logique et le plus avancé, comme application de la mécanique, de tous ceux qui sont connus jusqu'à présent.

Nous regarderons donc, dès maintenant, la supériorité du système ogival comme un point acquis à la discussion.

IX

Nous devons actuellement nous occuper de la question de l'origine du système ogival que nous avons ajournée à dessein, jusqu'au moment où il serait suffisamment connu du lecteur. La connexion de ce sujet avec le précédent entraîne quelques redites qu'on nous pardonnera eu égard à l'importance de la question.

Les observateurs superficiels et les antiquaires qui ne recherchent que la date des détails, de concert avec les détracteurs du christianisme, n'ont pas manqué de gratifier les Arabes de l'invention de l'ogive, qu'ils n'étaient pas capables de distinguer du système ogival : de là, les qualifications d'arabe, de sarrasine, de syriaque, de mauresque dont les raconteurs d'*impressions de voyage* ont affublé le soi-disant style ogival.

Pour quiconque attache au mot *invention* le sens qu'il doit avoir, cette supposition n'offre pas le moindre fondement. Une invention, dans la force du terme, consiste dans l'émission d'une combinaison nouvelle qui multiplie les moyens d'action de l'homme, et résume en elle ceux de ces moyens qu'on possédait déjà. Une modification de détail n'est pas, à proprement parler, une invention. Ainsi, par exemple, les innombrables variétés de copies qu'on faisait à la main sur les étoffes et sur les papiers, comme le font encore les Chinois, n'étaient pas des inventions; l'application d'un procédé mécanique à l'exécution de ce travail en a été une; la multitude des procédés calligraphiques tour à tour employés avant Gutenberg ne méritaient pas le titre d'invention, titre qui ne saurait être contesté à l'imprimerie.

Cela posé, si nous examinons les monuments arabes, nous n'y trouverons pas les caractères que nous avons reconnu être les propriétés du système ogival. L'arc en tiers-point s'y montre comme encadrement des ouvertures, comme découpure des murailles, ou comme décoration appliquée sur des parois, mais point comme base d'un système d'ossature ; c'est à peine s'il conclut à une apparence de voûte. En un mot, s'ils ont un *style* à ogives, ils n'ont pas de *système ogival*. Aussi les monuments arabes, au lieu d'accuser cette double tendance de dégagement et d'élancement en hauteur, qui caractérise les monuments chrétiens, restent-ils écrasés sous leur terrasse horizontale, et encombrés de colonnes. Rien dans la répétition de leurs allées semblables n'approche de ces contrastes frappants qui résultent de l'opposition des nefs des cathédrales catholiques. En un mot, les Arabes qui semblent n'avoir fait, de toutes les formes qu'ils ont empruntées çà et là, qu'un assemblage de pure fantaisie sensualiste, conformément aux prescriptions de leur doctrine religieuse, n'ont compris ni le rôle que l'arc en tiers-point a joué dans le système de construction des édifices chrétiens, ni la puissance expressive qu'il a fournie à l'art monumental. La même loi qui leur a interdit d'animer leurs mosquées de la représentation des faits et gestes de l'homme libre, a rétréci à jamais un cadre qui eût paru trop vide. En un mot, l'arc ogival a été, pour les Arabes, un motif de décoration et non un élément de combinaison vraiment monumentale.

Dès lors, les arcs en tiers-point que les antiquaires ont signalés dans les constructions arabes, depuis le Mékias ou *nilomètre* de l'île de Rhudah jusqu'au château de la Ziza, près de Palerme, sont dans le même cas que ceux que nous avons trouvés dans des constructions appartenant à tous les temps et à des peuples bien différents. Ils n'ont pas d'autre valeur que ceux de la pagode de Mavalipuram et des tombeaux helléniques de Grèce et de Sicile. Comme dans ces derniers monuments, ils accusent une combinaison géométrique sans conséquence sur la structure des édifices dont l'érection n'avait pas pour but de clore et de couvrir un grand espace, comme celui des cathédrales chrétiennes.

Au surplus, tout porte à croire que l'argument sur lequel les antiquaires s'appuient, au point de vue du style seulement, aura le sort de toutes les observations isolées de détail, et pourra bientôt être retourné contre eux. Depuis que l'arc ogival est signalé à l'attention des explorateurs, on en découvre, chaque jour, des exemples plus ou moins anciens qu'on n'avait pas remarqués jusque-là. Nous citerons entre autres les résultats importants que M. Charles Texier a obtenus, dans un voyage qu'il a fait en Arménie, en Perse et en Mésopotamie. Après avoir décrit l'église métropolitaine d'Ani, en Arménie, construite dans le style ogival en 1010, ainsi que le constate une inscription authentique, M. Texier ajoute : « On voit à Diarbékir un monument extrêmement remarquable, aujourd'hui converti en mosquée, qui est également construit dans le style ogival. Les Arméniens donnent à cet édifice le nom de palais de Tigrane, et rien ne s'oppose à ce qu'il ait pu servir de demeure à ce prince.... Les frises et les corniches sont faites dans les principes de l'art romain du quatrième siècle; l'arc ogival se trouve néanmoins mêlé à toute cette architecture (composée de colonnes romaines, de chapiteaux corinthiens) comme s'il eût été pratiqué d'habitude dans ces contrées. On a déjà cité le palais de Kosraës, à Madaïn, qui est l'ancienne Ctésiphon, monument qui date du sixième siècle et dont la porte gigantesque est de style ogival. »

Plus loin le savant voyageur constate également la présence de l'arc en fer à cheval dans les monuments orientaux, telle que l'Église arménienne de Dighour, érigée bien avant Mahomet. Puis il affirme avoir observé, en Cappadoce, l'arc ogival dans les monuments chrétiens du cinquième et du sixième siècle [1].

Il résulterait de ces faits que les Arabes auraient emprunté l'arc ogival, qu'ils ont appliqué au Mékias au neuvième siècle, à des monuments chrétiens antérieurs de trois siècles à ce *nilomètre*. Quant à nous, il n'y a rien en cela qui puisse nous étonner; nous ne doutons pas que les découvertes du genre de celles que nous venons de citer ne soient confirmées et accumulées de manière à concorder avec les enseignements de la philosophie de l'histoire sur l'absence d'invention chez les Arabes.

L'opinion que nous soutenons ici a fait de grands progrès dans ces derniers temps. La

1. *Revue de l'architecture*, 3e année, p. 97.

plupart des archéologues, qu'il faut distinguer des purs antiquaires, l'admettent maintenant. A leur tête nous placerons l'explorateur laborieux qui a écrit et reproduit, dans des publications estimées, la majeure partie des monuments arabes. Les études sérieuses que M. Girault de Prangey a faites ne lui ont pas permis de partager l'erreur accréditée par les touristes à courte vue.

Placé à un point de vue élevé, il envisage les productions arabes sous leur véritable jour, et il a frappé l'islamisme de déchéance, sous le rapport de l'invention. Parmi les savants qui ont acquiescé aux conclusions de cet auteur, nous citerons M. Ampère qui, lui aussi, a prononcé *de visu* [1].

Le terrain de la discussion une fois déblayé de l'influence arabe, sarrasine, syriaque ou mauresque, l'ogive séparée de la configuration de la structure ayant été mise de côté, on a décidé que la priorité de l'invention, pour le système ogival, devait être accordée à la nation qui justifierait du plus grand nombre de monuments ogivaux de première importance, et comportant le développement le plus complet à l'époque la plus ancienne. Or, c'est la France qui s'est trouvée remplir ces conditions au plus haut degré.

L'Allemagne, qui a élevé ses prétentions jusqu'à donner son nom au système ogival, ne peut exhiber, en fait de monuments importants, que ceux de Cologne, Vienne, Fribourg, Strasbourg, etc., auxquels la France peut opposer un nombre considérable de cathédrales, une quantité d'abbayes, etc., qui révèlent un développement plus complet, plus régulier du système ogival que les cinq ou les six monuments de l'Allemagne. De plus, une foule de considérations tendent à établir que le système ogival a pris naissance au nord de la Loire, dans les provinces nord et nord-est.

« Dans le midi de la France, dit M. Viollet-le-Duc, dans la Provence et le Languedoc, nous voyons le mode de construction romane ou byzantine se prolonger presque jusqu'au quatorzième siècle. En Allemagne, le gothique ne commence à paraître qu'au quatorzième siècle ; jusque-là, les églises de ce pays se ressentent encore de l'influence romane, et n'ont jamais l'allure franche des monuments du nord de la France. En Italie, le gothique n'existe pas. En Angleterre, il se traîne jusqu'au quinzième siècle derrière le style normand. En Espagne, il reste sous l'influence arabe. Le berceau de l'architecture gothique nous paraît donc renfermé dans ces quatre provinces : l'Ile-de-France, la Picardie, la Champagne et la Bourgogne. Là, s'est formée une école, un style, bien caractérisé, bien nu, bien franc, soumis à des règles invariables. C'est là qu'il faut chercher l'architecture des douzième et treizième siècles, c'est là qu'il faut l'étudier [2]. »

Les rédacteurs des *Annales archéologiques* ont fourni nombre de pièces à l'appui des droits de la France [3], et M. Batissier n'a pas hésité à les consacrer d'une manière solennelle, dans sa belle *Histoire de l'Art monumental*, en intitulant l'architecture ogivale : « Architecture nationale ». C'est avec un légitime orgueil que nous le proclamons aussi : la France, qui marche en tête de la civilisation depuis tant de siècles, a eu l'initiative de la plus belle conception monumentale que le monde ait encore vue ! En parlant ainsi, il va sans dire que c'est toujours

1. Voir *Recherches en Égypte et en Nubie*, par M. J.-J. Ampère (*Revue des Deux Mondes*, 1er mars 1847).
2. *Annales archéologiques*. Février 1845.
3. Voir entre autres M. Félix de Verneilh, *Origine française de l'ogive*, etc.

la forme architecturale engendrée par le *système de l'ossature ogivale* que nous avons en vue, et non l'*ogive* prise comme motif décoratif qui ne représente qu'un style éphémère.

Par une anomalie singulière, il se trouve que l'art architectural le plus avancé, au moins en construction, est le seul qui, loin d'avoir reçu un nom indiquant ses mérites et sa véritable origine, a été stigmatisé d'une épithète de mépris la plus mensongère. Cette anomalie, entrevue depuis quelque temps, T. Hope l'expliquait, dès 1839, dans un passage de son *Histoire de l'Architecture*, qu'il est utile de citer, ne fût-ce que pour en finir avec une absurdité qui embarrasse encore quelques personnes peu au courant des faits actuellement acquis.

« Quelques personnes, dit cet auteur, également égarées par le nom donné au style ogival, n'en ont point, il est vrai, rapporté l'origine aux forêts celtiques, mais bien aux édifices de pierre des nations gothiques du Nord. Elles n'ont point cherché leurs prototypes parmi les vieilles ruines d'Angleterre et de France, mais parmi celles des pays riverains de la Baltique. Cependant le nom de *gothique* consacré d'abord à cette espèce de construction n'a aucun rapport avec son origine et ne prouve rien à cet égard. *Ce mot fut primitivement employé en Italie*, à l'époque de la Renaissance, et dans un temps où tout ce qui avait paru entre le style antique et le besoin d'imitation qui y ramenait était *considéré comme barbare*, quelle qu'eût été d'ailleurs l'opinion des contemporains de ces œuvres ; dès lors, le nom de *gothique*, synonyme de barbare, fut appliqué à toute l'architecture du moyen âge, au plein cintre comme à l'ogive ; les Italiens avaient donné l'exemple, et les nations qui se réglèrent sur leur goût, les imitèrent dans leur langage. Quant aux autres preuves résultant non plus de l'étymologie, mais des faits, elles sont encore plus décisives contre l'origine gothique du style qui reçut ce nom. Dans les pays qui furent le berceau des Goths, en Suède et autour de la Baltique, où ils conservèrent le plus longtemps leurs mœurs primitives, loin de retrouver aucun édifice gothique, nous ne découvrons aucune espèce de style déterminé. Nous savons que la première église, bâtie en 1118, par saint Éric, à Upsal, sur les ruines du fameux temple d'Odin, était construite, *more romano*, avec des arcs plein cintre, comme on le voit encore dans ses ruines, et que ce ne fut qu'en 1278 qu'un Français, nommé Bonneuil, dessina la cathédrale actuelle en style ogival, à peu près sur le modèle de Notre-Dame de Paris.

« Le seul roi goth qui semble avoir eu quelque goût pour l'architecture, Théodoric, exprime, dans sa lettre à son ministre Cassiodore, la plus vive admiration pour le style de son temps et son intention de le maintenir. Ce fut en Italie que les Goths commencèrent à acquérir un certain degré de civilisation ; or, dans le premier et le seul monument de quelque importance que l'on puisse réellement appeler gothique, dans la chapelle funéraire élevée à Ravenne par la reine Amalasonte à son père Théodoric, loin de trouver rien qui ressemble aux découpures sans nombre et à la légèreté du style ogival, nous ne voyons qu'une lourdeur massive dans sa forme cylindrique, dans les étroites ouvertures de ses fenêtres en meurtrières, et surtout dans le poids, le dessin et le mode de construction de sa coupole, faite d'une seule pierre de 34 pieds de diamètre, de 3 pieds et demi d'épaisseur, sans parler des assises gigantesques formées du même bloc, et qui servent à le maintenir en place ; si bien que tout cela ressemble plutôt à un ouvrage cyclopéen ou égyptien qu'à rien de ce qu'on peut appeler gothique.

« Tant que le style ogival prévalut et fut seul en vogue, il n'eut point de désignation particulière ; quand, plus tard, il fut détrôné par le style antique et considéré comme une œuvre barbare, on le flétrit du nom de *gothique*, qui passa de l'Italie aux autres nations; mais les Italiens, pour rappeler son origine, l'ont souvent appelé *gothico-tudesque*, comme le plein cintre avait été appelé *gothico-lombard*. Quelquefois aussi, comme on l'a vu, ses plus riches productions ont été nommées, par un singulier rapprochement de termes, *gothico-arabes*. » On sait que le style à ogives a été appelé *manière tudesque* par Vasari, en haine de l'oppression des Allemands subie par les Italiens.

Bien qu'il soit démontré combien le terme de *gothique* est impropre, il est tellement passé dans l'usage qu'on est forcé de l'employer malgré la répugnance qu'on en éprouve. C'est ce qui fait que les auteurs les moins satisfaits de ce mot ont continué à s'en servir dans des ouvrages de date récente. Il est à remarquer que le précurseur de l'archéologie du moyen âge, M. de Caumont, répudiait dans ses cours, en 1830, la dénomination de gothique. Celle qu'il a essayé de lui substituer, n'étant appuyée que sur le style donné par la figure de l'ogive, n'a pas prévalu.

X

Nous nous sommes appesanti sur le mérite scientifique du système ogival, parce que c'est celui qui a été le plus contesté par les intéressés, et qui est le moins facile à juger par le public. Il nous reste à parler du mérite artistique, c'est-à-dire de la décoration et des différents styles auxquels ce dernier système de la synthèse chrétienne a donné lieu. Notre tâche sera plus légère, pour cette dernière partie, que pour la construction. Nous ne trouvons pas devant nous les mêmes préjugés, car les littérateurs et les poètes ont été plus vite à se débarrasser des rancunes du paganisme, que les architectes. Des plumes élégantes ont décrit les beautés de la décoration gothique la poésie monumentale de l'art chrétien a été exaltée par nos premiers écrivains, qui ont retrouvé le sens de ces phrases plastiques que le clergé lui-même avait perdu. Les Chateaubriand, les Victor Hugo, les Montalembert, les Rio, les Didron entre autres, ont évoqué l'esprit de nos ancêtres, de la matière bâtie, peinte et sculptée où l'outrecuidance des prôneurs de la Renaissance l'avait refoulé. Cette réhabilitation a marché si vite depuis 1825 qu'elle a même été profanée par la mode; mais ce mouvement factice a fait son temps, et la propagande convaincue poursuit son chemin sans crainte d'être compromise par l'impatience. La puissance de la faculté sentimentale du treizième siècle, qui a donné l'intuition des secrets les plus importants de la science des constructions, a donné aussi une animation toute nouvelle à la plastique des monuments. Nous avons déjà fait remarquer la silhouette expressive de la masse monumentale, cette attitude émouvante donnée à la cathédrale à l'extérieur. Le mouvement, la vie du colosse s'étend à toutes les divisions, aux moindres détails de l'architecture à l'intérieur. Les membres de l'*ossature* produisent en tous sens, dans le plan et dans l'élévation, des ressauts et des enfoncements, des effets de lignes et de plans qui contrastent avec la rectitude des lignes et la planimétrie des surfaces des édifices antiques. La froideur et l'immobilité égyptiennes font place à l'animation et à la chaleur qu'exhale le souffle chrétien. Loin de resserrer l'homme entre des masses et de l'écraser sous la matière, l'art chrétien agrandit l'espace et allégit les formes à l'aide des illusions magiques de la perspective. En plan, les grandes lignes qui circonscrivent l'ensemble crucifère sont échancrées d'angles rentrants et ressautées d'angles saillants. En élévation, la ligne verticale est rompue par autant de changements de *nus* ou de plans qu'il y a de divisions, soit qu'ils reculent successivement pour concourir à un effet pyramidal, soit qu'ils avancent graduellement pour aboutir à un encorbellement en saillie ; jamais, et c'est là un des principaux caractères du style gothique, ils ne s'étagent à l'aplomb. Voyez à l'extérieur ce contrefort qui part massif du sol pour s'épanouir en clocheton au haut de cette tour élevée, comme sa saillie est habilement réduite au fur et à mesure qu'il s'élève ! comme les transitions, entre chaque *nu*, sont adroitement ménagées par ces cordons, ces larmiers, ces pinacles, ces niches ! Observez, à l'intérieur, ces chapiteaux évasés qui coiffent les colonnettes et supportent les voûtes, comme leur saillie est motivée et basculée par le surplomb de la retombée des arcs qui s'équilibre sur le pourtour de leur tailloir.

Quelle différence, pour la grandeur de l'effet et pour la difficulté de l'étude, entre ces combinaisons de retraites ou de saillie et la rectitude froide de l'alignement grec de la frise et de la colonne qui laisse la saillie du chapiteau sans fonction rationnelle ! Qu'est-ce que les supports cylindriques du Parthénon auprès des faisceaux de colonnettes de ces piliers du treizième siècle ? Quelle puissance de sentiment dans le profil de ces moulures qui, en même temps, moins dures dans la masse et plus accentuées dans les détails que les profils antiques, répondent si bien aux conditions physiques de notre climat ! Terminées à la partie supérieure par un talus et une forte échancrure, elles rejettent et éloignent les eaux, tout en offrant à l'œil une perspective agréable et heureuse. Composées de parties creuses et rondes savamment opposées et vigoureusement accusées, elles produisent des effets d'ombre et de lumière qui font pâlir les moulures antiques égarées sous notre ciel. Enfin, tout dans cette architecture concourt à réaliser la variété dans l'unité, depuis la masse mâle et énergique comme le génie des Francs jusqu'au plus petit détail !

Après un rapprochement aussi écrasant, devons-nous nous arrêter au reproche que les sectateurs de Vignole ont naturellement adressé à l'architecture ogivale de manquer de proportions ? De la part d'hommes qui ne font de l'architecture qu'à l'aide du compas de réduction, cela se conçoit, mais cela touche peu !

Un corps aussi bien organisé que la cathédrale gothique, une structure aussi logique, une distribution aussi fonctionnelle manquer de proportions ! En vérité, cela ne saurait être sérieux ! La difformité n'a jamais provoqué que l'antipathie, et nos églises ogivales font naître un sentiment bien différent ! Complétant Viollet-le-Duc qui nous a fourni des observations sur la construction des monuments gothiques, Lassus, son collègue, va établir la comparaison entre ces derniers et les monuments gréco-romains, sous le rapport de la proportion et de la décoration.

« Voyons un peu, dit-il, quelle est la loi de la proportion antique. Il suffit de comparer entre eux quelques-uns des monuments païens pour reconnaître qu'ils sont tous invariablement soumis dans leur ensemble comme dans leurs parties, à la proportion relative. En d'autres termes, l'art antique n'a pas égard à la dimension réelle ; que le monument y soit grand ou petit, c'est toujours la proportion relative qui détermine les rapports des différentes parties. De sorte que le petit monument n'est qu'une réduction du grand, qui lui-même peut être considéré comme une exagération du petit ; or, en architecture, ce principe est radicalement faux et subversif. Voyons-en les conséquences.

« Dans les monuments grecs, le défaut est moins sensible parce qu'ils se renferment tous à peu près dans les mêmes dimensions. Mais que dire de Saint-Pierre de Rome, ce type immense de l'exagération du principe suivi dans la proportion antique ? N'est-ce pas là le comble de l'absurde ? Amonceler des carrières de pierre ; enfouir des trésors immenses d'art, de temps et de talent, et tout cela pour arriver à faire un monument dont il est impossible d'apprécier les prodigieuses dimensions, et dont tout le mérite consiste à ne pas paraître ce qu'il est. Mais, disent les admirateurs de Saint-Pierre, cela tient justement à l'exactitude des proportions. Le bel avantage, en vérité! Nous disons, nous : cela tient à ce que le principe est faux, cela tient à ce que ce monument est en disproportion avec l'homme, cela tient enfin à ce qu'il est fait pour des géants !

« Maintenant cherchez quel est le principe de la proportion gothique. Voyez, examinez toutes nos cathédrales, toutes nos églises, partout vous pourrez constater l'application de la même loi fixe, invariable, celle de la proportion humaine substituée à la proportion relative. Que le monument soit grand, qu'il soit petit, toujours et partout vous retrouverez la conséquence du même principe. Au treizième siècle, par exemple, les bases, les chapiteaux, les colonnettes, les meneaux, les nervures, enfin tous les détails sont exactement les mêmes, et dans la grande cathédrale et dans la simple église de campagne, et cela parce que dans tous ces monuments l'homme seul sert toujours d'unité et que l'homme, lui, ne peut se grandir ni se diminuer. Vraiment, il faut être aveugle pour ne pas être frappé de la grandeur de ce principe si vrai, si juste, qui fait que nos cathédrales paraissent grandes parce qu'elles sont grandes, que nos chapelles paraissent petites lorsqu'elles sont petites ; enfin que tous nos monuments donnent rigoureusement, mathématiquement, l'idée de ce qu'ils sont réellement. Nous demandons si ce n'est pas là du véritable rationalisme.

« Et qu'on ne vienne pas nous dire, comparant un monument à un dessin, que l'impression de grandeur est indépendante de la dimension ; car ce qui est vrai pour un dessin est faux pour un monument. Nous admettons bien que sur deux dessins faits d'après le même objet, le plus petit puisse donner de cet objet l'idée la plus grande ; car cela tient justement à ce que le dessin n'est qu'une image, à ce qu'il est impossible de voir, de toucher la chose représentée. Mais, en architecture, la proportion doit avoir un terme fixe, une unité invariable, servant à juger de la dimension réelle, et ce terme, cette unité, c'est l'homme ! Voilà ce que les artistes du moyen âge ont parfaitement compris, et ont compris les premiers.

« Quant au progrès dans la décoration gothique, il est tout aussi incontestable, tout aussi évident. En effet, dans cette partie de l'art antique, l'unité existe, cela est vrai ; mais elle résulte toujours de l'uniformité. Il suffit d'examiner un temple antique pour reconnaître que la continuité la plus parfaite, l'égalité la plus complète règnent dans toutes les bases, dans tous les chapiteaux, dans toutes les moulures, dans toutes les sculptures, partout enfin. Au contraire, le principe de la décoration gothique est toujours la variété dans l'unité ; la similitude des masses, avec la liberté la plus franche et la plus entière dans le détail. De là ce plaisir qu'on éprouve en parcourant, en examinant, en disséquant ces monuments dont l'unité vous frappe tout d'abord, et dont cependant chaque partie, chaque détail, vous présente une combinaison nouvelle, une disposition aussi ingénieuse qu'inattendue, et dans lesquels chaque pas vous procure le plaisir d'une découverte.

« Or, nous le demandons, qui donc a jamais été tenté de faire le tour de la Madeleine[1] ou de la Bourse? et si jamais pareille fantaisie est passée par la tête d'un homme raisonnable, qu'a-t-il vu? Toujours la même base, le même chapiteau, la même corniche, les mêmes modillons : c'est à fatiguer la patience la plus héroïque. Et maintenant qu'on nous prouve que ce principe de la variété dans l'unité n'est pas incontestablement supérieur à celui de l'unité avec l'uniformité, et nous conviendrons alors que l'art gothique n'est pas en progrès sur l'art antique. Jusque-là on nous permettra de conserver notre opinion[2]. »

L'ornementation, qu'on peut regarder comme une véritable efflorescence de l'architecture, change aussi complètement d'aspect à cette époque. Elle se dépouille des réminiscences orientales pour prendre une physionomie autochtone. Cessant de reproduire les palmettes, les feuilles grasses perlées, les galons byzantins, on cherche à imiter les végétaux indigènes. Les artistes du treizième siècle font, avec les plantes de nos contrées, une flore monumentale du plus haut intérêt. Sans se restreindre à une copie servile, ils tirent un excellent parti des feuilles de vigne, de lierre, de chêne, de fraisier, etc.; par eux, les variétés des malvacées sont centuplées, les roses, les pensées, les violettes sont agréablement agencées en guirlandes et en bouquets. La cathédrale se revêt d'une végétation luxuriante qui court dans les cordons et les corniches, grimpe sur les pignons, les pinacles et les pyramides des clochetons, s'adosse à la corbeille des chapiteaux, garnit l'encadrement des voussures et l'intervalle des colonnettes, s'épanouit sur les amortissements aigus des contre-lobes et sur les volutes des *crochets*. Partout cette ornementation fait corps avec l'architecture qu'elle renforce tout en l'enrichissant; la fonction visible qu'elle remplit satisfait l'œil autant que sa beauté; les tiges de toutes ces plantes ont leurs côtes larges et fermes solidement plantées dans la pierre. Quoi de plus fort et de plus gracieux que ces groupes de volutes fleuries et étagées qui soutiennent en réalité l'encorbellement des chapiteaux? On peut dire que l'ornementation de cette époque est le modèle de la décoration monumentale. Adaptée parfaitement aux divisions de l'appareil[3], elle est traitée de manière à ne rien perdre de son effet, quelles que soient la hauteur où elle est placée et la distance de laquelle elle doit être vue.

Une ornementation d'un effet aussi puissant ne saurait être dépourvue des qualités artistiques de la sculpture. Ces qualités, qui se sentent mieux qu'elles ne se décrivent, n'ont pas été, que je sache, jusqu'à présent définies; nous croyons avoir été le premier à essayer de le faire. On nous permettra de reproduire ici ce que nous avons inséré ailleurs à ce sujet : « Les principaux mérites de la sculpture résident dans le *dessin*, le *galbe*, le *modelé*, la *touche*, le *fouillé* et le *fini*.

1. Voir parmi les écrits sur l'architecture de feu L. Piel, mon maître, qui ont été insérés dans l'*Européen*, journal de morale et de philosophie, année 1837, l'examen critique qu'il a fait de l'église de la Madeleine.

2. *Annales archéologiques*, tome II, p. 201.

3. Les feuilles des cordons et corniches, qu'on appelle *entablées*, sont ordinairement renfermées dans une hauteur d'assise. On a reconnu que la plupart des sculptures du moyen âge étaient, le plus souvent, faites sur le chantier avant la pose. Cette manière de procéder explique les interversions qu'on remarque dans quelques sujets dont l'ordre est déterminé, comme les signes du zodiaque.

« Le *dessin* est le tracé du contour de la *masse* et des détails de l'ornement sur les surfaces données pour la sculpture; les détails doivent être inscrits dans une masse d'un contour gracieux, ou encadrés dans une ligne d'un dessin pur; le dessin de la masse, comme celui des détails, doit offrir des oppositions, c'est-à-dire des subdivisions et des courbures de lignes formant des contrastes de grandes courbes avec de petites courbes, de lignes tranquilles avec des sinuosités anguleuses, etc.; c'est le dessin qui établit les divisions des masses qui doivent se répéter, ainsi que les axes de symétrie et la position des parties symétriques; dans l'indication du *mouvement* de direction des masses et des détails, le dessin doit encore avoir cette souplesse gracieuse qui exclut toute raideur.

« Le *galbe* est, à proprement parler, l'ensemble des profils du relief; ce terme s'applique à des objets moins travaillés que la sculpture d'ornements; c'est ainsi qu'on dit : le galbe d'un vase, le galbe d'un casque, etc.; c'est la succession et la diversité des plans ou l'opposition des creux et des bosses; le *galbe* donne le mouvement à la sculpture sous le rapport de la saillie; dans le dessin on ne considère que les lignes des bords du découpé, dans le galbe on considère les profils des mille sections qu'on peut faire par la pensée dans un relief.

« Le *modelé*, qui a beaucoup de rapport avec le galbe, est la recherche des oppositions les plus heureuses de la forme extérieure du relief, relativement aux effets d'ombre et de lumière; il doit être *moelleux* sans mollesse, et *accentué* sans dureté, c'est-à-dire donner des ombres adoucies, mais variées et assez vigoureuses pour éviter la monotonie qui résulterait de l'uniformité des teintes.

« Un modelé qui serait *heurté*, *tourmenté*, *maniéré* ou *chiffonné* ôterait du prix à la sculpture.

« La *touche*, qui doit accuser le travail de l'outil et la direction de ses coups, est le moyen le plus puissant dont l'artiste dispose pour donner l'expression et transmettre sa manière de sentir par l'intermédiaire de la matière; bien que ce mérite soit plus sensible dans la statuaire, il n'est pas nul dans l'ornement; une touche *sèche* et anguleuse qui, sous prétexte d'approcher plus près de la réalité, rend les feuillages *fer-blanc*, comme on dit en termes d'atelier, n'est pas le fait d'un bon sculpteur.

« Le *fouillé* s'explique de lui-même : c'est le creusement des fonds ou des dessous qui fait valoir le soulèvement des ornements et en augmente considérablement l'effet, en donnant des *noirs;* les sculptures dont les dessus seuls sont faits et qui ne sont pas refouillées, ont moins de valeur, le fouillé exigeant beaucoup de temps.

« Tout le monde comprend ce que l'on doit entendre par le *fini*, qui, du reste, n'est pas le principal mérite de la sculpture, car un ornement peu fini, ou même hardiment ébauché, peut avoir beaucoup de prix, par la pureté de son dessin, la fermeté de son galbe, le moelleux de son modelé, l'entente de sa touche et la vigueur de son refouillement; cependant, quand le fini se joint aux autres mérites sans les amoindrir (chose difficile), la perfection de la sculpture d'ornement est complète [1]. »

La sculpture d'ornement du treizième siècle réunit ces mérites avec plus de puissance que l'ornementation grecque. Il est évident qu'au point de vue de la sculpture monumentale,

1 *Traité complet de l'évaluation de la menuiserie*, p. 183. Paris, 1847 (épuisé)

destinée à être vue à de grandes distances, les plus belles palmettes des Grecs deviendraient insignifiantes mises à côté de ces feuilles hardiment accentuées qui ressortent si bien malgré leur élévation dans les corniches des tours de la cathédrale de Paris.

Comme les moulures, l'ornementation des temples grecs demande à être rapprochée de l'œil et à être ombrée par la lumière intense du soleil de l'Attique, tandis que celle des monuments gothiques brave les brumes du septentrion.

Ce que nous avons observé jusqu'à présent de la cathédrale gothique : silhouette de la masse à l'extérieur, symbolisme de l'ensemble, vastité de l'intérieur, élasticité de la construction, détails d'architecture, ornementation, suffirait à en faire un objet d'admiration, et cependant il y manque encore un auxiliaire puissant d'expression et d'enseignement, la présence de la figure humaine. Continuons notre examen et nous verrons quel développement le génie chrétien a donné à ces deux arts plastiques inséparables de l'architecture bien comprise : la statuaire et la peinture.

Sous le règne de Louis IX, dans tout le domaine de l'Église latine, l'iconographie se débarrasse complètement des types byzantins. La création d'un style, qu'on doit appeler catholique, apparaît simultanément dans le nord-ouest de l'Europe, pour la sculpture, et dans l'Italie, pour la peinture.

Sous l'inspiration de la même doctrine qui avait fait grandir l'art monumental, les sculpteurs et les peintres trouvèrent l'expression chrétienne de la face humaine. Les Grecs avaient rendu la beauté physique, ils exprimèrent la beauté morale; les premiers n'avaient montré que la douleur de la chair, les seconds manifestèrent les joies de l'âme confiante dans un meilleur avenir; les uns avaient fait ressortir la sagesse par le silence de l'âme, selon l'expression de Winckelmann, les autres affirmèrent le dévouement par l'émanation de son énergie; ceux-là avaient annoncé l'être et la vie, ceux-ci rendirent sensible la passion de l'amour épuré. Le ciseau grec, dans son effort suprême, n'était parvenu qu'à nous montrer le désespoir inhérent au *fatum* païen dans la Niobé et le Laocoon, le ciseau chrétien, en se jouant, illumina de sérénité le visage de ses martyrs souffrant dans leurs corps. Le corps humain, dont l'art grec avait fait le signe de la force physique et de la fécondité, fut purifié par l'art chrétien, qui le conforma physiologiquement aux tendances de l'esprit nouveau. A la déification de la femme, sous les traits de la Vénus immorale, le christianisme opposa l'idéalisation de la moitié du genre humain, par l'image de la Vierge Marie. Mais ce qui caractérise surtout le mobile de chacun de ces deux arts, ce sont les types de figures qu'ils ont produits. Il y a certainement tout un abîme entre les statues antiques, que nous connaissons, et les figures du porche nord de la cathédrale de Chartres.

La tradition de l'Ancien Testament, la narration évangélique des faits et gestes du Christ, le récit légendaire des actes des soldats de l'Église militante, vont se dérouler en scènes innombrables, entoureront les autels, encadreront les portraits, monteront dans les galeries et sur les clochetons, planeront sur les pignons, envelopperont les sanctuaires, resplendiront dans les vitraux et s'étendront sur les surfaces des murs d'églises, de cloitres, de salles publiques. Le concile d'Arras en 1025 avait déclaré que : « La peinture est le livre des ignorants qui ne sauraient en lire d'autres ». Les artistes chrétiens, doublant les moyens d'action par la sculpture, mirent toute une bibliothèque sacrée à la portée des illettrés. En vaquant à leurs affaires ou en assistant aux offices, les fidèles apprenaient l'histoire et la morale; ils ne pouvaient lever les yeux, sans voir la description d'un fait, ou sans retrouver l'exaltation du dévouement et la condamnation de l'égoïsme. Quand on songe à l'impression que ces pages remplies de l'éloquence des *contrastes*, imprégnées de l'attraction du sentiment religieux, devaient produire sur des esprits simples et sympathiques, on comprend toute la sollicitude que l'Église a montrée pour un tel instrument de l'éducation publique.

Pour se faire une idée complète des « épopées de pierre » dont nos cathédrales sont *illustrées*, il faut recourir aux écrits de feu Victor Didron qui, par une analyse patiente et l'étude approfondie de la sculpture et de la peinture du moyen âge, s'est fait dans l'archéologie une spécialité jusque-là sans précédents.

L'ouvrage de cet auteur, intitulé : *Iconographie chrétienne*, qui fait partie des *Instructions du Comité historique des arts et monuments*, attaché au ministère de l'instruction publique du gouvernement de Juillet, est un traité volumineux de la matière. Il renferme une classification complète des sujets figurés dans les monuments religieux du moyen âge, qui tous, selon leur importance et leur richesse, recèlent une partie plus ou moins considérable, ou un résumé plus ou moins étendu de l'encyclopédie de Vincent de Beauvais; car il n'est pas jusqu'à la plus petite église de village qui n'ait son *Miroir*, quelque réduit et raccourci qu'il soit.

M. Didron explique, ailleurs, que les sujets légendaires ont été réservés plus spécialement aux vitraux. Il semblerait, à voir cette préférence, que la diaphanéité de ces tableaux ait paru plus en rapport avec le merveilleux de la légende que toute autre matière. Les cinq mille figures qui animent les vitraux de la cathédrale de Chartres sont presque toutes réservées à l'*illustration* de la légende dorée de Jacques de Vorage. — Sous le rapport artistique, les vitraux ont en général plus de mérite comme décoration coloriée que comme peinture de personnages ; et ce mérite est poussé au plus haut degré de perfection. Ces fenêtres formées de verres épais, colorés de tons chauds bien assortis, ces vitraux *saphirés*, pour nous servir de l'expression des moines de Citeaux, versent des flots de lumière douce, diaprée. L'œil se repose avec plaisir sur ces couleurs harmonieuses, sans être blessé de tons froids ou criards. Les nécessités de l'exécution qui paraissaient devoir faire obstacle sont tournées au profit de l'effet ; les armatures de fer, contournées en trèfles en quatre feuilles, forment des cadres variés aux compartiments des verrières ; les plombs intercalés entre les pièces de verre innombrables servent à donner aux contours des dessins une vigueur admirable [1].

Il faut se reporter, par la pensée, dans une de nos grandes cathédrales, alors que pas une seule fenêtre n'était blanche, pour se faire une idée de l'impression de recueillement qui saisissait l'âme dans ce milieu de lumière mystérieuse émanée des images légendaires, comme l'irradiation des bienheureux. Pour être inférieures aux productions de la statuaire, les figures des verrières ne sont pas plus dépourvues que les statues, du caractère monumental, ce mérite essentiel de la plastique inhérente aux grands édifices, et dont on a si bien perdu le secret de nos jours, qu'on le regarde ordinairement comme un défaut dans les œuvres du moyen âge. En comparant les figures qui décorent nos monuments gothiques, avec les statues renouvelées des Grecs et le plus souvent placées à la hauteur de l'œil dans les jardins publics, ou avec nos tableaux accrochés dans les salons, on a reproché, au dessin des premiers, le geste

1. Voir *Histoire de la peinture sur verre*, par M. Ferdinand de Lasteyrie.

anguleux, l'attitude circonscrite dans une masse géométrique, l'anatomie peu détaillée ou trop simplifiée, sans songer que c'était à ces observances de parti pris dans l'exécution, que les figures du moyen âge devaient de conserver toute leur valeur, quelle que fût la distance où elles étaient placées. Que seraient devenues les académies molles et arrondies de nos artistes sur le sommet du pignon ou dans les verrières des grandes nefs ogivales?

Les artistes du moyen âge, qui comprenaient l'unité dans l'art, se seraient bien gardés de donner à leurs figures destinées à occuper le faîte des édifices, de ces désinvoltures qui rappellent plutôt un ancien télégraphe en mouvement, qu'un être humain. Ils ont su éviter l'exagération qui aboutit à la nullité. Malgré leur attitude ramassée et leur geste simple, leurs figures ont cent fois plus de geste et d'action que la plupart des *modèles* qui posent nonchalamment dans nos lieux publics. Les membres, loin d'être ensevelis sous les plis de ces magnifiques draperies, qu'aucune époque n'a surpassées, sont accentués par des lignes heureuses qui accusent le mouvement tout en ménageant la pudeur.

On conçoit que les verrières brillantes qui, à force de recevoir de l'extension, étaient arrivées jusqu'à envahir tout l'espace compris entre les faisceaux de colonnettes, ne pouvaient s'encadrer convenablement dans des entourages de pierre nue. Les artistes du moyen âge étaient trop pénétrés du sentiment de l'unité et de l'harmonie, pour laisser subsister une telle imperfection; aussi, à leurs yeux, un intérieur d'église n'était-il à l'état normal que quand la froideur de la pierre avait entièrement disparu sous des teintes riches, agréablement variées, qui complétaient celles des verrières, tout en réservant le contraste de la couleur opaque avec la couleur transparente. La décoration polychrome que les *anciens* avaient exécutée d'une manière dure et tranchée, comme pour frapper des imaginations grossières, devint, sous le souffle du génie chrétien, une harmonie nouvelle destinée à faire naître de douces et ravissantes sensations. Avec les ressources de la décoration polychrome, les voûtes azurées et parsemées d'étoiles figurent un ciel toujours serein; les murs, les colonnettes et les arceaux rechampis de tons assortis, décorés de motifs sans nombre et rehaussés de paillettes et filets d'or, s'allégissent encore; les statues, animées d'une carnation chaste, revêtues d'habillements splendides, ressemblent aux bienheureux dont parle l'Écriture, et, indiquent que l'art a fait de cette demeure qu'ils habitent, une véritable Jérusalem céleste! Partout où il se trouve des surfaces assez considérables, des figures peintes s'ajoutent à cette décoration qui s'étend à l'extérieur, dans les parties abritées, tels que les portails et les porches, etc.

Le défaut de temps et de facilités n'a permis de décorer ainsi qu'un petit nombre d'édifices du moyen âge. Plusieurs, qui l'étaient en tout ou en partie, ont vu leur éclat disparaître sous le badigeon du vandalisme dénoncé par Montalembert, en sorte qu'il nous reste fort peu de spécimens de la décoration intérieure du temps; beaucoup de monuments sont restés incomplets, sous ce rapport, comme sous celui de la décoration même. La décoration a manqué comme il manque ici une tour; là, une nef; ailleurs, un chœur, des vitraux; mais il n'en est pas moins vrai que l'état normal d'une église gothique, c'est d'être vitrée et peinte en couleur d'une manière générale.

On doit donc toujours tenir compte des lacunes qui peuvent exister sous ce rapport quand on veut juger de l'effet de nos édifices à ogives, au point de vue de l'unité de l'art. Autrement on s'exposerait à commettre une erreur analogue à celle d'un amateur qui jugerait du mérite d'un peintre sur un tableau à peine ébauché.

On peut se faire une idée d'un intérieur d'église, tel que le comprenaient les artistes du moyen âge, c'est-à-dire revêtu de toutes les splendeurs de la sculpture et de la peinture, par la restauration de la Sainte-Chapelle enclavée dans le Palais de Justice de Paris, précieux échantillon de l'art monumental à l'époque de saint Louis, qui a été rétablie dans l'état où l'avait mise son fondateur.

Ce beau reliquaire destiné par le pieux roi à enchâsser la couronne d'épines, après avoir été longtemps détourné de son usage, a repris son ancien éclat entre les mains d'artistes habiles. Dans la décoration de ce vaisseau que la piété a voulu rendre digne de sa destination première, les métaux précieux, les émaux délicats, les cristaux scintillants, sont combinés pour obtenir une richesse inouïe avec la peinture sur verre, la peinture murale et la dorure. C'est là qu'on peut juger de la puissance du génie chrétien ; on reste saisi devant l'effet majestueux, l'harmonie parfaite et l'alliance de richesse et de sévérité réalisés avec des éléments qui tournent souvent au colifichet et au disparate, dans nos décorations modernes. C'est là qu'on peut observer toute la différence qu'il y a entre la véritable richesse et le luxe clinquant, entre la délicatesse de la sobriété et la lourdeur des superfétations recherchées par la vanité inintelligente[1].

XI

Au moment de passer de la théorie à la pratique, les études qui précèdent ayant toujours eu en vue la poursuite du but assigné aux architectes par l'opinion publique, c'est-à-dire la composition de nouveaux types architectoniques, il y a lieu de consigner ici le *résumé* originel de ces études, qui a servi de programme à la première composition architecturale mise au jour dès 1850, et, par suite, à toutes celles qui sont réunies dans les planches de cet ouvrage. Voici le texte de ce résumé.

Comment l'architecture, ou, pour parler plus exactement, l'art monumental (car il s'agit ici des productions artistiques et complètes que l'architecture met au jour dans l'érection des monuments nationaux, et non des combinaisons industrielles auxquelles elle est presque entièrement réduite dans la construction des habitations particulières), comment l'art monumental, disons-nous, peut-il être affranchi de la servitude de l'imitation qu'il subit depuis longtemps, et parvenir à prendre, pour notre époque, un de ces caractères distinctifs dont l'histoire nous montre la succession progressive dans le passé?

Telle est la question qui est posée depuis nombre d'années, et qui préoccupe plus que

1. Parmi les décorations polychromes conservées, on cite encore l'église de Saint-François d'Assise, en Italie, Sainte-Cécile, d'Alby, Saint-Savin, près Poitiers, et quelques autres.

jamais les esprits de notre temps. Dès la fin du dix-septième siècle, alors que l'art monumental montrait encore, sinon des créations proprement dites, au moins des modes spéciaux appelés *styles*, l'aspiration qu'on vient de signaler se manifestait ouvertement. Dans ses élans de gloire universelle, Louis XIV lui-même proposa un prix pour l'invention d'une nouvelle architecture. Malheureusement, à cette époque, on croyait, sur la foi de Vignole, qu'on ne pouvait faire autre chose que d'augmenter le nombre de ces *ordres* qu'il avait établis comme le dernier mot de l'architecture, et les tentatives que l'on fit n'aboutirent qu'à une déplorable modification du chapiteau corinthien dans laquelle l'ajustement de quelques fleurs de lis fut le point le plus saillant. Le titre pompeux d'*ordre français* dont cet essai fut décoré n'a pu le sauver de l'oubli.

Les encouragements du puissant roi restèrent en définitive stériles sous ce rapport ; et, comme pour prouver l'insuffisance des règles classiques et de l'autorité de Vitruve et de Vignole, si l'art monumental produisit quelques détails nouveaux, ce ne fut qu'en s'écartant des principes de l'école. C'est ainsi qu'on vit des modes spéciaux se produire encore, dans la décoration seulement, jusqu'au commencement de notre siècle. Il est constant que ce fut en dépit des prôneurs exclusifs de l'antique et uniquement au nom de la mode, qui donne le change aux tendances du progrès dans les époques de transition, que les divers genres d'ornementation qu'on nomme styles de Louis XIV, de Louis XV, de Louis XVI et de l'Empire virent le jour.

Malgré le peu d'avenir réservé à ces essais artistiques, il y avait encore dans cet état de choses une certaine vitalité de la partie accessoire de l'art monumental qui ne se manifeste plus depuis le commencement du dix-neuvième siècle. A partir de ce moment, il n'y a plus de styles temporaires ni d'unité saisissable dans les productions. L'archéologie, plus ou moins pure, préside seule à la pratique de l'art. Chaque artiste imite et reproduit le style qu'il préfère. Il fallait sans doute ce passage de l'individualisme, qui fait retomber dans l'oubli les écoles stationnaires et qui intronise la liberté dans l'art, pour déblayer les obstacles et préparer une unité normale. De son côté, l'archéologie, en cessant d'être exclusive et en élargissant le champ de ses investigations, accomplit une mission qui aura de bons résultats. Depuis cinquante ans, en effet, on recueille des matériaux qui manquaient auparavant, et l'on prépare de la sorte une histoire générale de l'art monumental, dont ces livres usuels, qui effleuraient à peine l'architecture gréco-romaine, ne donnent aucune idée.

Au milieu de tous ces préparatifs, la question dont il s'agit est toujours pendante ; sa solution a déjà provoqué beaucoup d'efforts et de tentatives; elle préoccupe tellement les esprits que l'on peut dire que la fausse voie que l'on a suivie jusqu'à présent a pu, seule, empêcher beaucoup de concurrents d'y arriver. Depuis l'avènement de la Renaissance, qui n'a été, en définitive, que l'essai d'une nouvelle mise en œuvre de l'art antique au sein de la civilisation chrétienne, dont le génie avait pourtant rompu avec cet art en le surpassant, plusieurs des plus puissants moyens de réussite de l'art monumental moderne ont été abandonnés, et cet abandon a contribué à égarer les esprits au point de leur faire perdre de vue le véritable guide de l'inspiration artistique. D'abord le grand principe d'unité, qui gouvernait les artistes du moyen âge et qui leur donnait cette entente toute particulière de la masse générale des édifices, au moyen de laquelle ils appropriaient si heureusement chaque détail à l'ensemble et subordonnaient avec tant de tact les auxiliaires de l'architecture, tels que la peinture et la sculpture, aux lois rigoureuses de l'art monumental; ce principe d'unité, disons-nous, fut compromis par la séparation et l'isolement des spécialités des beaux-arts, quand le statuaire et le peintre cessèrent de s'identifier avec les conceptions de l'architecte et voulurent faire sortir leurs productions du cadre monumental où elles étaient placées d'une manière aussi avantageuse tant pour leur effet particulier que pour l'harmonie générale.

Puis, les anciens maîtres des œuvres, qui avaient été choisis pour présider à la direction de l'ensemble des monuments, parce que, à leur talent d'exécutants (tailleurs de pierre, maçons ou charpentiers), ils joignaient des facultés sentimentales et un esprit synthétique, ayant été remplacés par des architectes, qui n'avaient d'autre pratique que celle du dessin, il n'y eut plus d'ordonnateurs ayant l'autorité nécessaire pour relier et coordonner les diverses branches de l'art monumental. Alors, l'individualisme, qui ne produit que des choses secondaires et qui préconise les détails au détriment de l'ensemble, commença à pénétrer dans l'art. Les accessoires ayant pris une importance exagérée au détriment du principal, on réussit mieux dans l'exécution de ces fragments de l'art monumental, qui peuvent être considérés comme des meubles, à cause de leurs dimensions restreintes et de la prédominance du métier sur l'art qu'on y trouve, que dans celle des monuments proprement dits. Cela est si vrai qu'à partir de ce moment on ne produisit des œuvres appartenant réellement à cette dernière classe qu'en conservant le plan et la masse des monuments antérieurs sur lesquels on plaqua des détails antiques, comme on le voit à Paris, à Saint-Eustache, et, dans un autre genre, à Saint-Sulpice. De cette rupture de l'unité de direction dans les œuvres d'architecture il résulta une nouvelle division des deux éléments constitutifs qui, aux belles époques, ont toujours suivi une marche parallèle et accusé des progrès simultanés. La construction et la décoration furent cultivées séparément et donnèrent lieu à des spécialités qui n'eurent plus de lien commun. Il y eut, d'une part, les simples décorateurs qui prirent la fantaisie pour règle, et, de l'autre, les constructeurs industriels qui s'efforcèrent d'appliquer la science pure et dont les ingénieurs modernes sont les nobles représentants.

Aussi, quand il s'est agi de porter remède à cet épuisement de la sève de l'art que nous avons constaté d'après les aveux de l'opinion, certains décorateurs, persuadés que le vêtement de l'architecture est tout, ont cru qu'ils arriveraient à un résultat, en donnant libre carrière à tous les caprices de leur imagination ; mais comme cette faculté, féconde en rêves brillants, ne vit que de souvenirs, et ne peut, dans la réalité de l'art, que combiner des images reçues, ils n'ont réussi qu'à mêler entre eux les ornements des différents styles, c'est-à-dire à introduire dans l'art une sorte de syncrétisme qui est le signe certain de l'impuissance.

D'autres admirateurs exclusifs de la décoration antique ont voulu la prendre pour point de départ de leurs innovations, faute d'avoir réfléchi que, l'art monumental ayant accompli un progrès considérable sous l'influence du christianisme, ils s'exposaient, en ne tenant compte que de l'avant-dernier terme de la progression, à recommencer la série des travaux qui avaient abouti au dernier terme où cette progression s'est élevée. En effet, en supposant que les conditions dans lesquelles nous sommes placés maintenant eussent permis à ces décorateurs de procéder logiquement, ils n'auraient fait que retrouver les données de l'art postérieur à celui auquel ils demandaient leurs inspirations. Mais comme ils reculaient devant les conséquences naturelles du raisonnement, qui les auraient conduits à reproduire les œuvres du moyen âge, ils sont restés en route ; car on ne peut admettre que des modifications très minimes de détail, apportées dans les ordonnances des anciens, ou des lambeaux de vêtements décoratifs ajustés sans discernement aux constructions les plus diverses, puissent constituer un nouveau style et résoudre le problème d'une nouvelle architecture.

Les constructeurs ont mieux réussi dans leur spécialité. En utilisant les progrès des sciences et de l'industrie ils ont perfectionné l'art de bâtir sous le rapport économique et fait valoir des ressources nouvelles dont on peut tirer bon parti. Toutefois le squelette qu'ils ont préparé ne recevra la vie que par l'union intime de l'art, de la science et de l'industrie.

Les plus sages parmi les ordonnateurs des édifices publics, dans ces derniers temps, sont ceux qui ont pris le parti de faire de simples copies archéologiques en attendant mieux. Il y a certainement quelque chose de providentiel dans la mission qu'ils ont acceptée, car il fallait que tous les genres d'architectures, et principalement celui du moyen âge, fussent maniés de nouveau, de manière à être rendus familiers et susceptibles d'être comparés sérieusement, avant de tenter un progrès qui doit résumer tous ces genres et ajouter des perfectionnements logiques au plus parfait d'entre eux.

L'auteur est arrivé à la solution qu'il propose en s'efforçant de rétablir la question dans ses véritables termes. Certain qu'un progrès, dans quelque branche de l'activité humaine que ce soit, ne peut être qu'un accroissement de ressources et de résultats ajoutés aux ressources et aux résultats qui existent déjà, qu'un développement des œuvres qui doit réunir tout ce qui est acquis dans la spécialité et résumer la tradition, il s'est attaché à déterminer, à l'aide de l'histoire universelle, les progrès successifs qui ont eu lieu dans l'art monumental, tout en ayant soin de n'isoler jamais, dans cet examen, les deux éléments constitutifs de cet art : la construction et la décoration. De la sorte, il n'a reconnu comme termes de la progression que les phases où le progrès de l'ensemble résulte du progrès simultané dans chacune de ses parties ; et il a classé seulement comme perfectionnements de détail, les modifications ou améliorations qui ne se sont manifestées que dans l'un ou l'autre de ces éléments. Ces termes de progression une fois épuisés, il a constaté quel est aujourd'hui le dernier terme connu, ou si l'on veut celui qui marque le point le plus élevé auquel l'art monumental soit parvenu dans sa marche ascendante.

Ce degré qui n'a pas été dépassé, c'est, aux yeux de l'auteur, celui que l'art monumental du christianisme a atteint aux treizième et quatorzième siècles. Il faut se rappeler qu'il s'agit toujours des inventions capitales, marquées du sceau d'une phase de civilisation, ou, selon les termes de classification adoptés par l'auteur, des *synthèses*, qui comportent un nouveau *système* de construction et un nouveau *style* de décoration. Du reste, il n'entend pas nier les perfectionnements de détail qui ont enrichi, soit l'art de bâtir, soit l'art de décorer, depuis le moyen âge ; on verra même qu'il les utilise.

Il résulte de l'histoire des progrès de l'art monumental, que l'auteur a encadrée dans cet ouvrage, que les monuments typiques ou religieux (car c'est tout un pour ceux des premiers temps) sont d'autant plus massifs dans leur construction, qu'on remonte vers l'origine de l'architecture ; qu'au contraire, au fur et à mesure qu'on avance vers les temps modernes, les constructions s'évident et s'allégissent en même temps qu'elles dénotent une extension progressive des ressources croissantes de la science et de l'industrie. De son côté, par suite d'une corrélation logique facile à saisir, la décoration suit les progrès de l'art et chaque nouveau système de construction engendre une décoration nouvelle, vêtement de plus en plus riche et de mieux en mieux travaillé, selon que la construction qu'il doit recouvrir est plus savante.

L'architecture ogivale ayant été reconnue comme le dernier terme de la progression de l'art monumental, la logique indiquait ce qu'il y a à faire pour aller plus loin : c'est de développer à la fois le système de construction et le style de décoration qui caractérisent cette architecture, et de perfectionner l'un et l'autre dans ce que l'expérience et l'avancement des connaissances auxiliaires de cette spécialité ne permettent plus de reconnaître comme irréprochable. Or, l'auteur, qui a été appelé à construire une église ogivale en 1845, se trouvait placé dans des conditions favorables pour entreprendre ce travail sans se heurter contre l'écueil des préventions communes. Si ses études approfondies sur la théorie de l'art en général, et sur l'essence de l'art chrétien en particulier, ont porté au plus haut point son admiration pour l'architecture ogivale, elles ont aussi empêché cette admiration d'être aveugle, et c'est parce qu'il apprécie l'art chrétien comme il mérite de l'être, qu'il veut le continuer en renouant le fil de la tradition que la Renaissance a rompu. Il s'abuse si peu qu'il ne pense pas, sauf le parti qu'il a tiré de quelques ressources nouvellement acquises pour l'exécution, avoir fait autre chose que ce que les successeurs des maîtres du moyen âge auraient fait eux-mêmes, si la réaction de l'antique n'avait déterminé un temps d'arrêt dans le développement de l'architecture chrétienne. Qui pourrait soutenir, en effet, que cette architecture, qui avait fait des progrès si rapides depuis le dixième siècle jusqu'au quinzième, n'aurait pas continué à en faire, si elle n'eût pas été abandonnée par suite du même affaiblissement de l'inspiration religieuse, qui, en autorisant les licences artistiques de la seconde moitié du quinzième siècle, donnait gain de cause aux prôneurs de l'antique?

Il y avait donc deux choses à faire avant de procéder à l'invention : en premier lieu, résumer les tendances du progrès dans l'art monumental; en second lieu, reconnaître les *desiderata* que dénotent les produits les plus avancés de cet art, afin de rechercher quels sont les moyens dont on dispose aujourd'hui pour les faire disparaître.

En ce qui concerne le premier point, on a déjà vu que l'histoire du progrès dans la construction avait révélé à l'auteur la tendance générale de l'amoindrissement graduel de la quantité de matière employée dans la partie solide des édifices, correspondant à un accroissement de l'évidement interne de leurs masses; ou, en d'autres termes, de l'augmentation progressive des vides par la diminution des pleins. La généralité de cette tendance contient virtuellement toutes les inventions et tous les perfectionnements qui ont fait avancer l'art de bâtir, tels que la plate-bande, l'arc, la voûte, etc., ainsi que la succession des apports faits à cet art par la science de la mécanique, depuis la simple application de la pesanteur des corps solides, jusqu'à celle de la stabilité par l'équilibre, depuis le plan incliné qui servait à amonceler et à superposer les pierres des constructions primitives, jusqu'aux machines qui furent mises en œuvre pour établir les voûtes légères et élancées de la construction ogivale.

Quant à la tendance de la décoration, il serait trop long de l'expliquer; aujourd'hui, d'ailleurs, que les notions de l'archéologie font partie de l'instruction de la jeunesse, tous ceux qui ont feuilleté quelques-unes des collections qui sont dans toutes les mains et qui ont comparé entre eux les *motifs* de la décoration égyptienne, grecque, romaine, byzantine, romane et ogivale, ont une idée de la marche de cette spécialité.

Relativement au second point, c'est-à-dire aux perfectionnements à introduire aujourd'hui, il est essentiel de distinguer d'abord, dans le système le plus avancé, c'est-à-dire dans le système ogival, ce qui constitue le caractère distinctif, la base d'invention de ce système, de ses conséquences secondaires et des accessoires fâcheux qu'on a subis à l'origine pour le réaliser.

Après avoir utilisé d'abord, pour leurs besoins nouveaux, ceux des édifices antiques qui s'y prêtaient le mieux, c'est-à-dire les basiliques, les chrétiens ne cessèrent de poursuivre la création de l'art monumental qui devait être l'expression de leur croyance et la manifestation du triomphe de la doctrine nouvelle sur les idées anciennes. Enfin, tout ce que l'antiquité avait produit en fait d'art ayant été résumé d'une part dans l'art latin, et de l'autre dans l'art byzantin, et ces deux éléments ayant été combinés dans une dernière fusion, la synthèse chrétienne fut formulée, et l'art monumental chrétien arriva au terme de son enfantement avec le système roman, pour s'élever bientôt à son apogée avec le système ogival.

Maintenant il est aisé de voir que nos cathédrales du treizième siècle offrent la solution complète du problème de l'art monumental moderne. Sous le rapport de la construction, on y trouve tout d'abord une invention capitale, qui met un abime entre elles et les monuments antérieurs à la synthèse chrétienne; c'est celle de l'*ossature* du système ogival qui existait en germe dans le système roman.

Jamais auparavant la stabilité des monuments n'avait eu pour unique base ce squelette de côtes solides, qui reçoit comme garnitures d'immenses vitrages pour les clôtures et de légers panneaux de voûtes pour les fermetures supérieures. Nulle part ailleurs on ne trouve ces arcs-nervures croisés diagonalement qui renforcent les intersections des voûtes d'arête et qui sont le véritable fondement du système ogival, comme leur ancien nom, maintenant connu, de *croisées d'ogives* (ou d'*augives*) l'atteste. C'est cette admirable disposition qui a fourni aux constructeurs chrétiens la solution du problème qu'ils poursuivaient et qui leur a permis de réaliser matériellement la signification du mot *église*, qui veut dire assemblée des fidèles. Par elle, ils obtinrent en effet l'immensité et l'élancement, qui satisfont aux besoins du symbolisme le plus élevé de la religion chrétienne en même temps qu'à ceux de la liturgie consacrée et de l'hygiène bien entendue. La grandeur du résultat obtenu démontre la puissance du mobile en vertu duquel ces constructeurs travaillaient, quand on songe avec quel bonheur ils ont résolu, par la seule impulsion du sentiment, les plus difficiles problèmes de la géométrie descriptive, qui n'a pourtant été formulée en corps de science que par l'illustre Monge.

En résumé, les nombreuses marques de supériorité que porte le système ogival ne permettent pas de douter qu'il ne soit le plus avancé de tous ceux connus; il surpasse ceux qui le précèdent et n'a été surpassé par aucun autre dans les constructions exécutées depuis. Ce système est encore celui au moyen duquel on peut produire les plus grands édifices avec le moins de matière.

L'invention de l'ossature étant le sceau de l'art monumental moderne, le principe de fécondité qui contient virtuellement tous les progrès futurs, il est évident que loin d'abandonner cette invention, il faut s'efforcer de la perfectionner et de la développer.

Malgré son enthousiasme pour le système ogival, ou plutôt à cause de cet enthousiasme même, l'auteur reconnaît que c'est avec raison que des critiques éclairés ont condamné les arcs-boutants isolés, dont les grands édifices construits selon ce système sont hérissés. Il est évident, en effet, que ces soutiens comportent deux sortes d'inconvénients : sous le rapport de l'aspect, la sensation qu'ils produisent se traduit à l'esprit par l'idée d'une forêt d'étais qui, de certains points de vue, masque presque entièrement l'ordonnance des fenêtres; sous le rapport de la conservation des édifices, l'expérience a démontré que ces parties maigres, essentielles à la stabilité et exposées aux injures du temps, se détruisent promptement et compromettent par leur affaiblissement la durée des constructions qu'elles appuient. C'est de là qu'est venu l'élargissement, par le haut, qu'on remarque dans la presque totalité des grandes nefs des églises romanes, dont les voûtes étaient généralement garnies d'arcs-doubleaux trop lourds, et dans plusieurs grandes nefs d'églises ogivales, où cependant les arcs-doubleaux sont mieux proportionnés. La reconstruction des arcs-boutants de l'abside de la cathédrale de Paris, qu'on a été obligé d'entreprendre lors de sa restauration, et le hors d'aplomb des latéraux de la grande nef de cette basilique, viennent à l'appui des reproches dont les appendices dont il s'agit ont été l'objet.

L'auteur est persuadé que les constructeurs du moyen âge eux-mêmes n'avaient subi ce reste d'impuissance que dénote l'emploi des arcs-boutants, que comme moyen transitoire. Il est vrai qu'il n'était pas facile à effacer avec les seules ressources de la pierre et qu'il fallait pour y parvenir avoir recours à un élément constructif qui n'était pas alors à leur disposition.

Il professe la même opinion à l'égard de la double construction qui résulte de la superposition énorme des combles aux voûtes, et qui donne lieu à un mensonge en architecture, par la différence qu'elle apporte entre la forme externe et la forme interne des édifices, mensonge qui entraîne en outre un surcroît de dépense que l'économie industrielle de l'art de bâtir n'autoriserait qu'en faveur d'un résultat tout opposé. En admettant l'hypothèse émise ci-dessus, l'auteur pense qu'on aurait d'autant plus facilement corrigé ce défaut qu'on trouvait dans une catégorie des édifices chrétiens de l'art byzantin des essais de ce genre dont on pouvait tirer parti. Ces édifices orientaux, dont il a été fait plus tard des imitations à Venise et même en France, sont dénués de combles et offrent des parties de voûtes couvertes sur leur extrados. Il est vrai qu'indépendamment de l'appropriation qu'il y avait à faire de ces couvertures à notre climat, il y avait encore une autre difficulté à vaincre. Les voûtes en question, qui marquent la transition entre les voûtes romaines et les voûtes ogivales, encore pleines et lourdes, n'avaient pu couronner que des édifices de petite dimension. On ne pouvait les appliquer à des monuments de l'importance de nos cathédrales qu'en les traitant avec les ressources de l'ossature ogivale, et comme cette belle invention était dédaignée et méconnue par les constructeurs de la Renaissance, le perfectionnement qu'on pouvait effectuer alors fut remis à un autre temps.

On comprend qu'on ne peut s'occuper ici des autres points de détail sur lesquels l'architecture ogivale laisse à désirer, quand on l'examine avec les connaissances de notre époque. Les deux *desiderata* qui viennent d'être signalés priment tout, ils entraînent, comme conséquences, un certain nombre de corrections secondaires, comme celle de l'effet visuel des extérieurs qui, par la complication des détails, ne répond pas à la magnificence de la perspective des intérieurs.

Le style de décoration, qui a complété le système ogival, n'a pas dérogé à cette loi de corrélation dont il a été parlé. Largement empreint du même progrès qui s'est manifesté dans la construction, il a montré une originalité et une puissance incomparables. Le parti que les artistes du moyen âge ont tiré de la flore locale dans la sculpture d'ornement et des verres peints pour augmenter la magnificence des édifices, peut être considéré comme une invention équivalente à celle de l'ossature, invention qui suffit à établir une ligne de démarcation bien tranchée entre le style ogival et les styles antérieurs. Toutefois, par cela même qu'elle découle de la construction, cette décoration en partage les défauts en plusieurs points. On conçoit aussi qu'elle soit, dans tout ce qui concerne les procédés d'exécution, au-dessous de ce qu'on pourrait faire aujourd'hui, en supposant qu'on fût en possession de la force du sentiment qui est la première condition de la puissance.

On sait maintenant comment l'auteur a procédé pour faire progresser l'art monumental sans rompre avec la tradition. Partir de l'architecture la plus avancée qu'on connaisse en art et en construction, c'est-à-dire de l'architecture gothique, conserver la légèreté qui lui est propre, développer le principe de l'ossature sur lequel elle repose, supprimer les arcs-boutants qui lui nuisent, enlever toute disposition mensongère dans la forme et utiliser les nouvelles ressources que fournit l'industrie moderne pour la construction. Tel a été son programme [1].

Nous regardons comme démontré, qu'il est indispensable de posséder la connaissance de l'art architectural du moyen âge pour mériter désormais le titre d'architecte. Il est certain que, bientôt, l'École d'architecture qui sera véritablement *classique*, sera celle qui fera prédominer dans son enseignement le gothique sur l'antique. La ligne de démarcation entre le rôle de l'architecte et celui de l'ingénieur, qui a donné lieu à tant de discussions oiseuses, doit être déterminée par la possession des connaissances historiques et artistiques qui distingueront le premier, tandis que l'acquisition de celles des procédés scientifiques et industriels singularisera le second. Quoi qu'il en soit, il y aura toujours un point de contact entre ces deux agents de l'art de bâtir : la mission de l'architecte consistant à créer des formes architecturales, non par la simple copie, mais bien par la fusion des types historiques, en utilisant les éléments constructifs préparés par l'ingénieur. Malheureusement, à l'heure qu'il est, l'enseignement désirable pour les élèves architectes n'est pas suffisamment organisé sous ce rapport. Il leur manque encore un *traité purement scolaire* de l'architecture gothique. Espérons que le maitre en état de combler cette lacune, et que nous invoquons, ne tardera pas à faire son apparition. Il y a là une place bien honorable à prendre.

1. *Nouvelle forme architecturale*. Principes qui ont guidé l'auteur. (Voir, pour les applications, les planches de la VIe partie).

CINQUIÈME PARTIE

RECRUDESCENCE DE L'INVENTION ARCHITECTURALE SUSCITÉE PAR L'AVÈNEMENT DE L'IMMIXTION EFFECTIVE DU FER DANS LA CONSTRUCTION

I

Comme on l'a vu, l'architecture de notre époque sera marquée d'une particularité unique dans l'histoire ; car c'est la seule à laquelle ait été imposée la tâche d'imiter et de reproduire l'architecture de tous les temps et de toutes les civilisations, avant d'arriver à formuler un nouvel art monumental qui lui appartînt en propre.

Si, en effet, il y a toujours eu des voyageurs et des archéologues pour visiter et décrire les produits architecturaux anciens ou étrangers, si l'on connait des nations qui ont adopté, continué et développé les systèmes de construction ou les styles de décoration de nations antérieures, mais plus avancées sous le rapport du progrès, jamais on n'a vu, dans un centre de civilisation, s'élever côte à côte et simultanément, comme cela se fait aujourd'hui, des édifices copiés n'importe où, sur des modèles créés en vertu des principes les plus divers et les plus opposés.

Cette imitation, en architecture monumentale, a commencé à l'époque dite de la Renaissance; mais, pendant trois siècles, elle a borné ses emprunts à l'art gréco-romain, qu'elle a exploité en y introduisant des modifications souvent heureuses. Jusque vers le milieu du siècle actuel, elle méconnaissait et dédaignait encore la puissance de progrès contenue dans l'art chrétien du moyen âge. Ce n'est que de nos jours, après avoir épuisé les ressources insuffisantes de la galvanisation des restes de l'antiquité païenne, que l'imitation architecturale a cessé d'être exclusive, en exécutant d'abord, avec raison, des copies des précieux originaux du siècle de saint Louis, pour se laisser aller ensuite au cosmopolitisme dans la recherche des types, à l'éclectisme dans l'emploi des détails.

La quantité extraordinaire et la diversité frappante des édifices érigés en France, notamment à Paris, depuis 1852, par suite de l'impulsion énorme donnée aux travaux de construction, ainsi que la multiplicité des types qui ont été exhibés aux expositions universelles de 1867 et de 1878, dans la spécialité des productions architecturales, ont manifesté d'une manière éclatante la tendance de notre époque à faire une revue pratique de l'architecture de tous les âges. A l'heure qu'il est, cette tendance active est parvenue à discréditer les écoles exclusives, et à introniser dans l'art monumental une liberté telle, que quelques-uns sont tentés de la regarder comme de l'anarchie. Évidemment, des efforts collectifs aussi remarquables, si inconscients qu'ils paraissent, sont l'indice d'une loi générale et d'un but providentiel : ils sont les prodromes de l'éclosion d'un art nouveau.

Telle est, en effet, la conclusion que les esprits clairvoyants doivent tirer de ce fait insolite et sans précédents dans l'histoire de l'art. Elle a été exprimée comme il suit par un de nos philosophes modernes, qui a émis des idées aussi nouvelles que fécondes sur les éléments physiologiques du sentiment de l'art, idées que j'ai déjà évoquées. « Notre siècle, en fait d'art, dit Buchez, est comme un écolier qui, avant de produire lui-même, se met à revoir ses maîtres, qui étudie avant de se livrer à l'invention, et qui en cela fait bien. »

Ces paroles, qui s'appliquaient à l'art en général, sont devenues prophétiques en ce qui concerne particulièrement l'architecture. Écrites il y a une quarantaine d'années, elles annonçaient un nouveau programme d'études théoriques, qui ont abouti depuis à la réalisation pratique.

L'invention en architecture, tel est donc le but qu'on cherche à atteindre par la recherche de tous les modèles et la fusion de tous les éléments architectoniques, dont on a constaté la mise en œuvre dans les constructions récentes.

Il s'agit bien, en effet, de mettre un terme à l'anomalie tant reprochée à notre siècle, d'être le seul qui n'aurait pas ce qu'on appelle communément un style caractéristique d'architecture, c'est-à-dire un sceau monumental de son génie particulier, à apposer sur les tablettes de l'histoire. En reproduisant tous les types, ainsi que les diverses modifications de l'architecture, comme il vient d'être dit, les architectes, nos contemporains, ont fait plus que de préparer l'invention, ils l'ont fait éclore à l'état latent. Le travail à faire maintenant consiste à la mettre en lumière, à la définir, à en trouver la formule, de manière à imposer un principe d'unité architectonique aux œuvres futures.

II

A part les *tumulus* que les hommes des premiers âges et ceux qui sont restés à l'état primitif ont formés avec de la terre, la matière fondamentale des monuments élevés depuis l'origine des civilisations jusqu'à nos jours a été la pierre.

Pour ne pas laisser de doute sur ma pensée, je dois faire remarquer que, sous cette dénomination, je comprends aussi bien la pierre proprement dite, substance minérale, solide et incombustible, de formation géologique, que la pierre factice obtenue, soit au moyen de terre argileuse cuite, soit par une concrétion de mortiers ou ciments et de fragments de corps solides.

L'influence de la matière qui sert de base à la construction sur la forme artistique de l'architecture, est si bien reconnue qu'il serait superflu de s'appliquer à la mettre en évidence. Sans répéter, non plus, les arguments décisifs accumulés contre la *théorie* de la cabane, origine supposée du temple grec, dont les éléments constructifs se trouvent dans les monuments beaucoup plus anciens de l'Asie, de l'Orient et de l'Égypte, on peut néanmoins admettre qu'il existe dans les formes de l'architecture de ces diverses contrées une lointaine réminiscence de l'emploi primitif du bois comme matière première des constructions.

En effet, les constructeurs primitifs, ayant d'abord trouvé facilement des matériaux dans les forêts luxuriantes dont le globe était couvert, il était tout naturel qu'ils aient employé les troncs d'arbres qui n'exigeaient à la rigueur qu'une hache, et si l'on veut, une scie, pour être mis en œuvre, avant de songer à extraire, transporter, puis tailler à grand'peine des blocs de pierre. On conçoit très bien aussi que lorsqu'ils ont commencé à recourir à la pierre, ayant à leur disposition des échantillons de cette matière doués de résistance à la rupture, ils aient remplacé, en l'imitant, leur système de montants et traverses en bois, avec des monolithes encadrant un vide de baie de la même manière. Cependant cette imitation, restreinte elle-même, ne rappelle que d'une manière lointaine le système de constructions en bois ; car, avec la pierre, la forme artistique prend immédiatement un nouveau caractère de massiveté, les qualités du bois ne se trouvant pas dans la pierre sous le même volume ; d'un autre côté, si l'on veut que l'architecture monumentale soit l'imitation de la construction en bois, pourquoi la voir plutôt dans le système de la cabane, composée de montants et de traverses avec remplissage en torchis, que dans cet autre système de cabanes composées de troncs d'arbres couchés, superposés et reliés en retour d'équerre, avec calfeutrement de mousse, que les peuples civilisés du nord de l'Europe, pratiquent encore de nos jours sur une grande échelle ? Les propriétés particulières du bois et son abondance locale étant données, le second système est assurément aussi rationnel que le premier. En définitive, s'il y a, dans la forme des constructions en pierre, une réminiscence de l'exécution en bois, dans l'apparence, l'influence se borne là, mais les monuments en pierre ne sont pas des imitations entières de la structure, d'ailleurs bien imaginaire, de la cabane, comme on l'a prétendu[1].

Une fois la pierre admise, selon qu'elle est calcaire, siliceuse, granitique, argileuse, gypseuse, volcanique ou factice, elle donne lieu à une foule de combinaisons appropriées à sa nature, et par suite à une diversité de formes artistiques particulières. En prenant pour exemple les deux extrêmes, qui n'a remarqué combien le caractère artistique d'un édifice élevé en briques de petites dimensions diffère de celui d'un édifice construit en pierres de grand appareil ? Il ne s'agit point ici, bien entendu, de ces simulacres mensongers, où la matière réelle de la construction est déguisée d'une manière puérile.

Il a été démontré que la création des monuments significatifs est provoquée par le besoin des populations de manifester leurs sentiments religieux et moraux au moyen d'un langage plastique dont le génie procède des arts libéraux et l'écriture palpable des arts industriels.

1. J. H. Hassenfratz, dans son *Traité de l'art du charpentier*, dédié au premier consul en 1804, donne les figures de trente-trois modèles différents de cabanes, alors explorées, et on en a relevé bien d'autres depuis.

« Tout monument élevé par la main des hommes », dit Gabriel Laviron « soulève naturellement la fameuse question du livre de Josué : *Quid sibi volunt isti lapides?* »

On peut se faire une idée de la multiplicité de combinaisons et de formes produites au moyen de la construction en pierre, en compulsant les collections, aujourd'hui assez complètes, de gravures, photographies, dessins, etc., représentant ce qui nous reste des monuments architecturaux de toutes les époques et de tous les pays, qui ont échappé à la destruction du temps et à l'action encore plus funeste de la fureur des hommes. (Voir le *Tableau Synoptique.*)

Cependant, quelle que soit la fécondité de ce principe de combinaisons, comme il est évident qu'elle doit subir la loi qui interdit à l'homme d'atteindre l'infini dans ses œuvres, on doit admettre qu'elle puisse s'épuiser. Or, en considérant l'impuissance qu'ont révélée les essais tentés de nos jours pour la rénovation de l'architecture en pierre, tout porte à croire que sa fécondité est épuisée.

III

J'ai déjà fait allusion à l'entrain dont la ville de Paris a particulièrement fait preuve en ce qui concerne les prétentions du dernier Empire. En tenant compte de la volonté bien arrêtée de se distinguer, qui donnait l'impulsion, on comprend qu'on se soit flatté de faire surgir un genre d'architecture nouveau et distinctif, ou, comme l'on dit, un style caractéristique du règne. Ce vif désir a été, en effet, insinué dans les instructions données aux architectes officiels, qui se sont efforcés d'y répondre. Néanmoins, malgré l'habileté incontestable des maîtres chargés d'interpréter le programme rêvé, il n'est résulté de leurs efforts que cette collection d'imitations des différents types de monuments connus, dont il a été parlé; collection qui, par sa diversité, a bien établi la consécration du privilège, récemment conquis, de la liberté dans l'art, mais qui n'a pas fourni la solution, attendue avec impatience, du problème de l'invention.

En voyant une si grande dépense de talent et d'argent aboutir à un si mince résultat, on ne saurait douter que si les architectes ont été réduits à l'impuissance, c'est qu'ils se sont égarés dans une fausse voie. Si la prétention d'éclipser les autres règnes en architecture, n'a pu être soutenue, malgré l'abondance des ressources intellectuelles et budgétaires, cela vient de ce qu'on n'a pas su résister à la force de la routine. Ne voulant pas reconnaître que les combinaisons inhérentes à la pierre, comme matière fondamentale des monuments, étaient épuisées, on a persisté à vouloir en tirer des effets nouveaux, sans s'apercevoir qu'on devait au contraire, pour atteindre le but proposé, étendre l'usage d'un nouvel élément constructif dont l'emploi, essayé d'une manière restreinte par l'architecture moderne, a pourtant déjà donné d'heureux résultats.

Par suite de la diversité des doctrines sur l'art et de celle des manières de voir et de sentir qu'a engendrées l'individualisme qui caractérise notre époque de transition, chaque architecte, prenant toujours la construction en pierre ou en bois pour point de départ, a cru échapper à la banalité pseudo-antique, en s'inspirant de tel ou tel type original, le plus en harmonie avec ses goûts individuels. Et comme les beaux modèles de tous les temps, ne doivent leur perfection qu'à la faculté qu'ont eue leurs auteurs de s'identifier au plus haut point avec le génie de leur époque, les exigences de nos idées, de nos besoins et de nos mœurs n'étant plus les mêmes, il ne pouvait résulter de l'imitation de leurs œuvres, faite par des artistes placés dans un milieu tout différent, que des copies plus ou moins bien réussies, mais supportant difficilement la comparaison avec les originaux.

En faisant la revue des édifices modernes, on verra combien on a dû, pour les enfanter, mettre à contribution de systèmes de construction et de styles de décoration, et ce qui en est résulté. En attendant, qu'il me soit permis, à l'appui de ce que j'avance, de noter le jugement que l'impression produite par quelques édifices a dicté au public, ce juge naturel du mérite des monuments qui doivent répondre aux aspirations de ses facultés d'émotion esthétique autant qu'aux exigences de ses besoins usuels. Si l'on remonte au temps de la Restauration, on ne doit pas être étonné que le public ait été frappé de la monstruosité des églises de Bonne-Nouvelle et de Saint-Pierre du Gros-Caillou. Pourtant le sieur Godde, atteint et convaincu de ces méfaits architectoniques, s'enorgueillissait alors d'être l'architecte en chef de la ville de Paris; ce qui ne fait pas honneur à l'édilité du temps.

C'est surtout pour les œuvres d'art qu'on doit préférer la qualité à la quantité; et, Dieu merci, notre époque n'est pas entièrement déshéritée à ce point de vue; des artistes assez bien inspirés pour sortir des sentiers battus ont encore fait briller d'une dernière lueur l'architecture procédant de la pierre, dans la composition de plusieurs édifices, qui, de l'aveu du public, pourraient suffire à sa gloire. Tels sont : l'Arc de triomphe de l'Étoile, d'une majesté colossale dans sa masse et d'une harmonie parfaite dans ses détails[1]; le complément occidental du Palais de Justice, qui a valu à l'architecte, M. Duc, une récompense justement décernée à l'unanimité; les bâtiments neufs du Conservatoire des Arts-et-Métiers, qui résolvent le problème de la réalisation du beau par la simplicité; la caserne municipale de la rue de la Banque, qui mériterait d'être située sur des voies d'une largeur plus favorable à la vue de ses belles façades : l'église de Ménilmontant, aussi bien réussie sous le rapport des combinaisons constructives et des proportions que sous celui de la décoration; et d'autres dont j'ai eu l'occasion de faire ressortir ailleurs les mérites, tels que la cathédrale de Marseille et le palais de Longchamps de cette ville[2].

Le public qui admire franchement ces édifices, fait à l'égard de plusieurs autres des réserves appuyées sur des comparaisons. Ainsi, en prenant quelques exemples de monuments, ses impressions peuvent être résumées comme il suit :

A *Sainte-Clotilde*[3] les flèches n'ont pas la netteté d'assiette et la ravissante silhouette de celles des églises gothiques (Chartres, Senlis, Étampes, Strasbourg, Fribourg en Brisgau, etc.), et

1. Il faut espérer que l'exécution de la maquette en plâtre qu'on a essayée, sous prétexte de couronner cette œuvre magistrale, n'aura pas lieu. Ce fouillis de figures et de chevaux, d'une silhouette sans netteté, peu comprise pour cette élévation, est jugé. Espérons qu'en tous cas, on ne persistera pas à faire caracoler des chevaux là-haut.

2. Si je ne devais pas me borner à ne citer que des monuments en pierre, j'aurais à ajouter à cette première liste l'admirable colonne de Juillet, en bronze.

Dans la classe des travaux publics, il est aussi des œuvres recommandables, telles l'aqueduc de Roquefavour, dont le caractère de grandeur dépasse ce que les Romains ont fait de mieux.

3. La construction de cette église a été commencée, il est vrai, avant le dernier règne, mais l'érection des flèche et ce qui se rapporte à l'effet artistique et au style lui appartiennent.

dans l'ensemble de la même église on ne retrouve ni cette hardiesse de profils ni cette souplesse de détails familières aux anciens maîtres des œuvres.

A *Saint-Augustin*, le dôme (selon l'acception italienne du mot) n'a pas l'empatement pyramidal, l'élancement majestueux et les contours harmonieux de celui de l'hôtel des Invalides, un des meilleurs du genre. Le portail n'a ni la grandeur provenant du contraste des subdivisions, ni la vigueur des reliefs de ceux des transepts de Saint-Eustache. De la convergence oblique des murs latéraux vers le portail il résulte une perspective à rebours, un aspect de grosse borne qu'aucune œuvre des anciens maîtres n'autorise.

A la *Trinité*, où l'on remarque des détails pleins d'art, la nef unique, obstruée dans sa partie médiane et insuffisamment éclairée, n'a pas le caractère religieux, l'unité grandiose et la perspective puissante de celle de Sainte-Cécile d'Alby. La façade n'a pas le mouvement accentué de saillies et de retraites qui jette de si belles masses de lumière et d'ombre sur les meilleurs frontispices de la Renaissance.

A *Saint-Pierre* de Montrouge, l'intérieur n'ayant pas le grand cachet d'archaïsme que donnent à la chapelle palatine de Palerme les mosaïques magistrales, les marbres précieux et les verroteries brillantes dont ses parois sont couvertes, ni l'agrément d'une coupole, il n'y a plus là, pour ainsi dire, qu'un fantôme de l'original, ne justifiant en rien le choix d'un type exceptionnel que nous n'avons plus les moyens de réaliser. La tour parallélépipède de cette église, ainsi que la tour cylindrique de l'église d'Auteuil, toutes deux dénuées d'accents, n'ont pas l'aspect si heureusement mouvementé des tours de Saint-Front de Périgueux et de Saint-Michel de Dijon.

A l'*Opéra*, le frontispice avec ses compartiments sans oppositions, en figure de damier qui rapetisse, et son soubassement rappelant une casemate, n'a pas le grandiose de la colonnade du Louvre et de celle du Garde-Meuble, comparaison que fait oublier, il est vrai, la création de détails décoratifs d'une grande valeur, dont quelques-uns exécutés en métal.

Sans allonger davantage la liste des verdicts du public, on peut tirer un enseignement suffisant de ses jugements sur ces monuments pris pour exemples, à cause de la grande différence du choix des types auxquels ils ont été empruntés, et de l'abondance des ressources d'exécution qui ont été mises à la disposition de leurs auteurs, dans l'espoir qu'ils soutiendraient les prétentions élevées par l'édilité parisienne. Cet enseignement critique montre, qu'en demandant des inspirations aux beaux modèles du passé, créés dans des conditions toutes différentes de celles où nous nous trouvons, on s'expose fort, quel que soit le talent que l'on déploie, à rester au-dessous des originaux, et à donner lieu à des comparaisons fâcheuses. Enfin, de cet enseignement et de la démonstration qui le corrobore, en ce qui concerne l'épuisement des combinaisons propres à la pierre comme matière unique des édifices, on doit conclure qu'il faut abandonner une voie sans issue, renoncer à copier servilement les flèches, les dômes, les campaniles ou les basiliques d'un temps qui n'est plus, et recourir à une de ces ressources auparavant inaperçues, que le progrès, en vertu de son action providentielle, révèle en temps utile « aux hommes de bonne volonté » qui ont travaillé à l'avancement des connaissances humaines. On arrivera alors à reconnaître que de l'utilisation de la ressource qui nous est actuellement offerte on peut tirer une architecture de notre cru, qui engendrera nécessairement des formes assez différentes de toutes les formes connues pour échapper aux comparaisons difficiles à soutenir.

Or il n'est pas question aujourd'hui d'évoquer du néant une architecture de toutes pièces, les éléments de sa formation se sont déjà révélés : il ne s'agit que de reconnaître la richesse de leur gisement et de les exploiter, en les soumettant à toutes les combinaisons que leurs propriétés contiennent virtuellement. Il est à remarquer que, lorsque le temps d'un progrès transformateur est arrivé, la Providence fournit toujours, comme auxiliaires, des ressources nouvelles pour en accélérer la réalisation.

Quand les navigateurs furent assez exercés pour être appelés à retrouver un monde ancien, que la jeune Europe a regardé comme un nouveau monde, ils trouvèrent la boussole pour leur servir de guide dans leurs explorations.

Quand les penseurs d'une longue suite de générations eurent formé un dépôt d'écrits sur les connaissances humaines, assez considérable pour que les copistes ne pussent suffire à le mettre à la portée de tous, l'invention de l'imprimerie permit d'étancher la soif de l'instruction et de faciliter la diffusion des lumières.

Quand notre siècle a eu reçu la mission de redoubler les efforts de ses devanciers, afin de rapprocher les hommes et de fondre la variété des aptitudes des nationalités diverses dans l'unité finale proposée comme but à l'humanité, il a découvert les propriétés de la vapeur et de l'électricité pour supprimer les obstacles de l'espace et du temps.

De même, notre siècle ayant été appelé à renouveler l'architecture en mettant, à force d'études et d'essais, un terme à l'épuisement des facultés génératrices de cet art, notre dix-neuvième siècle a trouvé, à point nommé, à sa portée, les progrès de l'industrie des métaux pour l'aider à transformer, non seulement l'économie des constructions d'utilité industrielle, mais encore les formes artistiques de l'architecture monumentale.

En attendant que l'industrie sidérurgique ait résolu les problèmes posés aux inventeurs au point de vue de la fabrication économique et pratique, tels que ceux du façonnage du fer à l'état liquide et de l'alliage propre à le rendre inoxydable, ce qui ne saurait tarder, vu la concentration des efforts qui se portent sur ce point, les améliorations qu'elle a déjà obtenues, parmi lesquelles on compte l'abaissement du prix de l'acier, permettent de poursuivre la révolution qui s'accomplit dans la construction architecturale.

IV

Le fer qui, dès son apparition, au sortir de l'âge de la pierre polie, a fourni à l'homme ses instruments de travail comme ses engins de destruction[1], n'était jusqu'ici employé que d'une

1. Parmi les méthodes de fabrication du fer et de l'acier, celle que les auteurs décrivent sous le nom de *méthode indienne* remonte à une haute antiquité. M. Jules Garnier, dans son livre *le Fer*, qui fait partie de la *Bibliothèque des merveilles* (Hachette), donne la figure d'un monument que M. L. Rousselet a photographié dans les campagnes de Delhi. C'est une colonne de fer forgé de sept mètres de hauteur et de quarante centimètres de diamètre, moulurée par le haut, dont la base s'enfonce dans le sol à une profondeur égale à la partie visible. Ce monument de fer pèse environ 14 000 kilogrammes. et c'est en l'année 317 de notre ère qu'il fut érigé.

manière très accessoire dans les constructions ; maintenant, au contraire, en se substituant peu à peu, comme matière fondamentale, à la maçonnerie, réduite elle-même à remplir un rôle secondaire, le fer, sous ses différentes formes, devient par la force des choses le principe générateur de l'invention en architecture.

Cela tient aux propriétés exceptionnelles et aux ressources de production qu'il offre, comparé aux autres métaux. En effet, la substance minérale appelée par les chimistes oxyde de fer donne lieu, après sa réduction, à trois produits différents, selon leur teneur en carbone, savoir : le *fer* malléable de forge, qui se soude et ne se trempe pas ; l'*acier*, qui se trempe et ne se soude pas, et la *fonte*, qui se coule et se moule, et n'est pas malléable ; autant de dérivés du même métal qui constituent ce qu'on appelle *la trinité du fer ;* aussi sous ces trois états ce métal est-il enfin devenu un élément constructif de premier ordre.

Admis d'abord dans les constructions d'utilité publique, qui sont le plus ordinairement du ressort des ingénieurs, il n'a été introduit que plus tard, et avec une certaine timidité, dans la composition des édifices élevés par les architectes. Son application à la partie la plus essentielle des monuments de premier rang, celle des voûtes, qui fait valoir au plus haut point les avantages de la substitution du fer à la pierre, ne date que de quarante années. Enfin, il reste aujourd'hui à produire des exemples de monuments, notamment de monuments voûtés, dont la composition architectonique soit basée sur l'utilisation rationnelle du fer comme matière fondamentale de la construction.

La conformité parfaite de l'emploi du fer avec les tendances du progrès dans l'art monumental sera mise en évidence dans la suite de l'ouvrage ; mais avant d'aller plus loin, je crois qu'il est bon de la signaler par anticipation.

Comme je l'ai dit plus haut, lorsque l'on compare entre eux ceux des monuments construits depuis l'antiquité jusqu'à nos jours, qui doivent être considérés comme les types de l'art monumental, on reconnaît que le progrès en construction est marqué par une décroissance constante dans la *massiveté*, ou par une diminution croissante de la matière qui forme la partie solide ou les pleins de la construction ; chacun peut en effet mesurer la distance qu'il y a entre les monceaux de terre et les amoncellements de pierres qui constituent les monuments primitifs (tumuli ou pyramides), quelquefois ornés de simples gradins (*Teocalli mexicains*) et autour desquels les cérémonies du culte avaient lieu à ciel découvert, et nos cathédrales ogivales, vastes, élancées, dégagées à l'intérieur, luxuriantes d'ornementation et dont les voûtes hardies abritent tous les fidèles, depuis le pontife suprême jusqu'à l'humble manouvrier.

Il est certain que le fer, par sa nature, a tout ce qu'il faut pour favoriser le progrès qui tend continuellement à faire profiter l'espace utile des édifices de l'élégissement des points d'appui et des substructions. Et comme, dans tout progrès réellement fécond, il y a un enchaînement logique qui fait que du perfectionnement de l'objet principal d'un art découle le perfectionnement de ses objets secondaires, il s'ensuit que le fer complète aussi le progrès dans l'architecture monumentale, par l'économie qu'il procure dans la construction des édifices, économie qui est surtout considérable lorsqu'il s'agit des édifices voûtés.

Ici, je suis obligé de signaler de nouveau une illusion qui obscurcit la question de l'économie aux yeux d'un certain nombre de personnes.

On croit généralement qu'en fait d'architecture artistique, la recherche de l'effet monumental et l'économie sont deux termes qui s'excluent forcément. Il semble qu'on ne puisse produire un monument proprement dit, qu'à la condition d'avoir le trésor public à sa disposition, et, selon l'expression consacrée, de ne point regarder à la dépense. Cette supposition, peu flatteuse pour les architectes à qui elle dénie une des capacités indispensables à l'exercice de leur profession, celle d'administrateur, a été entretenue dans ces derniers temps par divers organes de la publicité, lorsque la réaction en faveur de l'architecture gothique s'est prononcée.

L'éblouissement causé par les éloquents avocats de la réhabilitation de cette architecture a fait oublier que le vrai mérite de l'art de bâtir, comme de tous les arts, consiste à obtenir les plus grands effets avec le moins d'efforts possible, et que le défaut de proportion des recettes budgétaires avec l'accroissement continuel des besoins sociaux permet, de moins en moins, aux constructeurs de négliger ce mérite. Nous ne pouvons, comme nos ancêtres du moyen âge, ne songer qu'aux églises; il nous faut aussi des écoles, des halles, des marchés, des théâtres, des gares, etc. Il y a eu tant de romanciers quasi-archéologues, pour tourner des métaphores sur « *les dentelles de pierre, les forêts de clochetons*, etc., » et si peu d'écrivains parmi les gens du métier, pour faire valoir, devant le public, les avantages de l'architecture dite gothique sous le rapport de l'économie bien entendue, qu'on s'est figuré que l'érection des splendides églises et cathédrales du moyen âge était due à autant de miracles de la multiplication des écus.

Malgré la démonstration que les maîtres en architecture ont faite du mérite économique du système ogival, cette erreur a eu des conséquences fâcheuses qui ont fait invasion jusque dans la pratique. Les édiles parisiens, pour l'avoir partagée, dans leur désir effréné de pousser à l'effet, ont gâté des édifices en voulant les faire riches à force d'argent, plutôt que de chercher à les faire beaux par une entente judicieuse de la sobriété artistique. Les aristarques municipaux du dernier Empire avaient-ils donc oublié, depuis leur sortie du collège, le mot profond d'un sculpteur grec à un de ses confrères : « Tu n'as pu faire, disait-il, ta Vénus belle; tu l'as faite riche » ? L'extérieur du nouveau Tribunal de commerce est un exemple frappant de la confusion et du décousu, que les fonds gaspillés en ornementation superflue peuvent produire. On peut dire que dans ce cas, comme dans bien d'autres, l'excès de la dépense a tourné au détriment de la beauté de l'ouvrage [1].

Quand il me sera permis de traiter à fond la question économique, de nombreux auxiliaires viendront appuyer mes conclusions. Pour le moment je me contenterai d'invoquer l'autorité de Léonce Reynaud, à l'appui de l'affirmation que j'émets provisoirement, concernant deux des conditions du progrès en architecture : l'extension des vides par l'évidement des pleins, et la réalisation d'une économie relative.

« Veut-on, dit cet auteur, en résumant une revue rapide du progrès de la construction, un témoignage frappant de la progression que nous venons de signaler dans le développement de la partie scientifique de l'architecture? qu'on se demande quel a pu être le but de l'action de la science, et qu'on jette un coup d'œil sur les plans des monuments des diverses époques.

1. Dans les dernières constructions du Louvre et des Tuileries on a obtenu après coup des embellissements d'une singulière manière, qui consistait à faire disparaître à coups de pioche, pour les jeter aux gravats, des sculptures d'ornements et de figures qui avaient été exécutés à grands frais. Un énorme Atlas qui s'adossait à une souche de cheminée du pavillon de Flore a disparu de la même manière; il y a bien des façades de maisons du nouveau Paris qui gagneraient à être traitées de même.

Le but est évidemment d'obtenir le résultat cherché avec le moins d'effort possible, et l'examen le plus rapide fera reconnaître qu'en effet le rapport des parties pleines des constructions, c'est-à-dire *de ce qui coûte*, aux parties libres ou *à ce qui sert*, a été sans cesse en diminuant, pourvu, bien entendu, qu'on sache négliger quelques anomalies. On dirait, s'il était permis de transporter dans le domaine de l'art une expression qui appartient à l'industrie, que *l'effet utile* des constructions a suivi une marche ascendante depuis l'antiquité jusqu'à nos jours. Et l'on fera remarquer en outre que, des temples à nos cathédrales, la hauteur des édifices a toujours été en augmentant, malgré les réductions apportées dans les épaisseurs des points d'appui [1] ».

Sans revenir sur un sujet qui a déjà été traité, je ferai remarquer, en passant, que cette démonstration de Léonce Reynaud s'adresse aussi au préjugé qui veut qu'en fait d'architecture, il n'y ait de *monumental* que ce qui est *massif*, préjugé bien nuisible à l'avancement de l'art, puisqu'il nous ferait retourner aux pylônes égyptiens, et oublier les tours de Notre-Dame.

V

La digression nécessaire à laquelle je viens de me livrer, m'a mené un peu loin; j'ai hâte d'arriver à l'histoire de l'emploi du fer dans les constructions.

Les rares renseignements que nous avons sur l'immixtion du métal dans la bâtisse chez les anciens, ont été recueillis dans les savantes notices historiques de Rondelet. Pour cette période de l'histoire il faut comprendre, sous le titre de métal, le bronze et le fer, que les anciens ont employés concurremment dans leurs constructions et qui, à part la différence de valeur intrinsèque, y remplissent les mêmes fonctions.

Comme préambule des citations je ne crois pouvoir mieux faire que de transcrire ici le passage de l'ouvrage de Rondelet où le sujet est abordé dans sa généralité sous une forme un peu critique, autorisée par les connaissances du savant constructeur. Le lecteur doit être averti que cet auteur, comme tous les architectes de son temps, ne voit, dans bien des cas, l'architecture grecque qu'à travers l'architecture romaine, la seule étudiée jusqu'alors *de visu* [2].

Voici comment il s'exprime, tome III, page 295 :

« Nous avons déjà dit, dans cet ouvrage, que depuis l'époque de la Renaissance jusqu'au temps de J.-B. Piranesi, tous les auteurs qui ont publié les antiquités de Rome s'étaient exclusivement attachés à faire connaître les formes et les proportions des ordonnances grecques et romaines, sans tenir compte de l'appareil, non plus que des moyens cachés mis en œuvre par les anciens pour procurer aux constructions suspendues, qui formaient le couronnement de leurs

1. *Traité d'architecture*, tome I, page 15.

2. On sait que la Grèce n'a été accessible aux chrétiens que sur la fin de la domination turque. Les architectes anglais Revett et Stuart ont les premiers fait des relevés des édifices grecs vers 1765; leurs études, consignées dans l'ouvrage intitulé : *Antiquités d'Athènes* (1762-80), étaient encore peu connues en France au commencement du siècle.

temples, l'union et la solidité *dont elles n'avaient que l'apparence*. Il est vrai que ces détails, purement pratiques, auraient assez mal figuré à côté des perfections de la sculpture antique ; mais leur omission pouvait induire en erreur ceux qui n'étaient pas habitués à se rendre compte des procédés de l'art de bâtir. C'est ainsi que, faute d'avoir été à même de voir encore intacts, dans plusieurs édifices de Rome, les crampons et scellements de tous genres qui relient entre elles les parties supérieures des péristyles et des frontispices, et leurs traces évidentes en beaucoup d'autres, quelques architectes trompés par *l'apparence*, et sans s'arrêter à chercher quelles pouvaient être les combinaisons de l'appareil, n'ont pas craint d'avancer que, tout étant dans un repos absolu dans l'architecture antique, les anciens n'avaient jamais recours à l'emploi des métaux pour contenir l'effort d'une poussée ou d'un écartement quelconque. Après avoir formé leur opinion sans autre preuve que le silence des auteurs à ce sujet, ils s'appuyèrent inconsidérément des anciens pour proscrire entièrement l'emploi des métaux dans les imitations de l'architecture antique. Au reste il ne paraît pas qu'une doctrine aussi légèrement avancée ait jamais été observée dans la pratique; on voit, au contraire, que, sans connaître précisément la manière dont les anciens en avaient usé en ces occasions, tous les bons esprits se sont rencontrés avec eux sur la nécessité de relier les colonnes entre elles et avec les murs par le moyen du bronze et du fer. [1] »

L'auteur justifie son opinion en indiquant la présence du métal dans celles des constructions antiques où il lui a été permis de la constater. Parmi les édifices où le fer ou le bronze ont été employés seulement comme moyen de liaison de la maçonnerie, sous forme d'agrafes, crampons, goujons, il cite [2] : les temples de l'Attique, notamment ceux de Cérès et de Diane *propylæa* à Éleusis, les propylées de cette ville analogues à ceux d'Athènes, le temple de Némésis dans l'ancienne citadelle de Rhamnus, où l'on a trouvé des crampons en forme de double T *en fer*, le porche du temple d'Antonin et Faustine, le péristyle du temple de Vesta à Tivoli, et le portique du Panthéon de Rome.

En dehors de ces accessoires de la maçonnerie, « les Romains », dit Rondelet, « firent usage des métaux pour remplacer la charpente dans la construction des édifices; ils en formèrent même des combles, des voûtes et des plafonds, comme au portique du Panthéon et aux Thermes d'Antonin Caracalla ».

En donnant la description et la figure du premier de ces ouvrages, Rondelet fait une observation critique fort sensée, qui aurait bien dû nous servir de leçon, dans nos premiers essais de construction en fer.

« L'étude exclusive des formes, dit-il, en parlant des anciens, les empêcha toujours de reconnaître que les seuls rapports qui puissent exister entre les divers genres de constructions, ne résident que dans les principes communs; c'est ainsi que, lorsqu'ils voulurent substituer le métal au bois, pour former le comble du portique du Panthéon de Rome, au lieu de se rendre compte des dimensions qu'il convenait de donner aux pièces de bronze, dans l'assemblage d'une

1. L'auteur des *Mémoires sur les objets les plus importants de l'architecture*, Patte, va jusqu'à attribuer aux anciens l'invention des ancres tirants et linteaux, dont les modernes font usage ; mais Rondelet lui reproche de les gratifier de cette invention *de son autorité privée*.

2. On sait que les Grecs ont aussi relié quelquefois des pierres, généralement superposées ou juxtaposées à sec, au moyen de doubles queues d'aronde en bois, dont on a trouvé des vestiges.

ferme, ils se contentèrent d'imiter les arbalétriers et les entraits dans les formes et proportions qu'ils auraient eues en charpente. »

Le second exemple d'un système métallique romain indiqué par l'auteur, est tiré d'un passage d'Ælius Spartianus, dans la vie d'Antonin Caracalla, dont voici la traduction :

« Il reste de cet empereur des thermes d'une grande magnificence, et qui portent encore son nom. C'est dans cet édifice que se trouve cette salle *soleare*, dont la structure parut inimitable aux architectes mêmes. *On dit, en effet, que le réseau de la voûte* est entièrement composé de *barres de cuivre ou de bronze ;* et sa largeur est si grande, que de savants mécaniciens sont portés à en nier la possibilité [1]. »

Sans prendre à la lettre ce langage un peu hyperbolique d'archéologue, on peut croire avec Rondelet que les architectes dont parle Ælius Spartianus perfectionnèrent aussi l'emploi du métal dans les constructions [2].

Le cataclysme du Bas-Empire n'a laissé venir à notre connaissance aucun ouvrage de ce genre datant des premiers siècles de l'ère chrétienne. Cependant, si l'on en croit Viollet-le-Duc, « dans les Gaules, dès l'époque romaine, certaines provinces étaient célèbres par leurs produits en fer ouvré, notamment les provinces du nord et de l'est, le Berry, le Dauphiné. »

« Pendant la période romane, dit cet auteur, le fer était peu employé dans les constructions : on ne pouvait le forger que par petites pièces, les moyens mécaniques faisant défaut. Pour résister à la poussée des voûtes, pour relier des murs, on noyait des pièces de bois dans l'épaisseur des maçonneries, maintenues entre elles par des broches en fer ; mais c'étaient là des chaînages plutôt que des armatures proprement dites. Lorsque, par suite de l'adoption du système de construction ogivale, l'architecture devint à la fois plus légère et plus compliquée, lorsque les édifices durent prendre une grande étendue, le fer fut appelé à jouer un rôle assez important dans l'art de bâtir, et, dès la fin du douzième siècle déjà, dans le nord de la France, on crut devoir l'employer en grande quantité pour relier et donner du nerf aux maçonneries. »

Après avoir fait allusion au défaut d'instruction et d'expérience de constructeurs alors novices, et aux inconvénients qui en sont résultés par l'intercalation du fer dans les maçonneries, sur lesquels je reviendrai, Viollet-le-Duc ajoute : « Pour la charpente, le fer ne fut employé que fort tard, et pendant toute la période ogivale, on n'en fit point usage. Les charpentiers du moyen âge jusqu'à la fin du seizième siècle ne cherchèrent d'autres combinaisons que celles données par un judicieux emploi du bois, sans le secours des ferrements [3].... Il est certain que les nombreux sinistres qui avaient suivi immédiatement la construction des grands monuments voûtés, dans le Nord, avaient inspiré aux architectes des douzième et treizième siècles une telle

1. Voir le texte latin dans l'ouvrage de Rondelet.

2. « *La charpente de bronze* dont ce portique du Panthéon était couvert existait encore en son entier au temps de Serlio. C'est d'après la figure qu'il en donne au troisième livre de son ouvrage, que nous l'avons rétablie sur notre dessin. Quant aux plafonds voûtés de bronze, cet architecte en parle sur des traditions encore récentes, et qui, rapportées par lui, méritent une entière confiance. Quoi qu'il en soit, les entailles symétriquement distribuées sur les bords des arêtes intérieures, manifestement destinées au scellement d'armatures en métal, suffisent désormais pour dissiper tous les doutes à cet égard. » (Note de Rondelet.)

3. Il faut noter que les charpentiers du moyen âge avaient à leur disposition, ce qui est introuvable aujourd'hui, des bois de charpente débités et approvisionnés par une génération à l'avance, et dont la siccité favorisait des assemblages invariables sans l'adjonction du fer.

défiance, qu'ils ne croyaient pas pouvoir se passer du fer dans la combinaison des maçonneries destinées à résister à la poussée des voûtes élevées; c'est ainsi que l'on peut expliquer la prodigieuse quantité de chaînes et crampons en fer que l'on retrouve dans les maçonneries de ces époques. Ce n'est que le manque de ressources suffisantes qui forçait les architectes à ne pas prodiguer le fer dans leurs constructions; mais, lorsque des questions d'économie ne les retenaient, ils ne l'épargnaient pas [1]. »

On a trouvé, en effet, assez de chaînages en fer dans les édifices du moyen âge où il a été fait des réparations, pour être autorisé à affirmer que ce moyen de liaison a été généralement employé pour empêcher les écartements et les dislocations de la maçonnerie des constructions gothiques. La disposition de ces chaînages est assez variée. Il en est qui se composent de crampons successifs, placés à cheval sur chaque joint des pierres; d'autres forment une suite continue d'agrafes accrochées ensemble et posées dans une rainure taillée dans la pierre; le plus souvent, ce sont des barres de fer noyées dans l'épaisseur des murs ou traversant les baies des fenêtres et reliées ou ancrées à leurs extrémités à la manière des chaînages en usage de nos jours, mais avec des longueurs de tiges de fer plus restreintes.

Avant d'aller plus loin, je demanderai la permission de rejeter une qualification qu'il me répugne d'employer, celle de *serrurier*, pour désigner les industriels qui travaillent le fer. Le mot *serrurerie*, qui n'implique que la confection d'un objet infime parmi ceux de la profession, me paraît aujourd'hui plus impropre que jamais. N'est-il pas ridicule, en effet, d'appeler *serrurier* l'artisan-ingénieur qui combine et exécute en fer des halles immenses et des ponts de la plus grande hardiesse? Et en remontant plus haut, pour ces pétrisseurs de fer du moyen âge qui sont parvenus jusqu'à traiter cette rude matière en sculpture, par le feu et le marteau [2], le titre de *serrurier* n'est-il pas une vraie dérision? L'absurdité me paraissant assez forte pour autoriser une rupture avec l'usage, si ancien qu'il soit, je me décide à reprendre des mots consignés dans les plus vieux glossaires de notre langue, et ayant leur racine dans la langue mère de la nôtre, dans le latin. En remontant assez haut dans l'histoire du moyen âge, on trouve les expressions de *ferron*, *ferronnier*, servant de terme général pour désigner tous les ouvriers qui travaillaient le fer, et celle de ferronnerie pour les ouvrages qu'ils produisaient. Les noms de *greiffiers* (faiseurs de ferrures pour ce qu'on a appelé plus tard la menuiserie), de *grossiers* (taillandiers) et de *serruriers* (fabricants de serrures), qui figurent dans les règlements établis par Étienne Boileau, sous Louis IX, servaient à distinguer les ouvriers des diverses spécialités du travail du fer, suivant le classement du temps [3]. Quelques-uns de ces titres de spécialités sont encore applicables aujourd'hui, mais l'extension peu logique qu'a prise celui de *serrurier*, avant l'apparition des constructions en fer, ne saurait aller plus loin. Il faut se servir d'une expression plus caractéristique pour désigner un emploi du fer sans précédent traditionnel.

D'après les considérations qui précèdent et suivant l'exemple donné par quelques auteurs modernes, je prends le parti de donner à l'art de travailler le fer le nom de *ferronnerie*, et à

1. *Dictionnaire raisonné de l'architecture française*, au mot ARMATURE.
2. On doute que la lime fût inventée au commencement du douzième siècle.
3. Voir l'*Histoire des Français des divers états*, par Amans-Alexis Monteil, plusieurs éditions à partir de 1835; et mon *Traité complet de l'évaluation de la menuiserie* (Introduction).

celui qui l'exerce le nom de *ferronnier*. Il n'y a plus qu'à distinguer les ferronniers constructeurs des ferronniers décorateurs.

Je me servirai donc dorénavant de ces expressions, les regardant comme acquises ou renouvelées.

La ferronnerie donc a fourni à l'architecture gothique un élément décoratif incomparable en transformant en ornements bien compris, toutes les pièces de ferrures de portes, fenêtres, etc., qui sont tombées aujourd'hui dans le domaine de la quincaillerie, et sont descendues tellement au-dessous des anciens modèles, qu'on est obligé de les cacher sous le mastic et la peinture. Au moyen âge, une paumelle, un gond, une serrure, une gâche, un verrou, une targette, une tête de clou ou de boulon étaient autant d'objets d'art rehaussés par l'appropriation raisonnée de la forme à la matière, accusant toujours une fonction spéciale. Y a-t-il, pour les portes, une décoration plus splendide et plus distinguée que celle de ces pentures luxuriantes d'ornements qui s'étalaient parfois sur toute leur surface ? Les pentures des portes latérales de la façade de la cathédrale de Paris ont passé pour un tel tour de force d'exécution manuelle, que l'admiration populaire, pour en expliquer le merveilleux, a imaginé la naïve légende de l'aide extorquée au diable (bon diable en tout cas) par le ferronnier Biscornet. Et avant de se laisser aller à sourire de cette crédulité, que nos esprits forts songent que le secret des soudures à chaud multipliées côte à côte, et du moulage également à chaud des fleurons dans des étampes profondément gravées, était perdu à la fin du dix-huitième siècle ; si bien que les gens du métier prétendaient que ces pentures ne pouvaient être qu'en fer fondu, dont le coulage en ornements était inconnu au treizième siècle, et que le savant Réaumur lui-même ne faisait qu'entrevoir le véritable procédé de leur fabrication, lorsqu'il traitait ce sujet dans la fameuse Encyclopédie du dix-huitième siècle. C'est un habile ferronnier de nos contemporains, M. Boulanger, qui, ayant pratiquement retrouvé le secret des pentures décoratives en fer, vers 1850, a renouvelé les chefs-d'œuvre du légendaire Biscornet, dans l'exécution récente des pentures de la porte centrale de Notre-Dame ; ouvrage sans pareil à l'heure qu'il est.

Ce qui vient d'être dit du perfectionnement des ferrures et pentures gothiques, doit s'entendre aussi des grilles, armatures de puits, consoles et autres ouvrages analogues, que les ferronniers du moyen âge ont traités avec un égal succès, nonobstant la pénurie des facilités d'exécution. Dépourvus des puissantes ressources que la mécanique, la physique et la chimie fournissent aujourd'hui à nos grandes usines, pour la fabrication du fer ou de la fonte, les ferronniers étaient obligés de marteler et de corroyer à force de bras les petits lopins que leur livrait la métallurgie dans l'enfance, pour en former eux-mêmes la matière première de leurs ouvrages. C'est ce qui explique comment il a pu se faire que ces émules des maîtres *peyriers* qui donnaient à la pierre propice la ténuité des formes naturelles du fer ou de la fonte, comme cela se voit à la façade de la cathédrale de Strasbourg, à Saint-Urbain de Troyes et ailleurs, ne nous aient laissé aucun *spécimen* de construction ferronnière caractérisée. « Il est certain, dit Viollet-le-Duc, que si les constructeurs gothiques eussent eu à leur disposition de grandes pièces de fonte de fer, ils n'auraient pas manqué d'employer cette matière dans les bâtiments [1]. »

En fait de systèmes en fer assemblés, adaptés à la construction, les ferronniers du moyen

1. *Dictionnaire*.

âge n'ont pas poussé les combinaisons plus loin que ce que nous connaissons de leurs armatures des baies de fenêtres des églises. Là, en effet, le défaut de longueur des barres n'étant pas un obstacle, des pièces d'une longueur restreinte assemblées dans un plan vertical purent former un ensemble d'une solidité suffisante, qu'elles ne comporteraient pas dans un système horizontal ou oblique. D'abord fort simples, c'est-à-dire disposées en châssis quadrangulaires, composés de montants et de traverses, ces armatures, s'étendant à de grandes ouvertures, devinrent de riches réseaux où les dessins du cercle, du trèfle, du quatre-feuilles, du carré, du losange, etc., formèrent des enlacements contournant les panneaux historiés des vitraux. Il suffit de citer les armatures des fenêtres de la Sainte-Chapelle de Paris et de la rose de l'église de Notre-Dame de Dijon, pour donner une idée de l'importance de ces ouvrages. Notons en passant que ces armatures, exécutées en fer méplat d'un médiocre échantillon et criblées de pitons à clavettes, sont exposées, à l'extérieur, aux injections intermittentes de l'eau de pluie, et, à l'intérieur, à l'humidité périodique de la vapeur d'eau condensée que produisent les différences de température du dedans au dehors. A cette remarque, faite en vue de préventions que j'aurai à combattre, il est bon d'ajouter les exemples cités par Viollet-le-Duc, des doubles éclisses en fer qui renforcent les nervures en pierre de la voûte absidale de la Sainte-Chapelle, et une rose du quatorzième siècle dans l'archevêché de Narbonne, ladite rose *en plâtre moulurée sur des fentons en fer*. La ferronnerie gothique qui a produit tant d'œuvres décoratives était encore cultivée avec éclat dans les Flandres vers la fin du quinzième siècle. A Louvain et à Anvers, on peut voir le dais d'autel et la cage de puits, par l'exécution desquels Quinten Metsys s'était fait une grande réputation comme ferronnier, avant de s'en faire une non moins grande comme peintre. La ville de Bruxelles possède aussi des grilles fort remarquables de cette époque. Inutile de rappeler quelle était alors la perfection du travail du fer dans la spécialité des armures de guerre.

VI

Pendant les trois siècles qui se sont écoulés depuis l'abandon de l'architecture gothique jusqu'à la Révolution française, les ferronniers modernes ne se sont pas plus adonnés aux combinaisons de constructions en fer que leurs prédécesseurs du moyen âge. Dans des styles différents, ils ont encore produit bon nombre d'ouvrages de décoration remarquables, dont la grille de la galerie d'Apollon et le balcon dit de Charles IX[1] au Louvre, ainsi que les grilles de la place Stanislas à Nancy, peuvent donner une idée. Pour les ornements, ils ont éludé les difficultés de travail qu'affrontaient les audacieux forgerons du moyen âge, en façonnant en tôle relevée ces ornements qu'ils rapportaient ensuite sur les bâtis en fer. En revanche ils ont travaillé des morceaux considérables de ferronnerie à la lime, poussant la perfection de ce travail jusqu'au

1. Ce balcon a été restauré par M. Boulanger, dont il a été parlé à propos des pentures de Notre-Dame.

poli. La rampe de la chaire de Saint-Roch, l'appui de communion de l'église des Invalides, la grille du chœur de Saint-Germain-l'Auxerrois, et celles de la cathédrale de Paris (enlevées il y a quelques années) sont de précieux échantillons de ce genre d'ouvrage. Dans son *Traité de l'art de convertir le fer en acier*, Réaumur cite un marteau de l'hôtel de Ferté, rue de Richelieu, qui avait coûté 700 livres, et les magnifiques portes du palais de Maisons, près Poissy, dont il n'ose pas mentionner le prix, tant il parait fabuleux.

Quant aux pièces de ferrure, dites de quincaillerie, du temps de Louis XIV et de Louis XV, elles présentent un certain lustre, parce qu'on a adopté le cuivre fondu et ciselé pour ceux de leurs détails qui se prêtaient à l'ornementation.

Le peu d'objets en fonte de fer que nous a laissés le moyen âge, tels que : plaques de cheminées, chenets, etc., indiquent que les fourneaux propres à liquéfier le fer étaient alors inconnus. On voit que ces pièces n'ont été obtenues qu'au moyen de la portion d'alliage liquide qui s'échappait lors de la conversion du minerai en fer par le feu, qu'on recueillait dans un creuset pour le couler ensuite dans des creux de sable, à la manière des *gueuses*. Il y a toujours une face de ces pièces ainsi coulées, celle qui se présentait en dessus, qui accuse le jet de la matière en fusion.

Dans son *Manuel du serrurier*, M. H. Landrin, ingénieur, après avoir décrit la méthode rudimentaire de fabrication du fer dite *catalane*, établit de la manière suivante l'origine de la production commerciale de la fonte :

« Dans cette manière de travailler (la catalane), il est bien difficile que le fer mis en contact avec le charbon ne forme pas un alliage liquide, qui coule hors du fourneau, par l'ouverture destinée à faire écouler les scories. Cet alliage est la fonte, qui était connue de toute antiquité, mais dont on ne tirait aucun parti, parce que s'il est souvent liquide comme de l'eau et propre à prendre les formes les plus délicates, il se durcit promptement et devient sec et cassant; il était donc resté d'un usage difficile et sans emploi dans les arts économiques. Ce n'est que dans les temps modernes, vers le seizième siècle, qu'on s'avisa d'en mouler des objets d'un usage domestique et qu'on lui donna le nom de fonte.

« L'invention des *hauts fourneaux*, ou fourneaux d'une certaine élévation, est fondée sur le principe des foyers catalans, mais avec une haute cheminée par laquelle on jetait pêle-mêle le charbon et le minerai jusqu'à l'ouverture qu'on appelle *gueulard*. De forts soufflets activaient la combustion; des terres jetées en même temps que le minerai s'unissaient aux terres que celui-ci contenait et en faisaient du verre comme dans une verrerie, verre qu'on appelait *laitier* à cause de sa couleur généralement blanchâtre; et le fer resté libre s'unissait avec le charbon, formait de la fonte qui s'écoulait par un trou de coulée, nommé *chio*, et qu'on moulait dans du sable préparé en sillons sous forme de *gueuses*.

« Voilà la manière de faire de la fonte dans les hauts fourneaux; elle paraît avoir pris naissance au commencement du quinzième siècle; les premières traces qu'on en trouve datent de 1400, époque à laquelle un *fourneau à fondre le fer* fut construit dans la vallée de Massevaux, entre Rienback et Oberbruck, vallée qui fait partie du département du Haut-Rhin. Les dates les plus anciennes citées par les Anglais descendent de 1510 à 1550. On conçoit très bien que cette heureuse innovation ne prit pas tout son développement dès le principe; c'est le sort des plus grandes inventions, de celles surtout qui doivent changer totalement les usages et les relations des peuples, d'être longtemps à se débarrasser des langes dont elles sont naturellement enveloppées, comme si le temps était un des éléments de succès des plus utiles découvertes humaines[1].

A en juger par un écrit de Réaumur portant la date de 1772[2], la marche de l'art du fondeur en fer aurait été, en effet, assez lente ; voici comment le célèbre physicien s'exprime :

« Le prix des ouvrages de cuivre et même de ceux d'or et d'argent est considérablement diminué, par la facilité qu'on a de les jeter en moule et de les réparer quand ils en sont sortis. Sans cette facilité nous n'aurions pas ces superbes statues, ces morceaux de bronze recherchés, et une infinité d'ouvrages de cuivre plus communs, mais plus nécessaires. A la vérité le fer tel qu'il a été tiré de la mine avant d'être parvenu à l'état de fer forgé, en un mot le fer qu'on appelle *fonte de fer*, se coule en moule; nous devons à cette manière de le mouler divers ouvrages, mais qui ne sont pas d'une grande beauté, et qui n'ont de valeur que proportionnellement à leur poids, comme des contre-cœurs de cheminées, des poêles, des pots et des marmites, des tuyaux de conduite d'eaux, des canons, etc. Mais on ne fait en cette matière aucune pièce de prix; les usages mêmes auxquels on l'emploie sont très bornés, nous osons pourtant nous promettre qu'on fera à l'avenir, avec cette même fonte de fer, des ouvrages aussi finis que le peuvent être ceux de fer forgé ou même ceux d'acier, qu'ils engageront à si peu de frais qu'on ne craindra pas de les entreprendre[3]. »

Si la *moulerie* de la fonte de fer est restée à l'état rudimentaire dans le cours de la période qui vient d'être indiquée, la fabrication du fer forgé s'est néanmoins assez développée pour fournir aux ferronniers de la Renaissance des éléments qui manquaient à leurs devanciers. Grâce à la mise en pratique du procédé du martelage mécanique et du laminage, de plus grandes longueurs de barres et un grand nombre d'échantillons variés de fer ont été mis à leur disposition. Ils ont tiré profit de ces acquisitions dans l'exécution de divers ouvrages, tels que : grilles, fermetures de grandes fenêtres, et surtout dans des armatures, non visibles, qui soutiennent et maintiennent certaines constructions en pierre. Il sera question plus loin de ces systèmes de carcasses en fer que l'exagération des copies de l'architecture antique a rendus nécessaires.

Les matériaux livrés alors aux ferronniers par l'industrie du fer auraient pu se prêter à la combinaison de systèmes de charpente, qui réclamaient les premiers leur utilisation. Mais les grandes facilités que la charpenterie trouvait encore dans l'abondance des bois pour la matière première, et dans la nombreuse et intelligente corporation des charpentiers pour la main-d'œuvre, ne provoquaient pas la substitution du fer au bois dans ce genre d'ouvrages. Il est à remarquer que les innovations ayant pour but d'économiser le bois dans les charpentes, sans compromettre leur solidité, comme celle que le célèbre architecte Philibert Delorme réalisa vers

1. L'histoire du fer, considérée au point de vue de l'appropriation de ce métal aux éléments constructifs, n'a été abordée que dans ces derniers temps, par M. Landrin, ingénieur civil des mines, dans son *Traité du fer* (1864), et par MM. Petigaud et Ronna, dans le *Traité complet de métallurgie* du docteur J. Percy. Actuellement on trouve quantité de renseignements dans des recueils dus à la collaboration de savants ingénieurs.

2. *Traité sur l'art de convertir le fer en acier et d'adoucir le fer fondu*, 1772.

3. La sidérurgie contemporaine a dépassé de beaucoup les prévisions de Réaumur. Pour avoir une idée des pas de géant qu'elle fait, il n'y a qu'à consulter l'excellent ouvrage sur *le fer* que M. Jules Garnier a fourni à la *Bibliothèque des merveilles* (Hachette), où est expliquée la révolution qui s'accomplit sous l'impulsion des Bessemer, Siemens, Martin, Pernot, Pousard, etc.

la fin du seizième siècle par le système qui porte son nom, n'ont pas stimulé chez les ferronniers l'esprit d'invention par analogie.

En 1783, le savant et habile menuisier Roubo [1] venait d'élever, sur la grande cour circulaire de la halle aux blés, une coupole formée d'arcs en bois, selon le système de Philibert Delorme [2]. Sans se laisser aveugler par l'immense succès qu'il avait obtenu, cet homme de progrès sentait que le fer eût mieux convenu alors que le bois pour cet ouvrage, car il répondait au serrurier Raguin, qui le complimentait : « Tais-toi ; si j'avais été serrurier, j'aurais voulu faire toute la coupole en fer ! » On pourrait voir, dans cette exclamation de Roubo, un pressentiment de l'incendie qui a détruit son chef-d'œuvre en 1802, et qui, en dépit de l'opposition acharnée des routiniers officiels, en a fait décider en 1811 la construction en fer [3]. Ce n'était pas sans de bons motifs que Roubo avait cru la chose praticable en 1783, car à cette époque le fer venait enfin d'être admis comme élément constructif principal par les praticiens Labarre et Brébion, pour la toiture du grand salon carré du Louvre, et par l'architecte Louis, pour le comble et diverses autres parties de la charpente du Théâtre-Français. La grille de la cour d'honneur du Palais de Justice est un véritable monument de ferronnerie de ce temps. Malgré le mérite d'exécution de cet ouvrage considérable, on doit regretter qu'une telle dépense de matière et de main-d'œuvre ait été consacrée à une imitation aussi irrationnelle de pilastres et entablements rivalisant avec les masses de pierres autorisées en pareil cas. Le ferronnier Jean Lamour montrait cependant alors une entente remarquable de son art dans l'exécution des grilles magistrales de la place Stanislas à Nancy.

Pour terminer la revue des productions principales de la ferronnerie pendant les trois derniers siècles de l'ancien régime, il me reste à parler du secours que l'architecture pseudo-grecque a été obligée de demander au fer, pour les armatures de ses constructions.

Avec la prétention d'importer les types architectoniques des temples de la Grèce, dans une société en travail d'affranchissement du paganisme depuis quinze siècles, la Renaissance, commettant une suite d'inconséquences heureuses pour l'extension de la diversité dans l'art, a commencé, en France, par mêler aux éléments décoratifs de l'art gothique une bijouterie d'arabesques [4], de balustres, de festons, d'enfilages de pirouettes, etc., qui se trouvent à la vérité dans le mobilier grec et romain, mais non dans l'ordonnance des temples. Ensuite, après avoir continué ce genre d'ornementation dans des réductions d'ordres romains superposés, elle a imaginé des combinaisons décoratives de pierres et de briques, et des motifs de draperies et cuirs sculptés, dont on ne trouve point d'exemple dans les édifices antiques. Enfin, quand elle

1. Roubo, célèbre menuisier, né en 1739, mort en 1791, est aussi l'auteur d'un ouvrage traitant tous les genres de menuiserie (bâtiment, meubles, carrosses, ébénisterie, treillage), publié de 1769 à 1775, et que, sur le rapport de Duhamel du Monceau, l'Académie a reconnu digne de faire partie du *Recueil des descriptions des arts et métiers*.

Voir la notice sur Roubo que j'ai insérée dans le *Recueil des hommes utiles*, année 1836. Cette notice reproduite dans l'ouvrage intitulé : *Les artisans célèbres*, puis dans celui ayant pour titre : *Les bienfaiteurs de l'humanité*, par M. Ducroy, a contribué à faire donner le nom de Roubo à une rue du faubourg Saint-Antoine.

2. Le diamètre de cette coupole est de 39 mètres 50. Elle diffère de celle du Panthéon de Rome de 4 mètres environ.

J'ai eu entre les mains le modèle en relief de la charpente de cette coupole qui a servi pour l'exécution, à l'échelle de 0 mètre 02 pour mètre.

3. On trouvera plus loin un aperçu des discussions auxquelles la proposition d'employer le fer pour cette coupole a donné lieu.

4. Encore un mot impropre.

a voulu rappeler plus directement les ordres grecs, qu'elle ne connaissait que par des copies romaines assez inexactes, elle s'est efforcée d'en faire des amplifications outrées, avec des matériaux qui, ne se prêtant pas à l'imitation rigoureuse de la forme originale, l'obligèrent à recourir à toute sorte d'artifices dans la construction.

Les Grecs, dont les temples de la meilleure époque n'ont pas les dimensions de l'église de la Madeleine de Paris, posaient sur les colonnes de leurs portiques et péristyles des plates-bandes monolithes; système de construction qui motive et justifie toute l'économie de leur architecture. Nous avons vu qu'en raison de la quasi-passivité des forces qu'il comporte, quelques agrafes, crampons et goujons de métal reliant les joints peu nombreux, à cause du grand appareil des pierres, avaient suffi à assurer la stabilité de ce système. Mais les architectes de la Renaissance qui modifiaient les soi-disant ordres grecs sur une échelle colossale, voir par exemple la colonnade du Louvre, celles de la place de la Concorde, le portail de Saint-Sulpice, le frontispice du Panthéon, les péristyles de la Madeleine, etc., étaient obligés, par suite, d'établir des plates-bandes sur des entrecolonnements fort élargis, au moyen de voûtes plates, composées de claveaux appareillés. Par la même raison, ils se trouvaient dans la nécessité d'élever des frontons gigantesques, dont les corniches, par un renversement de l'art de bâtir, exigeaient des blocs de pierre exceptionnels, qu'on doit logiquement employer à la base des édifices, et non hisser à leur faîte.

En prenant les chiffres consignés dans les écrits du temps, le poids de chacune des pierres des angles du fronton de la colonnade du Louvre est de 80 milliers. Elles ont 52 pieds de long sur 8 de largeur. Le poids de celles du fronton du Panthéon est de 55 milliers. Il a fallu onze jours et sept nuits pour transporter une de ces pierres du pont des Invalides à pied-d'œuvre, et ce transport a coûté 768 livres, indépendamment des équipages et faux frais. Le coût du montage n'est pas indiqué [1].

On conçoit que les efforts des poussées et l'action des pressions obliques, dont l'énergie atteint les dernières limites dans un pareil système de construction, n'aient pu être neutralisés qu'à grand renfort d'armatures en fer. Aussi les œuvres capitales de la ferronnerie du temps sont-elles enfouies dans les pierres de ces sortes de monuments. On peut dire, sans exagération, que le fer forgé est l'âme de la grande architecture de la Renaissance à partir des Valois. Pour se faire une idée de la complication des arbres, tirants, linteaux, ancres, agrafes en croix, suspensions, etc., qui s'enchevêtrent dans une de ces armatures, et de la précision de leur assemblage, il faut consulter les planches des ouvrages de Rondelet et de M. Léonce Reynaud. On se convaincra par cet examen que le fronton du Panthéon est plutôt une construction en fer plaquée en pierre, qu'un appareil de pierres consolidées avec du fer. La figure que donne Rondelet de ce fronton, dont il a suivi l'exécution conjointement avec Soufflot, en 1770, est d'autant plus curieuse qu'elle dévoile, outre les artifices de l'armature en fer, ceux d'une ossature en pierre ménageant des vides d'allégissement dans le tympan, au moyen d'arcs de décharge, dont un en tiers-point ou ogival; ouvrage masqué par le bas-relief de David d'Angers appliqué sur ce treillis de fer et de pierre que rien n'accuse au dehors.

Tout en reconnaissant, avec M. Léonce Reynaud et les maîtres qui font autorité, que la

1. *Traité théorique et pratique de l'art de bâtir.*

disposition du fronton du Panthéon est irrationnelle et susceptible d'entraîner quelques inconvénients dans un avenir plus ou moins éloigné, on ne peut méconnaître l'originalité de l'ensemble de sa combinaison, qui, grâce à l'immixtion du fer, n'est ni grecque, ni romaine, ni gothique, non plus que le mérite, hors ligne, d'exécution et d'ajustement de son immense armature ferronnière, qui ne paraît pas avoir eu d'effet fâcheux depuis un siècle qu'elle est en place. C'est encore à l'aide du fer que quelques architectes de la Renaissance ont exécuté ces tours de force de pierres suspendues sous forme de clefs pendantes, de cercles isolés, etc., comme on en voit à Saint-Eustache, à Saint-Étienne du Mont et à Saint-Gervais.

VII

La ferronnerie des dix-septième et dix-huitième siècles n'a pas seulement rendu possibles les constructions les plus colossales de la Renaissance, elle a encore permis de sauver de la ruine celle de ces œuvres où l'ambition de surpasser tous les monuments connus a été favorisée par les contributions prélevées sur toute la chrétienté. On sait ce qui en est résulté.

Sans ses bons offices, en effet, le fameux dôme de Saint-Pierre de Rome n'aurait pu subsister. On sait avec quelle précipitation Bramante, déjà âgé et impatient de voir son plan se réaliser, a élevé en premier lieu les quatre piliers destinés à supporter la coupole et le dôme, et cintré les grands arcs sans attendre que ces piliers fussent accotés par les constructions qui devaient les environner. Cet architecte, plus artiste-dessinateur que bon constructeur, a commis la faute incroyable d'établir ces quatre piliers sur des fonds inégalement compressibles, deux d'entre eux reposant sur les substructions de l'ancien cirque de Néron, minées en dessous par les eaux, et qu'on ne prit pas la peine d'arracher, les deux autres étant fondés sur des massifs bien établis. La construction de Saint-Pierre s'étant continuée pendant plus d'un siècle, le programme en a été modifié à plusieurs reprises par une suite de papes, et l'exécution dirigée, depuis Bramante jusqu'à Bernin, par une douzaine d'artistes dont quelques-uns étaient plutôt des décorateurs que des architectes proprement dits. Les vicissitudes qu'ont éprouvées les plans de cette basilique par défaut d'unité de vues dans la haute direction de l'œuvre, a donné lieu dans la construction à des additions et suppressions imprévues, qui, loin de corriger le vice originel, se sont effectuées au détriment de la stabilité. Et, bien qu'on ait profité des changements apportés dans le plan primitif, pour fortifier les piliers en question et pour assécher leurs fondations de diverses manières, il se produisit encore des tassements inégaux, lorsqu'ils furent surchargés du poids du tambour et du dôme [1]. Ces mouvements ainsi imprimés aux points d'appui déterminèrent plus tard dans la double coupole, construite à la hâte par Fontana, pour

1. Une autre cause des déchirements qui se sont produits dans les maçonneries de Saint-Pierre a été la construction vicieuse du mur du tambour du dôme, où les architectes ont employé un mélange de briques, de blocages et de pierres de taille, tous matériaux d'une compression inégale entre eux.

être inaugurée en 1590 par Sixte V, des lézardes verticales, et la rupture des faibles cercles en fer qui avaient été noyés primitivement dans la maçonnerie. Laissons Rondelet nous expliquer comment le désastre qui était imminent en 1745 fut conjuré par l'emploi du fer. Voici un abrégé de ce qu'il dit à ce sujet :

« Toutes ces précautions (les cercles primitifs) n'ont pas empêché que cette coupole ne se soit désunie de toutes parts.... Comme toutes les désunions qui se sont faites à cet édifice étaient verticales, et que ce dôme a une forme ronde, les moyens qui parurent les plus efficaces pour y remédier furent : 1° de réunir toutes ses parties, *en les resserrant* avec plusieurs grands cercles de *fer placés à l'intérieur*, aux endroits où l'on jugea que les désunions étaient les plus dangereuses ; 2° de réparer les désunions et lézardes de l'intérieur les plus apparentes, en prenant toutes les précautions convenables pour le faire d'une manière solide sans nuire à l'édifice.

« Le nombre des cercles fut d'abord fixé à cinq.... Les deux premiers cercles furent posés en août et septembre 1743, les deux suivants dans le courant des mois de mai et de juin 1744, et le cinquième en août et septembre de la même année.... Louis Vanvitelli, architecte de la fabrique, dirigea toutes les opérations.... Quelque temps après, on proposa d'en ajouter un sixième.... il fut mis en place dans le courant du mois de septembre 1748.... Au reste, ajoute l'auteur, à cette époque l'emploi des cercles en fer était déjà un moyen éprouvé pour préserver d'une prompte destruction les coupoles qui menaçaient ruine. *En 1525, Jacques Sansorin, célèbre architecte vénitien, en avait fait usage pour restaurer les coupoles de l'église Sainte-Marie à Venise.* » Rondelet rapporte en outre qu'il a été aussi question d'en mettre à la coupole de Sainte-Marie des Fleurs à Florence, qui est également lézardée; la coupole de Saint-Paul de Londres en a été garnie dès l'origine[1].

Si l'on avait eu l'aide de la ferronnerie au temps de Justinien, on aurait pu, dès l'abord, prévenir l'écroulement de la première coupole de Sainte-Sophie de Constantinople, et éviter plus tard les affreux contreforts en maçonnerie qui déshonorent ce monument typique de l'architecture byzantine.

Les six cercles appliqués à la coupole de Saint-Pierre sont formés de fer plat de $0^{m},10^{c}$ de largeur sur 0,055 d'épaisseur, et on a eu soin de les tendre fortement. On peut espérer que grâce à ce puissant renfort, prêté à la maçonnerie par la ferronnerie, le rêve conçu par Bramante « *de placer le Panthéon sur les voûtes du temple de la Paix* », que Michel-Ange et ses successeurs ont accompli, sera encore longtemps une réalité, toutefois d'une durée certainement moins longue que celle de la cathédrale de Paris telle que Viollet-le-Duc l'a restaurée et réconfortée.

1. *Traité théorique et pratique de l'art de bâtir.*

VIII

Les travaux d'utilité publique qui rentrent plus particulièrement dans le domaine des ingénieurs, ayant pour but de satisfaire des besoins nouveaux avec la plus stricte économie, sont par cela même obligés de s'affranchir jusqu'à un certain point de l'empire de la routine et surtout de l'esprit d'imitation qui a maintenu l'usage des anciens procédés dans les œuvres des architectes. Ces travaux d'ingénieurs, pour lesquels les propriétés du fer répondaient le mieux aux conditions des programmes donnés, sont les premiers où cette matière ait figuré en systèmes complets de construction; « l'idée d'employer le fer dans la construction des ponts est assez ancienne », dit M. Gauthey; « on en trouve l'indication dans les ouvrages italiens du seizième siècle. Desaugliers l'avait renouvelée en 1719, et vers 1755 on a entrepris à Lyon un pont en fer, de trois arches.... cet ouvrage ne fut pas achevé par raison d'économie. On lui substitua un pont en bois »[1].

Le prix relativement élevé que l'exiguïté des moyens de production donnait alors au fer, comparé à la modicité de celui des bois de charpente, explique cet abandon de l'entreprise que motivait la pénurie des ressources. A cette époque cependant, les usines destinées à la fabrication du fer étiré et surtout celles qui avaient pour objet la fonte, commençaient à prendre assez d'accroissement pour offrir aux ferronniers des facilités beaucoup plus étendues que celles qu'ils avaient trouvées jusque-là. Les Anglais, riches en houille, mais dénués de pierres et de bois de charpente, étaient doublement intéressés à utiliser le fer. Aussi les voyons-nous, dès 1775, adopter cette matière pour la construction du pont de Coalbroockdale sur la Sewern. A partir de ce premier essai couronné de succès, le fer a été appliqué en Angleterre à l'exécution d'une quantité de ponts dont le nombre, tout d'abord notable, s'est considérablement accru, plus tard, par l'établissement des chemins de fer. Je n'en rappellerai que quelques-uns des plus remarquables : Le pont de Sunderland, aussi sur la Sewern, non loin du précédent (1795); celui de Stains, sur la Tamise, à 17 milles de Londres (1802); le pont de Tweed ou l'Union, joignant l'Angleterre et l'Écosse (1815), d'une grande hardiesse et regardé comme un des meilleurs types du genre, et parmi les plus récents, le pont tubulaire du détroit de Menai et celui de Chepstow. De leur côté les Américains, qui ont construit des ponts suspendus dès 1800, ont aussi manifesté leur activité ordinaire dans l'exécution d'une foule de ponts fixes en fer.

L'essor que les Anglais, préoccupés, avant tout, des intérêts de leur commerce, ont imprimé depuis longtemps à l'exploitation de leurs riches gisements de minerai et de houilles, en poussant à l'emploi du fer pour les travaux confiés à leurs ingénieurs et en

1. *Traité de la construction des ponts*, par Gauthey.

rendant les autres nations tributaires de leur matière première, sous forme de fonte et de fer, cet essor destiné principalement à servir des vues commerciales, a fait croire qu'ils étaient les plus avancés pour l'utilisation du fer sous tous les rapports. C'est une erreur, que je suis à même de rectifier par l'examen qu'il m'a été donné de faire d'un certain nombre de constructions architecturales en Angleterre, et notamment à Londres. Chez eux, les préjugés contre l'admission du fer, dans les bâtiments qui sont du ressort des architectes, vont, s'il est possible, plus loin que chez nous. La prédilection des Anglais pour ce qui est *substantiel* (ce que nous appelons massif) a permis à peine au fer de pénétrer dans l'architecture civile. Son apparition dans les gares de chemins de fer, qui date de plus d'un quart de siècle en France, est toute récente en Angleterre. Les mêmes marchands qui livrent tant de richesses métalliques à l'exportation, recourent encore à l'importation des sapins du nord, destinés à la confection de bien des ouvrages de charpente pour lesquels nous mettons à contribution la fonte et le fer, empruntés souvent aux Anglais[1].

On doit conclure de ce qui précède que, comme l'Angleterre ne montre pas plus aujourd'hui de génie inventif pour l'architecture en fer qu'elle n'en a montré jadis pour l'architecture en pierre, ce n'est pas chez elle que j'irai chercher des points de départ en fait de conception. On ne serait pas fondé à m'opposer le bâtiment transitoire qu'on a emphatiquement appelé le *Palais de Cristal;* car cette œuvre d'un ingénieur-jardinier n'a été que la reproduction, sur une grande échelle, de la grande serre de notre Muséum, qui avait été terminée, à la suite de beaucoup d'autres, une quinzaine d'années avant; il est à noter que le morceau le plus difficultueux dudit palais, la coupole placée sur la croisée des nefs, était exécuté en bois, à une époque où la coupole en fer et fonte de la Halle au Blé de Paris comptait quarante ans d'existence.[2]

IX

La part que certains pays étrangers ont prise à la fin du dernier siècle, dans la fondation de la ferronnerie constructive, étant établie, je continue à passer succinctement en revue ses progrès en France.

On a vu que les premières applications du fer à la charpente des bâtiments ont été faites au grand salon du Louvre en 1780 et au Théâtre-Français en 1784. Rondelet ne connaissait pas d'autres charpentes en fer lors de la publication du 5e tome de son *Traité de l'art de bâtir*,

1. L'ossature apparente en fonte et fer que j'ai introduite à Londres en 1868, dans la construction de l'église catholique de *Notre-Dame de France*, système qui était connu depuis plusieurs années en France, a causé un véritable étonnement aux constructeurs anglais.

2. Parmi les trois groupes des docks de Londres, celui de Sainte-Catherine, qui est bâti en fer et fonte, n'est remarquable que par son étendue, car il n'est composé que de hangars dénués de tout caractère architectural. Quant au grand marché en fer de Smithfield, ce n'est que l'exécution d'un projet emprunté à un architecte français, M. Hector Horeau.

postérieure de quelques années à celle du tome premier, qui parut en 1802. Les tourmentes de la grande révolution, qui suivirent de près les innovations de Labarte, Brébion et Louis, ne permirent pas à la ferronnerie de développer ses nouveaux procédés pendant les quinze dernières années du dix-huitième siècle. Seule, la fonderie du fer, trouvant encore à s'exercer dans la confection du matériel de guerre, fut, au commencement du dix-neuvième siècle, en mesure de fournir des ressources pour les constructions d'utilité publique. La fonte de fer fut appliquée à la construction de deux ponts de Paris, entrepris en 1800, à savoir : Le pont des Arts, livré à la circulation des piétons en 1805, et le pont carrossable d'Austerlitz, terminé en 1806. Si l'enfance de l'art communiqua à ce dernier une faiblesse de constitution qui ne lui permit pas de subsister plus d'un demi-siècle, le même art, promptement perfectionné, a bientôt fait preuve d'une fécondité remarquable de combinaisons ingénieuses en produisant successivement des ponts en fonte, tels que ceux que jetait sur le Rhône, à Lyon, M. Émile Martin, celui du Carrousel, conçu par l'ingénieur Polonceau, le pont de Solférino et celui qui joint l'île Saint-Louis à la Cité. Ces ouvrages, pris parmi tant d'autres du genre, exécutés en Europe et en Amérique, suffisent à donner une idée de la diversité des systèmes à laquelle la fonte de fer se prête.

Quant à la construction des ponts en fer forgé et laminé, la France, après un temps d'arrêt, n'a pas tardé à égaler l'Angleterre dans cette spécialité. Le pont d'Arcole à Paris et le pont tournant de Brest, précieux modèles laissés par feu Oudry, ingénieur-ferronnier sans égal; le pont d'Argenteuil, formé de poutres en tôle; le pont de Kehl, qui franchit le Rhin à Strasbourg; le pont du chemin de fer sur la Garonne à Bordeaux, de 500 mètres de longueur; le pont, doublement bifurqué, de la place de l'Europe, à Paris, ne sont que des échantillons que font oublier les ponts jetés sur le Douro et à Porto-Villanova; la principale arche de ce dernier ayant 172^{m},50 de portée, qui sera dépassée dans un pont qui se construit actuellement en Amérique.

Pour donner une idée exacte de la richesse des productions de la ferronnerie de notre siècle, appliquée aux travaux d'utilité publique, il faudrait consacrer un volume séparé à son histoire, tant il y aurait de travaux à citer, de dates à fixer, et de noms d'inventeurs et d'exécutants à consigner. Ce travail, qui, je l'espère, sera entrepris par un auteur de la spécialité, est en dehors du cadre que je me suis tracé. Je dois donc me contenter d'indiquer les principales stations de la ligne que je parcours à grande vitesse.

A l'époque où l'on construisait en fonte de fer les ponts des Arts et d'Austerlitz, la propriété qui distingue surtout la fonte et qui est d'offrir une résistance à l'écrasement soixante fois supérieure à celle de la pierre ordinaire de bonne qualité[1], avait fait adopter cette matière pour former les points d'appui qui doivent supporter une charge considérable, sans encombrer l'espace. L'expérience acquise à cet égard et les facilités que les usines étaient arrivées à offrir pour la *moulerie* des grandes pièces de fonte inspirèrent au gouvernement du premier Empire un projet de reconstruction partielle de l'église Sainte-Geneviève, devenue le Panthéon français,

1. Voir mon tableau de *Comparaison de la résistance* et du prix de revient *entre la pierre, le bois, le fer et la fonte sous un même volume*, dans l'ouvrage intitulé : *Principes et exemples d'architecture ferronnière*. Librairie E. Lacroix, Paris, 1881.

dont la portée ne saurait nous échapper. Rappelons en quelques mots l'histoire de ce monument.

L'architecture colossale, outrée dans Saint-Pierre de Rome, était devenue de mode, quoiqu'elle produise un effet inverse de celui qu'on cherchait. Toute grande capitale voulut avoir un diminutif de ce monument, plus fait pour étonner le vulgaire par ses dimensions gigantesques que pour provoquer l'émotion esthétique, car l'exagération de la masse des parties secondaires, qui exclut les oppositions et rapetisse l'ensemble, donne aux spectateurs, qui ne sont pas des géants à l'échelle du monument, une impression contraire à celle de la grandeur. La protestante Angleterre avait trouvé un reflet de la basilique papale dans son dôme de Saint-Paul de Londres. La France, à son tour, réclamait un monument religieux d'*ordre colossal*. Pour répondre à ce vœu, Germain Soufflot présenta, le 2 mars 1757, le projet de l'église Sainte-Geneviève au roi Louis XV. Ce projet, dont l'exécution fut décidée, avait le mérite de n'être pas, comme Saint-Paul de Londres, une copie réduite de Saint-Pierre. Par la disposition des points d'appui intérieurs, il était marqué du cachet de l'invention. Les colonnes monostyles et isolées par groupes, substituées aux énormes piliers de Saint-Pierre, eussent produit un puissant effet de perspective qui manque au premier type, si les douze colonnes des quatre groupes, supportant le dôme, avaient pu rester isolées. Dans les discussions prolongées auxquelles la construction de ce monument donna lieu, et dans lesquelles intervinrent tous les experts en construction de l'époque, cette question fut agitée. L'architecte Patte prétendait que, même en remplissant l'espace triangulaire compris entre chacun des quatre groupes centraux de trois colonnes par des massifs en maçonnerie, les piliers que formerait ainsi chaque groupe n'auraient pas une résistance suffisante pour porter le dôme. L'ingénieur Gauthey, dans le savant mémoire qu'il fit pour réfuter cette opinion, soutenait que, non seulement les piliers étaient assez forts pour supporter la coupole projetée (moins importante, il est vrai, que celle qui a été exécutée), mais qu'il était possible de *s'en passer et de ne conserver que les douze colonnes qui y étaient engagées*. Dans le flot d'écrits et de paroles que souleva cette controverse, personne alors ne songea à chercher s'il n'existait pas une matière assez résistante pour permettre de conserver les colonnes à jour, ni à proposer l'emploi de la fonte de fer; l'empâtement des vides fut donc décidé, et chacun des groupes dut former un pilier triangulaire plein, ayant une colonne engagée sur chacun de ses angles. Soit que Soufflot, subissant la propension du temps à la *Mignardise*, ait voulu rendre invisibles les joints horizontaux des points d'appui, soit que les exécutants n'aient pas été sérieusement surveillés, il se glissa dans ces points d'appui un vice de construction qui eut des conséquences désastreuses. Tous les lits ayant été creusés ou démaigris, à l'effet de réserver au pourtour des rebords étroits pour être mis en contact parfait, il en résulta que, sous l'effort du poids des parties supérieures, le mortier ou le plâtre coulé dans les cuvettes des lits ayant été comprimé, les arêtes extérieures prirent toute la charge et éclatèrent.

Des tassements, conséquences de l'écrasement inévitable des reliefs pratiqués, s'étant manifestés peu de temps après l'enlèvement des échafauds et des cintres en 1794, et s'étant aggravés ensuite en raison de l'ébranlement général causé par le travail de la recoupe de saillies de pierres dures dans les pendentifs du dôme, on dut rechercher les moyens de remédier au mal. Plusieurs commissions furent successivement nommées par le gouvernement, et les discussions entre gens du métier reprirent de plus belle.

On conseillait généralement de beaucoup augmenter les massifs des piliers, mais on n'avait encore rien décidé en 1790. Dans le cours de ces débats, la question de l'isolement des colonnes par la suppression des noyaux, si désirable pour l'effet perspectif, fut soulevée de nouveau.

Le désir d'effacer une tache aussi déplorable, imprimée à l'art monumental français dans une de ses productions les plus prétentieuses, s'était clairement manifesté. « L'empereur Napoléon (dit M. Michel Chevalier, à qui nous laissons la parole) avait senti que cet encombrement du centre de l'église par quatre pâtés de maçonnerie ne pouvait manquer de l'enlaidir, et que dès lors cet édifice, qui avait englouti tant de millions [1], ne serait guère plus que la juxtaposition de quatre galeries obscures et sans grâce, séparées les unes des autres par des espèces de murs de prison. Il eut donc l'idée de remplacer les piliers en pierre par des colonnes en fonte. Ce fait est consigné dans l'*Histoire de France pendant le Consulat et l'Empire*, de M. Bignon (tome V, page 171). L'auteur cite textuellement le passage de la lettre écrite à ce sujet par l'empereur à la première classe de l'Institut. Il l'invite à lui faire connaître (textuel) « quels avantages ou quels inconvénients il y aurait à faire en fonte les piliers de cet édifice; quel est le rapport de la ténacité de la fonte à l'espèce de pierre qui a servi à la construction du Panthéon; ce que coûterait la construction, soit en fonte, soit en pierre de Tonnerre; si le renforcement serait inutile en construisant ces piliers en fonte [2] ».

Il faut croire que ce projet d'amélioration fut enterré par l'Institut du premier Empire, comme celui de Fulton pour l'application de la vapeur à la navigation, car Rondelet, qui avait succédé à Soufflot en qualité d'architecte du Panthéon, redevenu l'église Sainte-Geneviève, fut chargé en 1806 de réconforter les piliers en pierre et de les grossir encore en appliquant une doublure sur les noyaux, et en transformant les colonnes engagées en pilastres renforcés. Il effectua cette délicate opération de reprise en sous-œuvre avec un soin et un talent dignes d'un emploi plus fructueux pour sa réputation [3].

Le projet si rationnel de la substitution d'une matière excessivement résistante à la pierre a été repris, dans ces derniers temps, par un de nos ingénieurs les plus distingués, M. E. Flachat, qui a prouvé, dans un mémoire adressé au gouvernement, qu'il serait facile de réaliser l'amélioration tant de fois réclamée pour le Panthéon, au moyen de colonnes en fonte, mises là où Soufflot avait mis les colonnes en pierre engagées, et qui, restant isolées, feraient disparaître les disgracieux massifs qui offensent la vue.

Les études, détails et devis produits par cet ingénieur à l'appui de son mémoire sont assez rassurants, au point de vue de la dépense, pour nous permettre d'espérer que son projet sera mis un jour à exécution.

On sait que M. E. Flachat a mené à bonne fin une opération de changement de piliers de ce genre à la cathédrale de Bayeux, où il a assuré la conservation d'une tour centrale du moyen âge, dite *des Patriarches*, à laquelle la population attachait beaucoup de prix. Elle avait été condamnée à être rasée par les architectes de l'administration, en raison du mauvais état

1. Vingt-cinq millions du temps.

2. Voir dans le numéro du *Journal des Débats* du 1er juin 1855, l'article intitulé : *Le fer et la fonte employés dans les constructions monumentales*.

3. Pour cette circonstance, Rondelet a inventé des systèmes d'échafauds, d'étayements et cintres fort ingénieux, dont on trouvera les figures et la description dans son *Traité théorique et pratique de l'art de bâtir*.

où se trouvaient les grands piliers de la croisée des nefs sur lesquels elle s'appuie; piliers que cet ingénieur a reconstruits après avoir soulevé préalablement la tour.[1]

X

Dans ce qui précède, j'ai donné un aperçu des travaux de ferronnerie des ingénieurs modernes, j'ai maintenant à passer en revue les développements de l'emploi du fer dans la construction des bâtiments et dans la grande architecture, depuis la fin du temps d'arrêt qui a suivi les essais de 1780 et 1784 jusqu'à nos jours.

On a vu que la coupole de la Halle au blé, exécutée en fer et fonte combinés, est le premier ouvrage marquant de charpente ferronnière qu'on puisse signaler.

Dès ce début, les hommes de progrès qui voulurent inaugurer la substitution rationnelle du fer au bois et à la pierre dans les constructions, ont eu à combattre les préjugés qui s'acharnent encore aujourd'hui contre les architectes désireux de l'appliquer partout où l'exige la rénovation de l'architecture.

Pour utiliser la grande cour circulaire de la Halle au blé, le programme était, après l'incendie de 1802 comme en 1780, de jeter sur cette cour une couverture assez légère pour pouvoir être supportée par l'ancienne galerie du pourtour, qui, loin d'avoir été établie en prévision d'une surcharge, ne comportait que strictement la force nécessaire à sa propre stabilité. Le chef-d'œuvre de Roubo avait résolu ce problème en 1783, et d'une manière heureuse. Mais après l'accident occasionné par l'emploi d'une matière combustible, la prudence la plus élémentaire ne permettant plus de songer au bois, on devait naturellement chercher à utiliser les progrès de l'industrie du fer pour établir une coupole remplissant les conditions imposées par le programme.

A l'honneur du pays, il se trouva alors un certain nombre de praticiens assez avancés pour soutenir la cause du progrès et la faire triompher, non sans peine.

« Plusieurs architectes et ingénieurs firent des projets, dit M. Ernest Breton, et en janvier 1806, cinq des concurrents avaient présenté au ministre de l'intérieur des plans qui furent soumis au conseil des travaux publics, qui les déclara tous cinq inexécutables. On renvoya à une nouvelle commission, composée de ce même conseil et de celui des bâtiments civils. Celle-ci, le 20 février 1807, se prononça *exclusivement pour une coupole en pierre de taille*, en reconnaissant toutefois la nécessité de consolider l'édifice de manière à le rendre capable de supporter une pareille charge » (singulière manière de répondre au programme); mais le ministre Cretet désira un avis particulier sur une coupole en fer. Ce genre de construction, innovation sans exemple jusqu'alors, fixa toute l'attention de la commission, qui malgré

1. Voir l'ouvrage intitulé : *Cathédrale de Bayeux reprise en sous-œuvre de la tour centrale*, par M. E. Flachat; *Description des travaux*, par MM. H. de Dion et L. Lasvignes, ingénieurs civils, anciens élèves de l'École centrale.

l'opposition de M. Viel, et sur les conclusions de M. Becquey de Beaupré, déclara, le 20 août 1807, que le fer forgé pourrait être admis pour la construction de la coupole. (Suivent quelques réflexions sur les propriétés et le prix comparé du fer et de la fonte.) « La commission fut d'avis que, si l'on combinait avec art le fer forgé et le fer fondu, en les appliquant à chacune des pièces où il serait avantageux de le faire, on aurait atteint le but proposé. En conséquence, le projet fut adopté et exécuté par M. Bellanger, son auteur, aidé de M. Brunet, inspecteur. La coupole fut couverte de lames de cuivre. Commencée en juillet 1811, elle fut achevée dans l'espace d'une année [1]. »

On voit qu'il a fallu l'intervention d'un ministre intelligent du premier Empire pour que l'idée conçue par le menuisier Roubo, en 1784, pût être réalisée en 1812. Les novateurs qui prennent l'initiative d'une amélioration trouvent toujours sur leur chemin des opposants tels que MM. Viel et consorts; ils seraient heureux d'y rencontrer un peu plus souvent des ministres comme M. Cretet [2].

XI

Le gouvernement de la Restauration, qui eut à donner aux milliards une destination tout autre que celle des travaux publics, n'a pas été favorable à l'extension de la ferronnerie constructive. Sous ce règne, on acheva le palais de la Bourse, commencé sous l'Empire et élevé, en grande partie, aux frais des commerçants. Labarre introduisit des combles et des planchers en fer dans la construction de cet édifice. Ce genre de charpente, que plusieurs incendies désastreux de théâtres avaient fait imposer aux constructeurs pour l'établissement des nouvelles salles, fut appliqué alors au théâtre Ventadour et à quelques autres théâtres secondaires.

Les contemporains n'ont pas oublié la fureur avec laquelle les spéculateurs, à l'occasion d'une mesure financière prise par le gouvernement, se livrèrent vers 1825 à la construction des maisons d'habitation. Dans cette recrudescence de bâtisse, le fer trouva peu de place, la charpente des maisons continua à être exécutée en bois, et la consommation de cette matière fut tellement grande, que bien des pièces défectueuses de charpente furent tolérées par les spéculateurs, peu soucieux de la durée des bâtiments dont ils se défaisaient promptement [3]. A cette époque, où l'on ne possédait pas les fers spéciaux, on préconisait, sous l'influence des entreprises

1. *Monuments anciens et modernes*, par J. Gailhabaud. Rondelet, qui n'était pas homme à rester en arrière, avait étudié aussi un projet de coupole en fonte et fer. Il fit partie des architectes chargés de surveiller l'exécution du projet adopté.

2. Par suite d'une décision prise au commencement de 1886, qui a donné une destination plus digne de son importance au bâtiment de la Halle au blé, l'architecte spéculateur H. Blondel a été chargé de le transformer en Bourse de commerce.

3. Je pourrais citer bon nombre de maisons ainsi bâties, où des parties importantes de la charpente en bois, telles que poitrails, poutres, planchers, n'ont pas pu être conservées plus d'une vingtaine d'années, ayant été appelé à en faire remplacer, comme la plupart de mes confrères. C'est le sort dont nos charpentes, forcément exécutées en bois vert, sont menacées; ces bois, en effet, s'échauffent d'autant plus vite qu'ils contiennent plus de sève lorsqu'on les enferme dans les maçonneries ou autrement.

aventureuses des ingénieurs anglais et américains, le système des ponts suspendus, plus séduisant pour l'imagination que rationnel au point de vue de la meilleure utilisation des propriétés du fer. L'abus qu'on a fait des ponts suspendus, qui ne sont motivés que lorsqu'il s'agit d'établir économiquement des passerelles peu fréquentées, a été la conséquence d'une de ces déviations illogiques qui s'imposent momentanément, au début de toutes les inventions ou applications nouvelles. On sait qu'on en a déjà supprimé plusieurs, à Paris et dans d'autres localités.

Parmi les ponts qui furent construits d'après ce système, sous la Restauration, celui qu'on avait établi sur la Seine, devant les Invalides, dut être abandonné et rasé au moment de le livrer à la circulation, par suite de raisonnements erronés que l'ingénieur, auteur du projet, avait suivis dans la combinaison générale et notamment dans la disposition des colonnes destinées à recevoir les chaînes de suspension. Cet insuccès n'est nullement imputable à l'emploi du fer, qui a donné partout ailleurs des résultats satisfaisants, ni au travail des ferronniers exécutants, qui ne laissait alors rien à désirer. On doit voir là un exemple malheureux d'une confiance dans des principes théoriques erronés, faussant les calculs les plus exacts, et assez aveugle pour faire mépriser les leçons de l'expérience pratique[1]. Le superbe pont suspendu de Saint-André-de-Cubzac, près Bordeaux, que M. Émile Martin a construit quelques années plus tard, a été une éclatante revanche de l'avortement de l'entreprise du pont des Invalides. Ce pont est surtout remarquable par les huit piles de 30 mètres de hauteur, en fonte creuse, sur lesquelles sont tendus les câbles de suspension[2]; la réussite de ces beaux pylônes en fonte est plus que suffisante pour faire oublier les erreurs de quelques architectes-artistes, qui ont cru devoir donner à la fonte les formes qu'ils étaient habitués à voir dans l'architecture en pierre.

On a beaucoup critiqué la flèche en fonte commencée, il y a quarante-cinq ans, sur la croisée des nefs de la cathédrale de Rouen. Bien que cet ouvrage, attribué à un architecte de talent, porte les traces des tâtonnements inévitables d'un art qui cherche sa voie, il n'est pas en lui-même aussi disgracieux que les archéologues ont bien voulu le dire. Son plus grand défaut est la disparate choquante qui résulte de l'application d'un procédé d'exécution tout nouveau à un monument du moyen âge. Le jugement porté sur cette flèche lorsqu'elle était dépourvue des détails de sa souche et de son amortissement, si importants pour le bon effet de la silhouette d'un couronnement pyramidal, doit être réformé depuis qu'elle est terminée.

XII

Le roi Louis-Philippe, que quelques historiographes ont surnommé l'*acheveur*, parce qu'il a mis la dernière main aux édifices de toutes sortes restés en suspens depuis Louis XV, a eu outre

1. Voir Toussaint, *Memento des architectes*, tome III; *Principes généraux*. Chose singulière, Navier, l'ingénieur qui n'a pas réussi pour ce pont, est l'auteur d'ouvrages théoriques fort estimés sur *l'Application de la mécanique à la construction*.
2. Voir *Charpenterie en fer*, par Eck, architecte-ingénieur.

donné aux travaux d'architecture une impulsion qui a permis à la ferronnerie de prendre définitivement son essor. Au commencement de son règne, un fait bien significatif s'est produit. Un des derniers chefs de l'école gréco-romaine, l'ancien aide du maître-artiste Percier, l'architecte Fontaine, qui professait le culte des masses de pierre et de la tranquillité des lignes, se résigna, sur la fin de ses jours, à adopter des charpentes en fer au Palais-Royal (galerie d'Orléans), aux Tuileries et à Versailles. A son exemple, M. Joly en introduisit aussi au palais Bourbon, affecté au service de la Chambre des députés. L'importante charpente de la cathédrale de Chartres ayant été incendiée en 1836, et l'impossibilité de retrouver, tant en France qu'en Allemagne, les dix mille pièces de bois dont elle se composait, étant démontrée, on se décida à recourir au fer. Cet accident fournit aux ferronniers l'occasion de s'exercer sur une grande échelle dans la construction de l'immense comble en fer et fonte combinés, qui assure désormais la conservation d'un des types les plus précieux de l'architecture du moyen âge.

Les chemins de fer, qui étaient depuis un certain temps en pleine activité en Angleterre, en Belgique, etc., ayant enfin été intronisés en France, grâce à l'initiative prise par les frères Pereire en 1837, pour l'établissement de la ligne de Saint-Germain, un nouveau champ d'exploitation fut ouvert aux constructeurs ferronniers.

En mentionnant cette spécialité de travaux, depuis l'origine des chemins de fer français jusqu'à nos jours, pour n'y plus revenir, je renonce à suivre pas à pas les progrès que les ingénieurs ont successivement réalisés dans la construction d'une quantité innombrable de gares; depuis la modeste gare primitive du chemin de fer du Nord, où le bois était encore combiné avec le fer étiré et fondu, jusqu'à la splendide construction de la gare d'Orléans, où les ressources des fers modernes, dits spéciaux, sont mises à profit. Toutes les combinaisons et dispositions possibles de combles en fer se trouvent dans la collection de ces hangars métalliques, disséminés sur le sol de l'Europe. On peut s'en faire une idée en consultant le recueil périodique des *Nouvelles Annales de la construction*, dont M. Oppermann a poursuivi la publication pendant nombre d'années; on y remarquera la variété des systèmes engendrés tantôt par l'emploi exclusif du fer laminé, tantôt par la combinaison de ce produit des forges avec ceux des fonderies. Ici des fermes articulées, dites à la Polonceau; là des fermes rigides, en tôle et fers spéciaux réunis par des rivets; ailleurs des arcs gigantesques ajourés en treillis, partout enfin les indices irrécusables de la fécondité de formes que recèle la nouvelle matière fondamentale de l'architecture.

Les principaux édifices érigés ou achevés dans la première partie du règne de Louis-Philippe, et qui furent dotés de charpentes en fer, sont l'Hôtel de Ville (agrandissements), l'hôtel du ministère des Affaires étrangères, l'école des Beaux-Arts, l'église Sainte-Clotilde, etc. La voûte en cul-de-four de l'abside de l'église de la Madeleine a une carcasse en fer[1]. Ces charpentes sont encore exécutées avec les fers carrés, méplats ou ronds, de l'ancienne fabrication. Jusque-là les usines ne fournissaient guère, en dehors des barres prismatiques et cylindriques, que les fers moulurés et feuillés, et les cornières de faibles dimensions que les ferronniers employaient à la confection des serres et autres cages vitrées propres à l'horticulture.

1. Dans ces pages écrites avant les dévastations infligées à la capitale, il est fait mention de plusieurs édifices qui sont aujourd'hui reconstruits. L'auteur croit devoir ne rien changer à sa première rédaction, il pense que ce qu'il dit de certaines constructions dont les charpentes étaient en fer, peut rester à titre de renseignement historique pour l'avenir.

Au point où l'activité de la ferronnerie constructive était arrivée, les produits des forges n'étaient plus à la hauteur des besoins. Mais on sait que, lorsque de nouvelles exigences sociales incitent un art au progrès, les perfectionnements, d'abord limités à une des branches de cet art, s'étendent bientôt à toutes les autres. Suivant cette loi, le progrès suscité dans la ferronnerie par la nécessité de substituer des charpentes en fer aux charpentes en bois ne pouvait s'arrêter au perfectionnement de la main-d'œuvre; il devait encore faciliter la consommation en déterminant une réduction économique mais rationnelle de la matière. Les maîtres de forges, comprenant alors qu'il était de leur intérêt de fournir aux constructeurs les nouvelles ressources qu'ils réclamaient, approprièrent leurs anciens laminoirs à la fabrication économique des fers *spéciaux*, c'est-à-dire de fers étirés en lames coudées dans le sens de leur largeur, et dont les sections, en forme de cornières, de T simple, de double et triple T, de V, de croix, etc., sont calculées de manière à obtenir le *maximum* de résistance sur plat et sur champ que peut donner une lame pour ainsi dire évidée, avec un minimum de matière. De cette innovation capitale, qui a résolu le difficile problème d'augmenter la solidité des charpentes en diminuant le poids des fers et conséquemment la dépense, date une ère nouvelle dans l'histoire des progrès de la ferronnerie constructive. La possession des fers spéciaux a eu pour premier résultat d'opérer une véritable révolution dans la combinaison des assemblages : en profitant des évidements de ces fers pour river solidairement ensemble les diverses pièces des charpentes, et en utilisant quelques-uns des procédés de la chaudronnerie, les ferronniers ont pu, avec peu de matière, donner à leurs systèmes une rigidité qu'on obtenait difficilement auparavant avec des échantillons de fers d'un poids comparativement très fort. La transformation des charpentes en fer dans ce sens s'accomplit en quelques années, car elle est déjà manifeste dans une construction importante qui date de 1854. Les arcs de la grande nef du palais de l'Industrie, ayant 48 mètres d'ouverture et franchissant l'espace sans le secours d'aucun tirant, sont un exemple assez grandiose de l'utilisation des fers spéciaux, pour qu'il soit inutile d'en citer bien d'autres qui se présentent en foule à nos souvenirs. Dans un autre ordre de travaux, l'application des fers spéciaux à la combinaison des poutres creuses en tôle a si bien effacé les limites assignées à ce genre d'ouvrages, qu'on a pu former des ponts et des viaducs considérables d'une seule poutre dans laquelle circulent les convois de chemins de fer.

C'est sous la fin du règne de Louis-Philippe que le fer a pris définitivement place dans la construction des maisons. Avant l'invention des fers spéciaux, on avait quelquefois employé des fers méplats, posés sur champ et entretoisés pour remplacer les solives en bois des planchers, on avait aussi combiné les mêmes fers en châssis enserrant un arc, pour remplacer les poutres principales. Une grève des ouvriers charpentiers, qui vint, en 1845, aggraver les embarras que causaient l'épuisement des bois de charpente et l'augmentation de leur prix, fut le signal de l'abandon de cette matière dans la majeure partie des constructions[1]. A partir de ce moment, on n'employa plus guère à Paris, pour les planchers, poutres et poitrails, que les nouveaux fers à double T, qui, en raison de cette première destination, furent d'abord distingués parmi les fers spéciaux sous le nom de *fers à planchers*.

L'industrie du fer coulé, marchant de pair avec celle du fer laminé, fournissait alors aussi

1. Hassenfratz dit dans son *Traité de l'art du charpentier* (1804) : « Dans quelques endroits, on a commencé à introduire la construction des planchers en fer et en poteries, pour éviter la destruction du bois par le feu. »

son contingent aux constructeurs. Outre les colonnes des maisons et des gares, les pièces accessoires des charpentes, les balcons et une foule d'objets de commerce, voire même des poutres creuses en fonte[1], elle produisait des ouvrages d'art décoratif, tels que la belle grille qui entoure la colonne de Juillet, composée par M. Duc et exécutée par les frères Colas, les fontaines de la place de la Concorde, du square Louvois, etc., etc.

La fonte de fer joue un grand et beau rôle dans la construction de la bibliothèque Sainte-Geneviève, élevée de 1845 à 1850, sous la direction de M. Henri Labrouste, qui avait déjà créé, dix ans auparavant, les délicieux candélabres du pont de la Concorde, si supérieurs à ceux de la place, sous le rapport de l'appropriation de la forme à la matière. Ayant l'intention de mentionner plus loin les œuvres d'architecture procédant de l'emploi du fer, j'aurai l'occasion de revenir sur cet édifice, qui est d'un haut intérêt pour l'étude que je poursuis.

XIII

Je dois dire un mot d'un ouvrage en fer du temps de la république de 1848, qui me servira de transition pour aborder les travaux de ferronnerie du dernier règne; je veux parler des combles en fer de la nouvelle sacristie, en style gothique, de la cathédrale de Paris.

A un moment où l'impulsion donnée à l'emploi du fer n'était pas encore irrésistible, les deux célèbres architectes chargés de restaurer cette cathédrale, MM. Lassus et Viollet-le-Duc, abandonnant en cela les errements archéologiques, ont eu le bon esprit de renoncer à établir un foyer d'incendie au pied de la grande basilique, dont le comble, véritable forêt de bois, donne un sujet d'inquiétudes assez grand par lui-même lorsqu'on songe au désastre de Chartres. Le parti qu'ils ont pris d'établir en fer les combles de cette sacristie a été vivement critiqué par les archéologues exclusifs, ayant à leur tête feu Didron, de fougueuse mémoire; mais le reproche qui leur a été fait de prendre une licence dont on ne pouvait trouver la justification dans les édifices du moyen âge, n'a pas touché le public éclairé. Les bons esprits leur ont su gré, au contraire, d'avoir pris des garanties pour l'avenir d'un des plus remarquables chefs-d'œuvre de l'architecture gothique, en résistant à des préjugés hors de saison. Le pavillon gothique, nouvellement construit à droite du portail de Notre-Dame, pour servir de presbytère, a reçu aussi une charpente en fer .

1. On en voit dans les chambres du Palais de Justice.

2. Viollet-le-Duc ne s'est pas borné à mettre des combles en fer sur des constructions gothiques neuves. En restaurant l'antique château militaire de Pierrefonds, il a substitué le fer au bois dans la reconstruction de certains combles.

XIV

Au commencement du dernier règne se place la grande entreprise des Halles centrales de la ville de Paris, dont le projet avait été déjà discuté à plusieurs reprises sous les règnes précédents. La mise à exécution de ce monument, d'un haut intérêt pour la population, a été marquée par des incidents fort curieux, qu'il faut rappeler, parce qu'ils permettent de préciser jusqu'à quel point l'adoption de l'architecture en fer s'imposait déjà aux esprits en 1853.

Les conseils des édiles parisiens et des bâtiments civils, peu progressistes en leur qualité de corps constitués, assujettis aux us et coutumes, ne voyant encore le *style monumental* que dans les masses de pierre, avaient adopté un projet conçu dans ce sens, sans daigner s'apercevoir des avantages que les modèles fournis par les ingénieurs, dans les gares de chemins de fer et ailleurs, offraient pour couvrir et aérer les grands espaces que devaient occuper les Halles centrales de la capitale. Le projet arrêté par l'administration, et consistant à élever un certain nombre de pavillons séparés, en pierre, reçut un commencement d'exécution.

M. Victor Baltard, architecte de la Ville, élevé en grade par l'ancien maire républicain de Paris, Marrast, construisit un premier pavillon dans le genre du marché des Blancs-Manteaux, exécuté sous la Restauration, et ayant une toiture supportée par une charpente en métal ; mais il ouvrit moins largement l'enceinte en maçonnerie de son bâtiment, où le plein des murailles dominait sur les vides. L'opinion publique plus avancée, paraît-il, que les conseils administratifs, s'émut à la vue de ce cube de pierre renforcé sur les angles par des sortes de bastions, que le peuple appelait, dans son langage pittoresque, *le fort de la halle*.

Depuis quarante ans qu'à côté de la coupole de la Halle au blé, la barbarie des bâtisses des anciennes halles devenait de plus en plus choquante, les résultats obtenus par les ferronniers dans la construction de nombreuses gares, et en particulier dans celle des deux marchés de la Madeleine et de la porte Saint-Martin, avaient habitué le public à goûter les combinaisons avantageuses pour l'époque des formes allégies et élégies de l'architecture en fer. Certes le marché Saint-Germain, exécuté sous les ordres de l'architecte Blondel de 1811 à 1818, sera toujours un excellent modèle de l'application de la pierre et du bois à cette spécialité d'abris ; mais, malgré tout son mérite, ce genre de construction ne paraissait plus admissible en 1850 pour les marchés publics. L'opinion réclamait alors pour les halles de vastes abris ayant la légèreté et l'élégance que l'emploi du fer pouvait seul permettre d'obtenir. Plusieurs ingénieurs et architectes, entrés depuis des années dans la voie du progrès, appuyaient cette requête. M. E. Flachat et M. H. Horeau entre autres, ayant fourni au public le moyen d'établir des comparaisons, en présentant des projets de halles en fer, il s'éleva contre l'exécution des pavillons en pierre une telle clameur, que le chef de l'État dut intervenir. Par son ordre les travaux en cours d'exécution furent arrêtés, et l'étude d'un nouveau projet, conforme aux vœux de l'opinion publique, fut commandé.

En présence de cette manifestation éclatante du public en faveur de la nouvelle architecture en fer, M. Baltard se convertit, comme l'avait fait naguère le classique Fontaine. Avec le collaborateur de son confrère Callet, il refondit les projets produits par les partisans des constructeurs ferronniers conformément au nouveau programme de l'administration, et, grâce au concours du célèbre ferronnier Joly, d'Argenteuil, dans l'exécution [1], la ville de Paris a été dotée du bel ensemble de pavillons et de rues couvertes que les Halles centrales présentent aujourd'hui. Pour compléter cet ensemble, l'architecte auteur des pavillons en pierre a dû ensuite faire abattre le *specimen* qu'il avait fait exécuter de prime abord.

A partir de la décision prise au sujet des Halles centrales, sous la pression du sentiment populaire, l'architecture en fer fut définitivement adoptée pour les constructions d'utilité publique ayant une destination analogue. Elle a été appliquée à tous les nouveaux marchés d'arrondissement, et a reçu des développements immenses dans la construction récente du marché aux bestiaux de la Villette. Voilà certes des preuves évidentes de l'envahissement irrésistible du fer, comme matière fondamentale de l'architecture, et le signe manifeste d'une révolution dont les conséquences devaient inévitablement s'étendre de la construction des abris à celle des monuments proprement dits. Mais il suffit pour le moment de constater les faits, on suivra plus tard les résultats de cette tendance.

L'extension inouïe qui, comme il a déjà été dit, fut donnée sous le dernier règne aux travaux de construction et de reconstruction, a profité au développement de la charpenterie en fer. Par la force des choses, elle a pris possession de tous les bâtiments élevés, à Paris et dans les grandes villes, aux frais de l'État ou des communes, depuis les galeries et pavillons des palais du Louvre et des Tuileries jusqu'aux modestes hôpitaux. Le nouvel Opéra est criblé de pièces de fer et de fonte cachées et de fonte ornementale.

Les ferronniers, qui tiraient alors un excellent parti de l'union solidaire des fers spéciaux à la tôle pour les combles et les planchers des bâtiments, ne tardèrent pas à s'emparer de certains ouvrages exécutés jusque-là avec d'autres matières et de natures fort diverses. Ils se partagent maintenant avec les maçons l'établissement des phares, des piles de ponts, etc.; ils font concurrence aux charpentiers pour l'exécution des vaisseaux, des portes d'écluses, des escaliers, des pans dits de bois [2]; ils fabriquent, au lieu et place des menuisiers, des fermetures de boutiques, des portes, des croisées, des châssis, des persiennes, etc. Dans l'établissement de la manutention des vivres de la guerre, par exemple, la part de la ferronnerie ne fut pas limitée à la construction, elle fut aussi appelée à remplacer en fer le mobilier assez compliqué et les anciens appareils en bois destinés aux divers services de la manutention. Dans le même temps, la fonte de fer qui entrait comme matière principale dans la structure des ponts de Solférino, de l'île Saint-Louis, etc., se prêtait sous une autre forme à l'érection de la colonne du puits de Grenelle.

1. Les pièces de fonte, remarquables par leur grande dimension et leur pureté de formes, ont été fournies par la fonderie de Mazières, près Bourges.

2. Les *pans de fer* destinés à remplacer les pans de bois, qu'on a formés jusqu'à présent avec les fers spéciaux ordinaires, ne doivent être considérés que comme des tentatives qui restent à côté de la question. La véritable solution du problème des pans de fer ne sera obtenue qu'en partant d'un principe différent de celui qu'on a suivi en imitant le bois. Les nouvelles casernes de l'île Louviers sont, sous ce rapport, d'heureux spécimens.

XV

Sur le point d'aborder la question de l'utilisation rationnelle du fer dans l'architecture monumentale, objet principal de cette revue historique, le palais de l'Industrie, dont j'ai déjà parlé, me servira de transition, bien que cette œuvre mixte ne soit pas la première en date de la catégorie. Le palais des Champs-Élysées, en effet, tient le milieu entre la spécialité des abris cultivée par les ingénieurs, et celle des édifices appartenant aux architectes, laquelle comprend les monuments proprement dits dont le signe caractéristique est la voûte. Après plus de trente ans d'existence, le palais de l'Industrie est définitivement jugé. Si, par le grandiose des dispositions architectoniques et la puissance des effets de perspective qu'il recèle intérieurement, il justifie les prétentions de ses auteurs à la grande architecture, ses couvertures vitrées, à la manière des serres jardinières[1], lui enlèvent tout caractère monumental. On sait, par expérience, qu'indépendamment du grave inconvénient qu'a cette couverture de transformer alternativement le vaisseau en serre chaude l'été, et en glacière l'hiver, elle détruit toute possibilité d'éclairer des objets d'art d'une manière favorable à leur appréciation. Il est reconnu que, dans ce vaste espace préparé pour des expositions, on peut à grand'peine placer quelques statues et un très petit nombre de tableaux dans des conditions de jour convenables. La lumière qui, dans cet intérieur, tombe d'aplomb partout, en frisant les toiles des tableaux, et qui, en raison de la réverbération produite par des surfaces en verre et des reflets, efface les ombres des figures sculptées, est infiniment moins propice aux formes en relief que la lumière franche qui se répand dans les places publiques; aussi, pour atténuer un peu le fâcheux effet de cet éclairage, est-on obligé, à chaque exposition annuelle des beaux-arts, de cacher par d'affreux plafonds suspendus en toile la forme cintrée des galeries. En somme, cette construction où, sauf les deux pignons de la grande nef, le fer et la fonte ont été utilisés par les ferronniers d'une manière aussi intelligente au point de vue de l'art qu'à celui de l'économie, ne peut soutenir le titre ambitieux de palais qui lui a été donné. Dans son état actuel, avec sa couverture de serre, elle n'est guère propre qu'à abriter un jardin d'hiver féerique, où, moyennant un chauffage *ad hoc*, les végétaux des climats plus favorisés du soleil que le nôtre pourraient être entretenus. On ne peut aujourd'hui s'expliquer la faute capitale commise dans la composition du palais de

1. On a vu qu'on avait multiplié les marchés d'arrondissements sous le dernier règne. La vitrerie qui occupait une superficie notable dans les premières de ces constructions, a été réduite dans les suivantes, puis enfin complètement abandonnée dans les dernières. L'expérience ayant fait reconnaître combien il était nuisible de laisser pénétrer les rayons solaires dans ces magasins de substances putrescibles, comme dans les serres que les ferronniers avaient cru d'abord devoir imiter, on cherche maintenant à y faire prédominer les jours ouverts verticalement, qu'on utilise en même temps pour l'aération. Après une déviation, on en est revenu, en cela, aux dispositions des marchés en pierre et en bois, dont le marché Saint-Germain est le type, mais en supprimant l'attirail de charpente qui l'obstrue. On trouvera dans les planches de cet ouvrage la véritable solution du problème de l'éclairage sans échauffement.

l'Industrie qu'en se rappelant qu'il a été construit de 1852 à 1854, sous l'influence du fameux *Palais de cristal* anglais, qui n'était qu'une grande cage cubique vitrée.

La bibliothèque Sainte-Geneviève, bâtie sur la fin du règne de Louis-Philippe, paraît être le premier édifice voûté qui ait été doté d'une ossature métallique. C'est Henri Labrouste, dont il a été parlé plusieurs fois comme étant l'architecte le plus affranchi de la routine, qui a pris l'initiative de cette innovation, il y a quarante ans, c'est-à-dire plusieurs années avant la mise à exécution du projet définitif des Halles centrales. Quand Henri Labrouste fut chargé de la direction de cette œuvre, il était connu depuis des années pour s'être placé à la tête des promoteurs de la liberté dans l'art, en répudiant les doctrines des écoles exclusives à une époque où elles exerçaient un empire tyrannique. Le succès même de cet enseignement libéral l'avait fait mettre à l'écart dans la distribution des grands travaux du gouvernement. L'administration subissant l'influence d'une coterie ombrageuse et rétrograde, il fallut encore, cette fois, que l'opinion s'élevât avec force contre d'injustes décisions pour que le talent de ce maître pût se donner carrière dans la production d'un monument d'architecture.

Léonce Reynaud, qui a donné une magnifique gravure de l'ensemble et des détails de la grande salle de la bibliothèque Sainte-Geneviève, dans les planches de son *Traité d'Architecture*, en a fait dans le texte une description nette et concise, dont j'extrais le passage concernant l'ossature ferronnière.

« Cette salle, dit-il, est élevée au-dessus d'un rez-de-chaussée, dans lequel sont distribués un vestibule et deux grandes pièces pour dépôt de livres. Elle a 17 mètres de largeur sur 80^{m},75 de longueur dans cette œuvre, et elle est divisée en deux travées longitudinales par une rangée de seize colonnes en fonte, que des arcs, exécutés en même matière, relient entre elles et aux murs d'enceinte. Les bases de ces colonnes sont élevées de 2^{m},45 au-dessus du sol de la salle, sur des dés en pierre de taille, entre lesquels sont placés des casiers, sauf dans les trois entrecolonnements du milieu, qui sont réservés à la circulation. Chaque travée est recouverte par une voûte en berceau surbaissée, concentrique aux arcs qui réunissent les colonnes aux murs, et qui repose, d'un côté sur l'un de ces murs, de l'autre sur les colonnes et les arcs placés dans leur alignement. Les naissances de cette voûte sont marquées par un bandeau en fonte, évidé et décoré de rosaces, que surmonte un ornement découpé, d'un dessin ferme et riche : au-dessus, s'élèvent des arcs en fer forgé, reliés par des entretoises, également en fer, lesquelles constituent l'ossature de la voûte, et dont les intervalles sont formés par une *couche de plâtre, appliquée sur un grillage en fil de fer*. Ces arcs sont supportés, à leur sommet, par une suite d'autres arcs en fonte, lesquels sont assemblés avec ceux qui divisent la voûte sur sa longueur. La charpente du comble consiste en des pannes de fer forgé qui sont soutenues, au droit de chacune des divisions transversales de la salle, par des montants en fonte reposant, l'un sur la colonne, les autres sur les grands arcs. Des pièces de fer, parallèles aux lignes de plus grande pente du comble, saisissent ces montants et les maintiennent dans leur position verticale. »

Comme on le voit, le principe de l'ossature ferronnière, qui a pour conséquence la suppression de la poussée des voûtes, se trouve formulé là dans un système complet. Par l'emploi de la fonte et du fer combinés en châssis enfermant des panneaux de maçonnerie légère, l'ancienne voûte qui exerçait une pression oblique sur les points d'appui, est transformée en un plancher cintré dont les arcs principaux sont les poutres, et les arcs secondaires et les entretoises les solives; plancher qui acquiert un surcroît d'immobilité et de raideur par le fait de sa courbure. Du premier coup, l'architecte de la bibliothèque Sainte-Geneviève a trouvé, pour ses arcs-doubleaux, une forme appropriée à la fonte. Trop opposé à l'imitation mensongère pour enfreindre les prescriptions de la logique et de l'économie bien entendue, il ne s'est laissé aller ni à copier en fonte les profils des arcs en pierre, ni à ébaucher un noyau solide qu'il aurait fallu dissimuler par une enveloppe de revêtement. Il a franchement accusé de larges arcs ajourés, ayant peu d'épaisseur, dont les découpures, aussi nettes qu'élégantes, donnent à la salle un cachet artistique tout particulier. Les seize colonnes en fonte qui séparent les deux nefs n'ont cependant pas, cette fois, profité de la fécondité de composition qui a enfanté les arcs. Surmontées d'un chapiteau, dont la finesse ne cadre guère avec la mâle vigueur des arcs, elles font encore un effet de colonnes corinthiennes qui auraient été amaigries et allongées. Nous trouverons, quinze ans plus tard, à la Bibliothèque nationale, un modèle magistral de colonnes en fonte élevées sur des piédestaux et surmontées de chapiteaux à encorbellements appropriés à la retombée des arcs, qui a été créé par le même architecte.

Une remarque qu'on n'a pas sans doute manqué de faire en lisant la description de Léonce Reynaud, c'est que la stabilité de l'ossature de la bibliothèque Sainte-Geneviève, surabondante pour assurer l'inertie des voûtes, a pu être utilisée pour établir la toiture qui les couvre d'une manière économique. Formés de claveaux en fonte d'environ 5 mètres, qui, dans un développement de 12 mètres, ne commandent que deux ou trois points, reliés eux-mêmes énergiquement, chacun des arcs-doubleaux peut être considéré comme étant d'une seule pièce douée d'une grande rigidité et capable de se déformer. Si l'on tient compte, en outre, de l'appui que leur prêtent les contreforts intérieurs motivés par les enfoncements qu'occupent les casiers, on comprendra facilement que l'architecte se soit contenté de caler, pour ainsi dire, la toiture sur les arcs-doubleaux pour économiser la dépense inutile qu'aurait occasionnée l'addition de fermes proprement dites. En raison de la résistance et de l'invariabilité que la structure des châssis métalliques comporte, les panneaux de cette ossature auraient pu être voûtés en poteries creuses, en briques et même en moellons piqués. « La couche de plâtre appliquée sur un grillage en fil de fer » peu digne de couronner un tel monument, n'a été évidemment subie que pour satisfaire à des exigences outrées d'économie.

L'église Saint-Eugène, construite en 1854 et 1855[1], a, pour l'application d'une ossature à un édifice religieux voûté, une priorité bien établie par les nombreuses publications où cette innovation a été mentionnée. Cette priorité est constatée par une notice sur cette église, due à la plume de feu Delbrouck, architecte, dont voici le préambule :

« Le vif intérêt que la construction de l'église Saint-Eugène a excité au double point de vue de la religion et de l'art, a fourni matière à la presse. D'une part, les recueils spéciaux ont ouvert leurs colonnes à des débats intéressants et instructifs, sur l'application des nouvelles

1. Dans quelques notices biographiques, puisées à la même source, on a supposé que feu M. Lusson avait commencé l'exécution de l'église Saint-Eugène, que je n'aurais fait que continuer. M. Lusson, chargé en effet en premier lieu de cette construction, avait préparé des plans qui ne m'ont été nullement communiqués. Il a été constaté qu'il n'y avait pas seulement un piquet sur le terrain lorsque j'ai planté le bâtiment. Du reste, l'*album* de son projet remanié, que M. Lusson a publié au moment de l'achèvement de l'église, indique des dispositions fort différentes de celles que j'ai adoptées, notamment en ce qui concerne la forme des voûtes.

ressources industrielles qui y a été faite pour la première fois; débats auxquels ont pris part un savant ingénieur, membre de l'Institut et du conseil d'État, et un habile architecte, Michel Chevalier et Viollet-le-Duc[1]. »

« De plus, presque tous les journaux de Paris, quotidiens ou périodiques, ont rendu compte des résultats qui ont été obtenus dans la construction de cet édifice, avec un empressement qui dénote chez leurs rédacteurs un louable désir d'encourager le progrès, sous quelque forme qu'il se produise. Aussi nous avons pensé qu'il était nécessaire de rappeler, dans une courte notice, les motifs de l'érection de l'église Saint-Eugène, de donner ses dimensions principales, d'indiquer les matériaux et les procédés de construction nouveaux qui ont été employés par l'architecte, et de constater les résultats obtenus à l'aide de ces nouveaux matériaux qui jusque-là avaient été repoussés par les architectes chargés de la construction de nouvelles églises[2]. »

C'est à l'esprit d'encouragement de M. l'abbé Coquand, désigné pour être le curé de la nouvelle paroisse Saint-Eugène, dont un décret de 1853 avait ordonné l'érection avec six autres succursales, que je dois d'avoir pu commencer à réaliser des projets que j'étudiais depuis dix ans.

A l'époque où les plans de l'église Saint-Eugène furent dressés, l'adoption du fer étiré et fondu comme matière principale de la construction d'une église, paraissait une entreprise assez audacieuse pour qu'on se résignât à apporter quelques ménagements dans son exécution; car à ce moment on n'aurait pas trouvé une administration publique assez osée pour adopter cette innovation quelque atténuée qu'elle fût. Il fallut qu'il se rencontrât un homme ayant la fermeté de décision de M. l'abbé Coquand pour qu'elle pût se produire et provoquer les répétitions qui l'ont bientôt suivie.' Or l'imitation de l'architecture gothique étant alors recherchée pour les édifices religieux, les principales conditions du programme furent les deux suivantes :

1° Tirer parti des avantages que comporte la construction en fer pour utiliser un terrain coûteux et restreint, en livrant aux fidèles le plus d'espace possible, et en outre pour obtenir l'économie imposée à un fondateur n'ayant à sa disposition que des ressources privées.

2° Combiner la construction en fer de manière à reproduire, surtout à l'intérieur, les formes décoratives du style gothique.

La concession que le programme voulait qu'on fît aux goûts du jour ne permettait pas de songer à laisser apparentes, sous les voûtes, les côtes en fer des arcs; il fallut donc les revêtir de moulures gothiques. Pour les colonnes isolées, un type exceptionnel, résultant d'un tour de force accompli en pierre par les constructeurs du moyen âge, fournit un modèle tout à fait applicable à la fonte. Grâce à leur allure métallique, les colonnes monostyles, en pierre, de

1. *Débat sur l'application du métal à la construction des églises*, voir le numéro du *Journal des Débats* du 1er juin 1855 et l'*Encyclopédie de l'architecture*, par M. Adolphe Lance, même année.

2. *L'église Saint-Eugène, à Paris. Vues et descriptions.* Paris, B. Lebrun et Cie, 1856.

Tous les recueils *illustrés* ont donné des vues perspectives de l'église Saint-Eugène. J'en ai publié des plans et coupes et élévations qui ont été reproduits en partie dans les *Nouvelles Annales de la construction*, par M. Oppermann, et dans son *album pratique de l'art industriel*.

l'ancien réfectoire de Saint-Martin des Champs (actuellement bibliothèque du Conservatoire des arts-et-métiers), paraissaient tellement appropriées à l'échelle d'une ossature ferronnière si elles étaient reproduites en fonte, qu'elles furent admises à Saint-Eugène, pour former quatre rangées séparant cinq nefs, bien qu'à l'ancien réfectoire il n'y en eût qu'une entre deux nefs, voûtées sur une ossature en pierre.

A part les concessions faites concernant une apparence de la décoration, l'ossature de l'église Saint-Eugène présente un ensemble complet au point de vue de l'utilisation du fer comme matière principale de la construction architecturale. Réalisant en même temps le principe de la construction en fer et ses conséquences, cette ossature qui supprime les efforts de poussée des voûtes, et conséquemment les arcs-boutants ainsi que la majeure partie des contreforts, constitue à elle seule le système de stabilité de la construction, où la maçonnerie ne sert plus qu'à former les parois de clôture. Sa combinaison diffère essentiellement de celle des ossatures en pierre, sa stabilité étant assurée à l'aide de simples *contreventements*, tandis que les dernières ont besoin d'être *contre-butées* pour se maintenir en repos. Voici, en peu de mots, les principaux traits de la nouvelle disposition de l'ensemble : en plan trente-six colonnes en fonte du haut desquelles s'élancent, dans tous les sens, des arcs en fer qui, réunissant les deux fonctions d'arcs et de fermes, supportent à leur partie inférieure les panneaux des voûtes, et à leur partie supérieure le plancher de la couverture. Ces deux parois en maçonnerie, hermétiquement closes, laissent entre elles des intervalles plus ou moins larges, où règne une couche d'air *confiné* qui maintient l'égalité de la température à l'intérieur du vaisseau. Les couvertures étant, jusqu'à un certain point, extradossées aux voûtes, la charpente spéciale appliquée aux combles ordinaires est économisée. Parmi les panneaux de voûtes, généralement triangulaires, qui s'appuient sur les arcs en fer, il en est qui ont jusqu'à 5 mètres de base, et qui sont établis au moyen de deux tuiles superposées à plat, avec hourdis, chape et enduit en plâtre, sans le secours d'aucune armature secondaire. Outre les colonnes, les meneaux des fenêtres et des roses, les arcs et les balustrades des tribunes latérales et de l'orgue, ainsi que les soffites et arcatures recevant la retombée des voûtes de tribunes, sont en fonte de formes apparentes concourant à la décoration. Enfin l'espèce de hangar voûté que cette ossature suffirait à maintenir debout est clos, dans son pourtour, par des murailles en maçonnerie percées de baies de roses et fenêtres au nombre de soixante. Notons, en passant, que depuis trente-deux ans que l'église Saint-Eugène est livrée au culte, cet ensemble considérable de fonte et de fer n'a donné lieu à aucun des inconvénients de dilatation, d'oxydation, etc., etc., dont des critiques, ayant encore des préventions contre l'emploi du fer, nous avaient menacés.

Il ne me siérait pas d'émettre un avis au sujet de l'exécution du programme sous le rapport de l'art; je m'en réfère au jugement que l'opinion publique a rendu sur ce point. Quant à l'économie qu'a procurée le nouveau mode de construction, il suffit, pour en donner une idée, de rappeler qu'il a été constaté que le gros œuvre de l'église Saint-Eugène ressortait à 490 francs le mètre carré en plan, ce qui représente à peine la moitié du prix de revient des églises *modestes*, bâties dans le même temps selon l'ancien système.

La ville de Paris a profité des avantages obtenus dans l'exécution de cette église en l'achetant quelques années après son achèvement, moyennant le simple remboursement des dépenses faites par son fondateur et une redevance, sorte de loyer, imposée à la fabrique pendant 40 ans[1].

XVI

Il paraît que l'application faite pour la première fois, à l'église Saint-Eugène, d'une ossature métallique à un édifice religieux, répondait aux tendances actuelles du progrès architectonique, au moins dans le sens de l'économie, car elle fit promptement son chemin.

Quelques années après l'achèvement de l'église du Faubourg Poissonnière, il me fut permis de donner une certaine extension au système des ossatures métalliques, dans la construction de divers édifices destinés au culte.

Dans les deux premières églises nouvelles, entreprises en 1863, celle du Vésinet (Seine-et-Oise) et de Montluçon[2], et exécutées concurremment, j'ai pu non seulement faire apparaître des arcs en fonte, ajourés sous les voûtes, et des faisceaux de colonnettes également en fonte, mais encore appliquer une nouvelle forme de voûte, qui est motivée par les propriétés du métal composant l'ossature. Conformes au modèle économique dont j'avais fait l'essai en 1858, dans la construction en bois de l'église provisoire de Saint-Michel des Batignolles[3] (voir les planches et leur explication, à la fin du volume).

C'est à M. Pallu, fondateur du parc du Vésinet, et à M. Duchet, ancien maire de Montluçon, que revient l'honneur d'avoir adopté, les premiers, ce système particulier de construction.

L'église du Vésinet a été achevée en 1865 et celle de Montluçon en 1867. J'ai été appelé ensuite à appliquer à plusieurs autres constructions d'églises mon système d'ossature ferronnière, modifié de plusieurs manières, selon l'étendue de la construction et les limites des ressources pécuniaires. Ces églises sont celles : de Juilly (Seine-et-Marne, 1869); des forges de Gua, commune d'Aubin (Aveyron, 1868), de Notre-Dame de France, *Leicester-Square* (Londres, 1868) et de l'Abergement-Clemencia (Ain, 1869)[4].

1. L'acquisition de l'église Saint-Eugène n'a pu être effectuée que sur l'avis favorable du conseil des architectes, chargés par l'administration de reconnaître si le nouveau système de construction offrait les garanties désirables de stabilité. Dans ces derniers temps, sous un prétexte futile, fourni par la Fabrique, des employés de la Ville, interprétant maladroitement une consigne, ont dégradé l'extérieur de Saint-Eugène, en abattant des fleurons de couronnement, qu'on ne remplace pas. Il paraît que ce dégât doit subsister comme la flèche penchée de Saint-Bernard de la Chapelle.

2. L'église de Montluçon a, en plan, une superficie double de celle du Vésinet. Le système de construction est le même dans les deux édifices, si ce n'est qu'au Vésinet la maçonnerie des murs et de la tour est en *pierre factice*, sorte de *pisé*, dit *béton aggloméré*, composé de chaux, sable et ciment.

3. Comme l'église Saint-Eugène, celle des Batignolles a été achetée par la ville de Paris, qui y a fait des agrandissements.

4. L'établissement important de la *Pharmacie centrale de France*, à Paris, rue de Jouy, que j'ai construit en 1860, contient une halle à plusieurs étages exécutés en fonte et fer. Voir les *Nouvelles Annales de la construction*, par Oppermann.

XVII

Parmi les édifices que la ville de Paris a multipliés dans la capitale, sous le dernier règne, on compte huit églises, deux synagogues et quelques temples protestants, dont la construction a été échelonnée sur les huit dernières années du second empire.

J'ai indiqué plus haut la prétention du gouvernement impérial à se distinguer dans l'érection des monuments. Par suite des incitations faites en vue de la découverte d'un style d'architecture appartenant au règne, tous les systèmes constructifs et tous les styles décoratifs ont été mis à contribution par les architectes de l'administration, et, chacun d'eux s'étant inspiré de préférence de l'art de telle ou telle époque, il est résulté de cette pratique des doctrines de l'éclectisme une diversité dans les essais, qui offre un vaste champ aux comparaisons. On sait déjà que, pour les édifices religieux comme pour tous les bâtiments importants de la même époque, on avait définitivement livré la charpente des combles aux ferronniers. Ce n'est donc que des églises où la fonte et le fer ont été introduits dans la structure des voûtes, ou dans celle des points d'appui, qu'il me reste à parler.

L'application de la structure ferronnière aux édifices religieux avait causé, lors de son apparition à l'église Saint-Eugène, un véritable émoi dans le camp des constructeurs habitués à employer la pierre. Cependant un fait bien significatif prouve combien cette innovation était conforme au degré d'avancement des idées; c'est que cinq ans à peine s'étaient écoulés lorsque l'édilité parisienne se résignait à emprunter les ressources de la ferronnerie, pour soutenir ses prétentions à la nouveauté, dans l'érection des deux monuments qui devaient illustrer au plus haut degré le nouveau Paris, à savoir les églises de Saint-Augustin et de la Trinité.

Rien n'a été ménagé pour donner à ces monuments toute l'importance qu'on y attachait. Pour les placer dans les positions les plus splendides de la ville, on a rasé quantité d'immeubles d'une grande valeur. Pour leur donner une magnificence rare, on a affecté des sommes considérables aussi bien à leur décoration qu'à leur construction. Évidemment, dans ce cas, l'économie que peut procurer l'emploi du fer n'a pas été la préoccupation dominante des ordonnateurs. La création de nouveaux types architectoniques, par l'adjonction du fer à la maçonnerie, était le but principal qu'on se proposait[1]. Il y aurait à examiner comment le programme administratif a été rempli sous ce rapport. Pour le moment je n'ai qu'à rendre compte du rôle que joue le fer dans la construction des deux monuments dont il s'agit. Mais avant, je dois dire un mot d'une modifi-

1. D'après M. Jules Bouchet, architecte, le prix de revient de l'église Saint-Augustin, qui occupe une superficie de 2,800 mètres, est de 5,500,000 francs, soit 1964 francs par mètre. *Revue générale de l'architecture*, article intitulé : *Les nouveaux monuments de Paris; l'église Saint-Augustin*, année 1869. On vient d'être obligé de corriger des vices d'assemblage imputables aux constructeurs ferronniers de cet édifice.

cation malheureuse apportée dans les plans traditionnels des basiliques chrétiennes, dont l'emploi du fer a été le prétexte.

Les églises de la Trinité et de Saint-Augustin, qui diffèrent beaucoup par les plans et les élévations, ont une disposition qui leur est commune, c'est l'extension donnée à la nef centrale, qui, comme celle de Sainte-Cécile d'Alby et de quelques églises du Midi, occupe la largeur de trois nefs ordinaires, et est dénuée de tous points d'appui intermédiaires. Cette nef unique est nécessairement couronnée d'une simple voûte qui franchit toute sa largeur en décrivant une courbe plus ou moins prononcée, avec toute l'uniformité commandée par son grand développement. Cette disposition, qui est recherchée, avec raison, pour obtenir l'économie et les facilités de circulation dans les constructions industrielles non voûtées comme les gares, etc., n'est pas avantageuse au point de vue de l'art, pour l'intérieur des monuments, auxquels elle retire le plus grand charme pour la vue, celui des perspectives variées. Les divisions multipliées, les montants intermédiaires formant jalons, points de repère ou repoussoirs, et les retombées accidentées de la répétition des voûtes sont autant de conditions favorables que les lois de l'optique esthétique imposent à l'art monumental. Les puissants effets de perspective qui nous causent une si forte impression lorsque nous pénétrons dans une de nos cathédrales du moyen âge, ne se retrouvent pas dans un vaste espace, qui paraît moins grand par cela même qu'il est vide et dénué de plans successifs et accidentés. Pour suivre les tendances du progrès dans l'architecture monumentale, on peut, on doit même, au moyen de la fonte, améliorer les conditions optiques, en réduisant le volume des points d'appui intermédiaires, mais non en les supprimant. C'est en effet une erreur de croire que l'observation du principe primordial des grands effets perspectifs, propre à l'art monumental, est inconciliable avec l'économie; car comme pour une même surface de voûtes, mesurée en plan, les fers composant l'ossature doivent être nécessairement beaucoup plus forts dans une seule travée de voûte de toute la portée que dans trois travées subdivisant la même portée, la dépense des points d'appui en fonte (produit moitié moins cher que le fer) est à peu près couverte par l'économie résultant de la réduction du poids de l'ossature des voûtes.

A la Trinité, en raison du parti pris de jeter sur une large nef une voûte en berceau engendrée par un demi-cercle avec des pénétrations de lunettes aux retombées, le fer, indépendamment de la charpente du comble, a été utilisé pour neutraliser l'effort des poussées. Au moyen d'une carcasse formée avec cette matière, on a pu transformer les massifs des culées longitudinales qu'aurait exigé une voûte en maçonnerie, en couloirs et chapelles bien dégagées. Les fers qui composent les arcs doubleaux et les compartiments de cette voûte, hourdée en briques creuses, ayant des sections d'une ampleur plus que suffisante, on aurait pu les laisser apparents et les accuser dans la décoration. Mais le tout a été enveloppé d'un enduit en plâtre imitant des panneaux et moulures dans le style de la Renaissance; revêtement qui ne laisse deviner l'ossature métallique que par les traces imprimées sur les surfaces peintes par le contact des fers.

Les voûtes de l'église Saint-François-Xavier, conçues dans le même esprit, ont été également plâtrées, ainsi que celles de l'église Notre-Dame-des-Champs.

L'église Saint-Augustin diffère essentiellement sous ce rapport de celle de la Trinité, car l'ossature en fonte et fer y est apparente et décorative; cependant elle n'accuse pas l'entente de la structure ferronnière qu'on était en droit d'attendre de l'architecte des Halles centrales. A

Saint-Augustin, cet architecte a procédé comme faisaient les Romains, qui appliquaient après coup des ordres grecs, en marbre ou en pierre, sur les massifs de leurs constructions en blocage voûtées (exemple, la basilique de Constantin dite temple de la Paix). Dans une construction élevée en pierre, close et couverte, — au moins quant aux nefs, — il a introduit une ossature ferronnière composée de supports en fonte appliqués sur les piles en maçonnerie, et d'arcs ajourés en fonte supportant les remplissages des voûtes sous la charpente du comble. Le dôme, dans cette église, est l'ouvrage de charpenterie en fer le plus complet et le plus hardi. Il faut aussi tenir compte du campanile qui le surmonte, entièrement exécuté en fonte, et qu'on n'a pas craint de laisser apparent, en plein air, après l'avoir revêtu de plusieurs couches de peinture.

Dans ses *Entretiens*, Viollet-le-Duc suppose que l'ossature de l'église Saint-Augustin a été revêtue et préservée au moyen d'une enveloppe en pierre, ce qui donnerait à croire que cette ossature sert d'appui à la construction générale, tandis qu'elle ne fait que la compléter et qu'elle n'est, en réalité, qu'une doublure appliquée sur les maçonneries d'un bâtiment tout élevé et couvert au moyen de fermes Polonceau. Cette erreur peu importante, n'enlève rien à la justesse de l'appréciation de l'ossature de Saint-Augustin, contenue dans une note des *Entretiens*, que je transcris, en approuvant les conclusions :

« Cette idée, » dit Viollet-le-Duc, en partant de sa supposition, « a certainement dominé dans la construction de la nouvelle église Saint-Augustin, à Paris; il ne lui manque que des développements, que d'avoir été acceptée avec une entière franchise. Si l'architecte de cet édifice avait voulu profiter des éléments que lui fournissaient certaines constructions du moyen âge, conçues d'après un principe analogue, il eût obtenu des effets beaucoup plus satisfaisants, parce qu'ils eussent été mieux en rapport avec les moyens admis. Il eût réalisé aussi, ce qui n'est jamais à dédaigner, certaines économies dans la construction. Tel qu'il est, cependant, c'est un pas en avant, pas indécis, mais qui, dans l'état actuel de notre art, mérite d'être signalé comme un symptôme d'indépendance. »

J'ai déjà signalé les mérites qui distinguent l'église de Ménilmontant parmi les nouveaux édifices religieux. Tout en conservant la pierre comme matière fondamentale de la construction, l'architecte de cette église, sans se départir de l'esprit judicieux qui a procédé à ses conceptions, a emprunté les ressources de l'ossature ferronnière pour supprimer les arcs-boutants, en réduisant les poussées de la nef centrale, au moyen d'arcs doubleaux et diagonaux en fonte franchement accusés. Cette correction apportée à la disposition des butées du système de la construction gothique, jointe à un heureux choix de proportions, a donné des résultats très satisfaisants pour l'aspect extérieur de l'église de Ménilmontant.

XVIII

Pour clore dignement cette revue rétrospective des progrès de la ferronnerie, une œuvre dernière de Henri Labrouste, s'offre à nos regards. Je veux parler de la nouvelle salle de lecture de la bibliothèque nationale. Cette œuvre a une importance capitale au point de vue de l'appropriation de l'art à la construction métallique, car, bien qu'elle soit limitée à la disposition d'un intérieur, l'ossature ferronnière des neuf coupoles de cette salle constitue un modèle assez caractérisé pour achever de démontrer que, sous la main d'un maître, les formes inhérentes au métal peuvent être soumises aux lois de l'esthétique.

A l'époque où Labrouste élevait la bibliothèque Sainte-Geneviève, Léonce Reynaud écrivait : « .... A la nouvelle matière qui vient s'offrir à nous (le fer) il faudra de nouvelles formes et de nouvelles proportions, car elle diffère essentiellement de toutes celles qui, jusqu'à ce jour, ont été mises en œuvre. Ce qui convenait à la pierre ne saurait, *sous aucun rapport*, convenir au fer....[1]. »

De son côté, Viollet-le-Duc disait : « On aura beau répéter que le fer ne saurait être employé dans nos édifices d'une manière apparente, parce que cette matière ne se prête pas aux formes monumentales ; il serait plus conforme à la vérité et à la raison de dire que les formes monumentales adoptées, ayant été la conséquence de matériaux possédant d'autres qualités que celles propres au fer, ne peuvent s'adapter à cette dernière matière. La conséquence logique serait qu'il ne faut pas conserver ces formes et qu'il faut trouver celles qui dérivent des propriétés du fer[2].

Dans l'exécution de cette bibliothèque, M. Labrouste mettait déjà en pratique les préceptes recueillis et divulgués par son confrère Viollet-le-Duc. Quinze ans plus tard, à la bibliothèque nationale, il en a poussé l'application jusqu'aux dernières conséquences. Là, rien qui rappelle l'imitation des formes commandées par l'emploi d'une autre matière. Les supports isolés avec leurs piédestaux et chapiteaux à encorbellements, les arcs ajourés, les nervures des coupoles sphériques, les couronnes des ouvertures supérieures, tout, jusqu'au moindre boulon et rivet, devient un objet d'art de nouvelle création. Point de superfétations rapportées, point de pièces de structure dissimulées, partout la décoration naturellement donnée par la construction. Grâce à la munificence des dispensateurs des fonds de l'État, ce bel ensemble de ferronnerie artistique a reçu un complément splendide ; l'ossature des coupoles est voûtée en panneaux de faïence émaillée, ornés de délicates bandes d'ornements en couleur, ce qui constitue des remplissages de voûtes et des peintures inaltérables[3].

1. *Traité d'architecture.*

2. *Entretiens.*

3. La totalité des panneaux de faïence émaillée qui garnissent les neuf coupoles, façonnés à la demande en portions de surfaces sphériques, a coûté 90,000 francs.

Rue de Richelieu, comme à la bibliothèque Sainte-Geneviève, la grande résistance de l'ossature a été utilisée en faveur de l'économie, par la simplification motivée de la charpente du comble, au moyen du calage de la toiture sur les arcs et sur les points d'appui.

A cette grande salle carrée, subdivisée en neuf compartiments voûtés en coupoles hémisphériques, s'ajoute un hémicycle qui communique au nouveau dépôt des livres, autre construction en fer bien appropriée à sa destination. La structure des planches des divers étages de ce magasin, ainsi que des casiers pour les livres, repose sur une combinaison de tringles de fer assemblées à jour en forme de grilles, qui offre toutes les garanties désirables contre les chances d'incendie.

Dans un autre genre Félix Duban, architecte de l'École des Beaux-Arts, a donné des modèles remarquables de la décoration artistique qu'on peut appliquer au fer et à la fonte, dans certaines parties des constructions qu'il a ajoutées, il y a quelques années, aux bâtiments de cette école, à savoir : le grand plafond de la salle d'exposition, sur le quai Malaquais, et la charpente de la couverture de la cour de l'amphithéâtre, qui est un modèle d'ornementation ferronnière, mais qu'on a malheureusement appliquée à une fournaise estivale, c'est-à-dire un toit en verre.

XIX

Tout le monde sait que les architectes, et principalement ceux qui composent des monuments, sont exposés à bâtir plus souvent sur le papier que sur le terrain. Le public ne pouvant juger leurs conceptions d'après des dessins, mais seulement lorsqu'elles ont pris corps par l'exécution, quantité de projets condamnés à être ensevelis dans les cartons sont, par le fait, comme non avenus. Ce désir de réalisation matérielle m'empêche d'ajouter à la liste des ouvrages qui jalonnent l'histoire de la ferronnerie bien des projets auxquels il a été fait, pendant leur courte apparition, des emprunts qui n'ont pas été sans influence sur les développements de cet art[1]. Je ne puis cependant passer sous silence un fait extrêmement significatif, bien qu'il se rapporte à des projets qui n'ont pas eu de suite jusqu'à présent.

Vers 1865, le conseil municipal de la ville de Paris, tout impérial qu'il fût par le mode de sa nomination, trouvant que les églises en cours d'exécution étaient fort coûteuses, en raison du nombre des édifices de ce genre à la construction desquels la ville avait encore à pourvoir, adressa au préfet de la Seine, quelques observations sur l'excès de dépense qui l'inquiétait.

Quelques membres du conseil s'étant renseignés au dehors, appelèrent l'attention du préfet sur des projets et des construction d'églises économiques, qui s'étaient produits depuis un certain temps et que leurs auteurs avaient signalés à l'attention de l'administration. Sur leur

1. Personne n'a oublié les tentatives faites pendant cinquante ans par l'intrépide Hector Horeau et si peu encouragées, hélas !

demande, M. le préfet, Haussmann, admit Viollet-le-Duc et moi à présenter, chacun de notre côté, un projet applicable à une des églises à construire dans l'ancienne banlieue.

Les plans et devis détaillés des deux projets étant déposés[1], le préfet, désireux de s'éclairer, nomma le 21 août 1866 une commission administrative, « *à l'effet de rechercher les moyens de construire les églises avec économie.* » Cette commission, composée de sept membres pris dans le conseil municipal, choisit pour rapporteur Duban, le seul architecte qui en fît partie. Il va sans dire que les chefs du service d'architecture de la ville n'étaient pas flattés de voir recourir à une enquête qui paraissait leur infliger une sorte de blâme, et qui pouvait donner accès à des profanes dans le sanctuaire de l'édilité parisienne. Admis dans le sein de la commission pour fournir des éléments de comparaison, les gens de la maison devinrent naturellement les détracteurs des projets de ceux qu'ils regardaient comme des intrus. L'art de grouper les chiffres fut utilisée pour obscurcir la question économique et non pour l'éclaircir. Le rapport en date du 5 avril 1867, rédigé sous l'influence de l'esprit de camaraderie, ne répond guère au désir de s'éclairer exprimé par le préfet de la Seine. Ce rapport, qui a été imprimé, suggère de nombreuses réflexions. Je me bornerai, pour le moment, à donner une idée de la partialité qui en a dicté les conclusions, en citant les lignes suivantes : « .... Ainsi, par exemple, on a pu remarquer le prix minime auquel revient l'église du Vésinet. Devra-t-on en inférer que ce prix, appliqué proportionnellement à d'autres surfaces et dans d'autres conditions de lieux et de besoin, puisse résoudre la question? Ce raisonnement, on le comprend, n'aurait rien de sérieux, et cependant ce prix de 250 francs par mètre pour un édifice de cette apparence et de cet ordre, *situé dans un village*, dépasse *peut-être*, toute proportion gardée, la valeur du plus important des édifices que nous venons d'examiner. » Or, les prix de revient du mètre carré des édifices de Paris examinés par la commission (il ne s'agit pas d'églises comme Sainte-Clotilde, Saint-Augustin ou la Trinité, mais des plus modestes), sont cotés plus haut dans le rapport, à 519, 644 et 690 francs, et le même rapport avoue que l'église du Vésinet a été exécutée avec l'application des prix de travaux de Paris. Que croit-on donc prouver en insinuant qu'elle est *située dans un village?* Quant à cette autre insinuation concernant l'application de mon système à *d'autres surfaces et dans d'autres conditions de lieux*, le fer se prêtant à franchir économiquement de grandes portées, j'aurais beau jeu, si je voulais condescendre à argumenter avec autant de légèreté, car sans parler de la différence du prix de la maçonnerie dans certaines provinces, je citerai l'église de Montluçon (Allier)[2] d'une surface double de celle du Vésinet, coûtant 160 francs le mètre, et celle du Gua (Aveyron) coûtant 100 francs le mètre.

Avec le parti pris de soutenir que les systèmes économiques proposés étaient aussi dispendieux que ceux mis à exécution jusque-là, les chiffres de mon devis ont été mis en suspicion et taxés d'être trop faibles par des *reviseurs* dépendant du service d'architecture, juge et partie[3].

1. Viollet-le-Duc satisfaisait aux conditions d'économie imposées en réduisant d'une manière notable le cube des maçonneries au moyen d'une combinaison rationnelle des matériaux.

De mon côté, je me conformais à ces conditions en donnant de l'extension à l'emploi de la fonte et du fer. D'après les intentions de l'administration, l'un des projets n'était nullement exclusif de l'autre, dans le cas où ils pourraient être mis à exécution.

2. On faisait la réception provisoire de cette construction à la date du rapport, et le chiffre de la dépense était communiqué à la commission.

3. On trouverait difficilement, dans les cartons de l'administration, un travail aussi complet et aussi sûr que ce volumineux devis, qui a été dressé avec le concours des spécialistes les plus compétents.

J'ai répondu péremptoirement à cette supposition, qu'il ne m'a pas été permis de discuter en détail, en offrant une soumission pour l'entreprise générale, moyennant la somme *fixe* et *à forfait* du total de mon devis; soumission souscrite par une des maisons les plus honorables de France, disposée à donner toutes les garanties désirables.

Cette proposition n'ayant pas été insérée dans le rapport, elle n'est pas parvenue à la connaissance du préfet de la Seine.

La construction des églises attribuées à l'ancienne banlieue n'ayant pas été entreprise avant la chute de l'empire, on ne saurait donc voir, dans ce qui précède, l'expression d'un regret causé par une préférence accordée à autrui; mais on ne peut se défendre de voir une bien triste conséquence des vices du gouvernement personnel dans la faiblesse à laquelle se sont laissés aller parfois des hommes qui, par leur talent, avaient conquis le droit de se montrer indépendants.

XX

En s'arrêtant aux points saillants de la revue historique qui précède, on voit successivement la *ferronnerie constructive*, qui était appelée à un grand avenir, presque nulle dans l'antiquité, bornée à la production des armatures des fenêtres et de quelques chaînages au moyen âge, s'étendant aux armatures constructives de l'architecture des trois siècles antérieurs à la révolution, substituant la fonte et le fer à la pierre et au bois dans les travaux des ingénieurs et des architectes de notre siècle, entrer, de nos jours, dans les constructions architectoniques utilitaires, et arriver enfin à briller dans les créations artistiques de l'architecture monumentale.

Évidemment, en ce qui concerne l'architecture, le progrès a imposé ses lois, il n'y a plus qu'à s'y conformer.

Après avoir constaté le mouvement de transformation qui s'opère par la force des choses dans les constructions architecturales, il est bon de montrer comment il a été présenté ou justifié par les écrivains qui font autorité en cette matière, soit à titre de maîtres dans la spécialité, soit comme étant les organes accrédités de l'opinion publique.

On a vu qu'au commencement du siècle les tendances de cette transformation n'étaient encore indiquées que par quelques travaux des ingénieurs anglais et par quatre ou cinq ouvrages de ferronnerie constructive exécutés en France.

Rondelet, cependant, que son grand savoir et sa lucidité de jugement élevaient au-dessus de la médiocrité scolaire du milieu où il se trouvait, écrivait à cette époque les lignes suivantes qui, malgré quelques restrictions bien explicables, eu égard à la date de leur publication, annonçaient l'avenir réservé à l'emploi du fer.

« Le fer, dit-il, considéré relativement à son usage dans l'art de bâtir, est la plus forte des matières qu'on emploie à la construction des édifices. Cette qualité le rend très propre à relier et à entretenir leurs principales parties.

« *On peut faire, par son moyen, des constructions plus légères, aussi solides et beaucoup moins coûteuses*, parce qu'il supprime des efforts auxquels il faudrait opposer des masses considérables, ou qu'il supplée à des matériaux d'une très grande dimension, difficiles à transporter et à mettre en œuvre. Il faut cependant n'employer les fers que lorsque la nécessité les rend indispensables, et *leur donner les formes et les dimensions convenables*. On reproche au fer d'être sujet à se décomposer à l'air et à l'humidité ; on cite à ce sujet des fers, mal placés, qui ont fait éclater les pierres, par l'effet de la rouille qui avait augmenté leur volume ; cependant les fers trouvés sains dans les démolitions d'anciens édifices, ceux exposés à l'air depuis des siècles, tels que vitraux d'églises gothiques, des grilles, des crampons de fer pour retenir des tablettes d'appui, les supports des réverbères des Tuileries, du cours la Reine, des quais, des ponts, etc., prouvent que *ce métal, lorsqu'il est garanti de l'humidité, est aussi durable que les autres matières employées à la construction des édifices*. J'ai vu des fers provenant d'anciennes constructions hydrauliques, qui étaient restés dans l'eau depuis trente ans, être encore en bon état, et pas plus rouillés que les fers neufs qu'on achète dans les magasins [1]. »

Cette citation contenant, outre l'appréciation des qualités du fer, une réponse à l'objection de la rouille, dont il sera parlé plus loin, je crois devoir ajouter, en vue d'une autre objection, que Rondelet dit ailleurs que l'effet de dilatation est insignifiant.

A propos de la bibliothèque Sainte-Geneviève, j'ai cité le précepte émis par Léonce Reynaud, relativement à l'appropriation des formes artistiques au métal.

La même pensée a été exprimée et traduite sous toutes les formes par la majeure partie des critiques qui s'occupent particulièrement des questions d'art ; l'exiguïté de mon cadre ne me permettant pas, à mon grand regret, de donner les extraits de tant d'articles émanant d'écrivains distingués, je me bornerai à reproduire les lignes suivantes, écrites en 1850, par une de nos célébrités littéraires dont la compétence en matière d'art est unanimement reconnue, Théophile Gautier.

« On cherche depuis longtemps, sans pouvoir y réussir, à créer une architecture originale, qui ne soit ni l'architecture grecque, ni l'architecture gothique, ni le mélange de ces deux architectures, comme le fut celle de la Renaissance. On y arrivera, non pas en tourmentant sur le papier des formes impossibles, *mais en se servant des moyens nouveaux que donne l'industrie moderne*. Pour prendre un exemple vulgaire, au siècle dernier, où l'art de couler de grandes plaques de glace n'était pas connu, ou du moins peu pratiqué, les miroirs se divisaient en deux morceaux et les fenêtres en un nombre infini de petits carreaux. Maintenant, avec quatre glaces, on vitre une baie : un seul montant avec son croisillon est nécessaire. Les croisées ont donc un autre caractère qui est dû non pas à la fantaisie de l'architecte, mais aux nécessités de la construction. *L'emploi de la fonte permet et commande beaucoup de formes nouvelles*, comme on le voit dans les gares de chemin de fer, dans les ponts suspendus, les voûtes de jardin d'hiver, dont la construction serait impossible autrement.

« De nos usages actuels, inconnus des anciens, des besoins et des découvertes de notre civilisation, jailliront tout naturellement les nouvelles formes. En ornant une façade avec de la por-

1. *Traité théorique et pratique de l'art de bâtir.*

celaine, que les Grecs et les Romains ne connaissaient pas, on obtiendrait des effets qui ne sont nécessairement pas dans Vitruve [1]. »

Il est intéressant de rapprocher des paroles du professeur d'esthétique qu'on vient de lire celles d'un ancien ingénieur, professeur d'économie politique au collège de France. « Donc, dit M. Michel Chevalier, un magnifique avenir est ouvert à l'architecture; viennent maintenant des hommes de génie qui répandent les trésors de l'art sur le fer et la fonte, et qui inventent les formes les plus propres à satisfaire le mieux le goût, tout en utilisant les qualités admirables que ces matériaux recèlent, et l'architecture entrera de plain-pied dans une phase non soupçonnée des générations qui nous ont précédés [2]. »

Il ressort de la revue historique qui a été faite des œuvres marquantes de la ferronnerie, qu'à l'époque où Théophile Gautier pressentait une transformation de l'architecture, les nouvelles formes commencèrent à jaillir et qu'elles ont continué à le faire depuis. Dès ce moment, la théorie et la pratique marchaient d'accord.

Comme on l'a vu par ce que j'ai mentionné jusqu'ici des ouvrages de Viollet-le-Duc, l'ancien chef de l'école gothique s'est aussi prononcé dans le sens du mouvement de rénovation. Appelé, par ce qu'il nomme lui-même la « première éducation », à étudier la construction architecturale en pierre, cet architecte, frappé de l'importance logique du système de construction qui représente le terme le plus avancé de la progression de l'architecture monumentale, c'est-à-dire le système ogival, a consacré de longues années à approfondir, expliquer, décrire, vulgariser et remettre en pratique cette invention génératrice de l'art du moyen âge.

Il a rempli ainsi une mission d'une opportunité incontestable, au point de vue du progrès à réaliser dans l'architecture : celle de combler la lacune qui existait dans l'enseignement de l'art de bâtir, en ce qui concerne les systèmes de construction du moyen âge où se trouvaient les éléments générateurs de ceux de l'avenir.

On conçoit aisément que ce maître, absorbé par les travaux de diverses natures qu'il poursuivait, tout en s'appliquant à la restauration de la cathédrale de Paris, dont il s'est occupé pendant trente ans, se soit trouvé surpris par l'irruption de l'architecture métallique. Mais, après un moment d'hésitation, dont la trace se trouve dans le *Débat* relatif à l'exécution de l'église Saint-Eugène et dans quelques passages de ses écrits, l'ardent préconisateur de *l'architecture raisonnée*, ayant promptement reconnu les tendances de l'époque, n'a pas tardé à exécuter sa partie dans le concert des novateurs. Partout dans ses ouvrages, il insiste sur la nécessité d'une rénovation de l'architecture, et recommande l'emploi du fer, à cet effet. Les exhortations et réflexions de cette nature abondent dans les cinq ou six mille pages que cet auteur nous a livrées, et elles y sont disséminées avec l'abondance de redites que la forme de *dictionnaire* ou celle d'*entretiens* autorise. On peut regarder comme un résumé des appels que ce maître faisait aux inventeurs ce passage du *douzième entretien* : « Obtenir le plus grand vide possible à l'aide des pleins les plus réduits est certainement le problème posé par toutes les architectures, dès l'instant qu'il a fallu bâtir pour le public. Le fer nous permet des hardiesses à peine tentées, à la condition d'employer cette matière en raison de ses qualités! Encore une fois, il ne s'agit

1. Feuilleton du journal *la Presse* du 1er juin 1850.
2. Article du *Journal des Débats*, déjà cité.

pas d'élever des halles, des gares de chemins de fer, mais bien de couvrir des surfaces en maçonnerie, largement éclairées et pouvant remplir les conditions de salubrité et de durée que demande notre climat. »

Puis, pour donner l'exemple, il produisait, dans les dernières planches de ses *Entretiens*, des projets de constructions ferronnières, où l'on trouve des formes architecturales d'une grande hardiesse, qu'il n'a pas, que je sache, tenté de mettre à exécution; en tout cas l'église de Saint-Denis qu'il a été appelé à bâtir, il y a environ une vingtaine d'années, n'en montre aucune application [1].

XXI

Au premier abord, il paraît bien étonnant que la progression de l'industrie du fer appliquée à la construction ait pris un temps aussi considérable, puisqu'on peut le porter à plusieurs milliers d'années, en partant des monuments élevés après l'âge du bronze. Mais en approfondissant l'histoire des efforts continus de l'humanité, cette lenteur s'explique.

Pour qu'un progrès soit effectif dans l'ordre matériel, il faut qu'il fournisse des ressources usuelles, c'est-à-dire qu'avec les conditions de perfectionnement et d'accroissement de puissance, il remplisse celle de l'économie, qui oppose les plus sérieuses difficultés au travail humain. Combien de découvertes modernes sont restées stériles parce qu'on n'est pas encore parvenu à les rendre assez économiquement utilisables! La production de l'*aluminium*, par exemple.

C'est qu'en effet il ne suffit pas de découvrir une nouvelle matière ou des procédés d'extraction et d'épuration, pour mettre en évidence des minerais gisants dans le sol; il faut encore en développer l'exploitation et en simplifier la fabrication, de manière à en réduire le prix de revient, pour doter la société d'une de ces richesses qui lui permettent de satisfaire des besoins toujours croissants par son abondance et son appropriation économique.

C'est en poursuivant ce problème ardu et en parvenant à le résoudre que, de nos jours, l'industrie du verre, entre autres, a mis à notre portée des glaces et des pièces de vitrerie de dimensions inconnues, moitié moins chères et infiniment plus parfaites que les anciennes, qui passaient pourtant pour des objets rares.

Les minerais de fer, différant en ceci de la pierre, qu'il suffit d'arracher de la terre pour l'employer, ne sont transformés en fonte, en fer forgé et en acier qu'au moyen de manipulations physiques et chimiques plus délicates qu'on ne croit. Or cette fabrication n'est entrée dans la voie économique qu'au siècle dernier, avec le concours de l'enseignement scientifique, qui lui avait fait défaut jusque-là. On conçoit donc que le fer n'a pu être définitivement admis comme

1. Le bel ouvrage intitulé : *L'Art à Paris*, écrit en italien puis en français par le sénateur italien Tullo Massarani contient également des pages fort remarquables sur l'avenir de l'architecture ferronnière. Paris, librairie Renouard, 1880.

élément constructif que lorsque la solution du problème de l'économie et de l'extension dans la production a été assez avancée pour qu'on pût le substituer aux autres matériaux dans les constructions, non seulement sans augmenter la dépense, mais encore en la réduisant, tout en obtenant plus de célérité dans l'exécution.

Il est à remarquer que, par un dessein vraiment providentiel, les progrès de l'industrie sidérurgique aboutissent au moment ou l'architecture, condamnée à des imitations stériles par l'épuisement des combinaisons de la pierre et du bois, ne pouvait créer de nouvelles formes architecturales qu'avec l'aide de matériaux ayant des propriétés différentes de ceux employés jusque-là.

Dans son état actuel, qui ne peut que s'améliorer, vu l'universalité des efforts de perfectionnement qu'elle suscite, l'industrie du fer, mettant à la portée des constructeurs l'énorme résistance de la fonte à l'écrasement, et la multiplicité des profils des fers laminés propices aux assemblages, ces précieux facteurs doivent engendrer de véritables transformations architecturales, et donner lieu à de nouveaux types d'édifices motivés par l'extension des besoins modernes.

Maintenant, l'ancienne plate-bande, d'une portée si restreinte, peut franchir des fleuves; l'arc en pierre, d'une ouverture si limitée, peut s'élancer au-dessus des bras de mer; les points d'appui de ces superstructures peuvent être réduits dans leur nombre et dans leur volume; les antiques amoncellements des plus hautes pyramides peuvent être évidés de la base au sommet, par un dégagement intérieur redoublant l'immensité émouvante de l'extérieur; le dôme du *Panthéon*, amplifié, peut être élevé sur un *temple de la Paix* élégi au suprême degré; les encorbellements si raccourcis de bois et de pierre peuvent être projetés au loin dans le vide et être mobiles au besoin; l'élévation des monuments les plus élancés peut être doublée. Les *spécimens* de ces transformations radicales qui ont déjà fait leur apparition, sont pleins de promesses pour l'avenir.

Comme toutes les innovations, celle de l'emploi du fer dans les constructions a d'abord soulevé plusieurs objections de la part de la routine, de même que celle du *patinage* menaçant des roues des wagons sur les rails, qui a suscité tant de disputes à l'origine des chemins de fer, et à laquelle on ne pense plus, celles de la dilatation, de l'oxydation, etc., opposées à l'adoption du fer, sont tombées devant l'évidence des résultats pratiques. Il en est toujours ainsi, car, comme Léonce Reynaud nous l'a déjà dit : « On demande sans cesse du nouveau, mais c'est presque toujours avec une sorte de répulsion qu'on le voit apparaître. » Toutes les fois, en effet, qu'on propose une chose qui sort un peu des habitudes anciennes, cette chose fût-elle de beaucoup meilleure que celle qu'elle doit remplacer, on doit s'attendre qu'elle donnera lieu à une foule d'objections. Cela vient de ce que toute chose nouvelle exige un certain travail de l'esprit, un certain abandon des habitudes prises, une abnégation presque complète des idées reçues, en un mot, des efforts qui répugnent à notre nature coutumière.

Sans se laisser arrêter par la crainte de dire une naïveté, il faut rappeler que toutes les matières que l'homme peut mettre en œuvre comportent des inconvénients plus ou moins largement compensés par des avantages. Le talent du praticien consiste à tirer parti des avantages d'une matière donnée en éludant ses inconvénients. Les matériaux propres à la construction des bâtiments ne sont pas exempts des défectuosités inhérentes à tous les produits de la nature. Le bois, soumis à bien des causes de détérioration tant qu'il n'est pas purgé de sa sève, continuellement affecté par les variations hygrométriques dans son état normal, n'a qu'un avenir limité, en raison de l'effet plus ou moins prompt de la vermoulure ou de la pourriture. La pierre est frangible et spongieuse, les calcaires que nous employons le plus généralement sont souvent gélifs et toujours susceptibles d'être décomposés par le salpêtre. Par leur porosité, ils donnent lieu à la végétation de certaines mousses ou lichens. On peut en dire presque autant de la terre cuite façonnée en briques, tuiles, etc. L'expérience a démontré que les massifs en béton ou maçonnerie concrète, éprouvent des effets de dilatation de contraction, ainsi que les pierres d'une certaine nature[1]. Les métaux, cuivre, plomb, zinc, etc., ont à subir l'influence des variations thermométriques et de l'oxydation. Mais lorsqu'il est question d'une matière dont l'usage remonte à un temps immémorial, on est tellement habitué à ce qu'elle a de défectueux qu'on n'y fait plus aucune attention ; tandis que lorsqu'il s'agit d'étendre l'application d'une matière nouvelle ou peu usitée, on n'en voit que les inconvénients et l'on est porté à les exagérer. Cette partialité préventive a naturellement fourni matière à plus d'une protestation hasardée lorsque le fer a fait son apparition dans les constructions architecturales. Pourtant, si l'on voulait se donner la peine de contrôler les constructions en pierre ou en bois, combien ne trouverait-on pas d'accidents à opposer à quelques inconvénients imputés à la construction en fer. Si la pierre est aussi inaltérable qu'on se plait à le supposer, pourquoi a-t-on été obligé de remplacer bon nombre des assises des piles des pavillons de l'Institut, élevés du temps de Mazarin? Pourquoi il y a-t-il tant de pierres décomposées dans les façades de Saint-Sulpice, qui ont à peine deux siècles d'existence? Pourquoi les façades du Louvre et du Palais-Royal sont-elles imprégnées, à leur partie inférieure, de ce salpêtre émanant de l'humidité du sol et qui, des fondations, gagne insensiblement le premier étage et donne au parement du rez-de-chaussée une sale teinte de goudron qui déshonore et détruit la pierre?

Je m'arrête à ces édifices, parce qu'ils ont été bâtis avec luxe, dans un temps où les carrières de pierre n'étant pas épuisées, on pouvait choisir les meilleurs blocs ; mais il faudrait bien des pages pour mentionner les constructions récentes dont les pierres sont déjà en décomposition.

D'un autre côté, si la pierre offre seule le moyen d'obtenir la stabilité dans les constructions, comme quelques-uns le prétendent, pourquoi s'est-il manifesté dès l'origine un écartement au-dessus de la porte de l'église de la Madeleine, dont le système constructif pseudo-grec extérieurement, pseudo-byzantin intérieurement, comporte une force de résistance bien surabondante? Pourquoi y a-t-il des ruptures et des disjonctions dans les murs latéraux, si massifs et si unis, de l'église Notre-Dame-de-Lorette? Pourquoi a-t-il fallu renforcer, dans le cours de l'exécution, des piles et des massifs de maçonnerie dans des monuments récemment construits que je pourrais citer? Pourquoi a-t-il fallu réconforter après coup les piles du pont de l'Alma? On n'en finirait pas avec les *pourquoi* qui se présentent en foule à l'esprit d'un observateur sans préventions.

On sait combien d'édifices du moyen âge sont périclitants, malgré l'emploi généralement judicieux qui y a été fait de la pierre. Il a été parlé de la réfection des gros piliers de la cathé-

1. Voir les observations faites par M. Boileau sur les bétons agglomérés, insérées dans le *Moniteur des architectes*, numéros de décembre 1867 et mai 1868.

drale de Bayeux. « Il y a dix ans, dit M. Viollet-le-Duc, il fallut reconstruire les grandes voûtes de la cathédrale d'Autun en poterie et fer ; *elles menaçaient ruine* [1] ».

Quant aux bois de charpente, il est résulté de véritables désastres, des mauvaises conditions d'exploitation et de mise en œuvre auxquelles il est difficile de les soustraire aujourd'hui. On a vu des poitrails et des planchers se détruire en moins de dix années. Parmi les ouvrages en bois du temps de Louis XIV, faits dans de bien meilleures conditions, attendu qu'alors on n'employait que des bois préparés par la génération précédente, il en est qui ont atteint la limite de leur durée. La charpente du dôme du Val-de-Grâce a été reconstruite dernièrement en fer. Il aurait fallu prendre le même parti à l'égard de celle du dôme des Invalides, si l'on avait tardé davantage à remplacer un certain nombre des pièces de bois qui la composent et qui étaient attaquées par la pourriture. Si l'on considère que les charpentes dont il vient d'être parlé ont dû être exécutées à leur époque avec des bois secs, et qu'elles se trouvaient dans l'ouvrage dans de bonnes conditions d'aération, les couvertures ayant dû être entretenues, on ne saurait accorder une longue durée à certaines flèches ou certains campaniles construits de nos jours et dont les bois trop fraîchement aménagés pour être à l'état de dessiccation voulue, devront s'échauffer d'autant plus sûrement, par l'effet de la fermentation de la sève, qu'ils sont enveloppés de feuilles de métal, plomb ou zinc, exposées au soleil.

Lors de l'apparition des premières constructions en fer et fonte, on a fait grand bruit des dangers qui pourraient résulter de l'oxydation et de la dilatabilité auxquels les métaux sont sujets.

Comme on l'a vu plus haut, dès le commencement du siècle, Rondelet répondait catégoriquement à l'avance à la première objection. Il prouvait par des observations faites sur des ouvrages remontant jusqu'au moyen âge, et même plus haut, que le fer, *lorsqu'il est garanti de l'humidité, est aussi durable que les autres matières employées dans la construction* [2]. Les exemples de conservation du fer que nous donne cet auteur sont complétés par ce que dit Viollet-le-Duc des tourelles à jour de la flèche de Strasbourg, dont la construction, composée de montants verticaux, ne tient guère qu'à l'aide du fer, et de cette rose du quatorzième siècle *en plâtre, monturée sur des fontes de fer*, dont il été parlé. Il n'est aucun de nous qui n'ait eu l'occasion de remarquer le degré de conservation de quelque ouvrage en fer fort ancien, ne fût-ce que les pentures des portes de côté de la façade de la cathédrale de Paris, avec leurs délicates ramifications qui sont bien de la main d'un forgeron de la fin du douzième siècle.

Les immenses démolitions opérées dans ces derniers temps ont fourni aux praticiens le moyen de s'assurer que, dans bien des cas, les fers même anciennement noyés dans les maçonneries s'étaient conservés. Quant à la fonte de fer tout le monde sait que la rouille a encore moins d'action sur ce produit de la métallurgie que sur le fer forgé.

Les exemples cités de la conservation de ferrements placés dans des conditions telles qu'elles, et le plus souvent mauvaises, ne permettent guère de partager les craintes exagérées des alarmistes. Cependant, à l'égard du fer comme à l'égard de tous les matériaux usités, il y a des précautions à prendre et des préservatifs à employer pour annihiler les défauts de la matière. Or

1. *Dictionnaire.*
2. Voir page 145.

les progrès de la science et de l'industrie, qui marchent parallèlement, suivant la loi de solidarité des travaux humains, devront fournir sous peu, aux constructeurs en fer, les moyens de faire disparaître ce qui laisse à désirer dans leurs ouvrages.

A l'heure qu'il est, nous avons une preuve éclatante du fondement de l'espoir exprimé plus haut. Il y a quinze ans, on signalait comme principal *desideratum* de l'amélioration des constructions en fer un préservatif contre l'oxydation, autre que la peinture grasse qui, par son renouvellement périodique, empâte les formes et masque le métal sous un enduit visqueux rayé de coups de brosse, d'un effet déplorable.

La véritable solution du problème qui se posait dans ce but devait être de mettre le fer en état de se montrer et de se conserver *à nu*, comme le bronze et les métaux précieux; mais la difficulté étant très grande, on a d'abord éludé cette solution en ayant recours à des palliatifs qui ont laissé subsister le problème dans son intégrité. Il suffit de passer en revue les procédés provisoirement usités, en dehors de la peinture à l'huile, pour s'en convaincre.

Le plus ancien, qu'on appelle *la galvanisation du fer*, n'est autre chose qu'un étamage de zinc que le fer reçoit dans un bain, après avoir subi un décapage qui l'altère sensiblement. Aussi n'a-t-on guère recours à ce procédé qui déguise le fer en zinc que pour des pièces non apparentes de la construction, comme les accessoires de fumisterie, de plomberie, etc.

Vient ensuite la *galvanoplastie* ou *cuivrage* que la maison Oudry exploite en grand, principalement pour les œuvres ornementales en fonte de fer. Par ce procédé les pièces de fonte sont entièrement enveloppées de feuilles de cuivre rouge, non adhérentes au fond, dont elles restent isolées, lesquelles forment une enveloppe d'une certaine épaisseur qui grossit et altère les formes, surtout celles des statues, en déguisant la fonte de fer en cuivre. On a pu voir combien les statues de la fontaine Louvois, entre autres, ont perdu à être traitées de cette manière. Inutile de faire remarquer l'excès de dépense que ce cuivrage exposé à subir des déchirures entraine.

On a essayé dans ces derniers temps un procédé d'*inoxydation* et de *platinage* indiqué par de savants physiciens, et qui aurait l'avantage de préserver le fer de la rouille sans y ajouter aucune épaisseur. Mais ce moyen de préservation, qui exige des fours compliqués pour surchauffer le fer à une haute température, ne peut guère être employé que pour des objets de petite dimension. On ne paraît pas, du reste, avoir songé à l'appliquer aux pièces destinées aux constructions.

En somme, aucun des procédés, plus ou moins dispendieux dont on dispose actuellement n'offre la solution pratique du problème de montrer le fer à nu.

Cette solution était réservée à la science de l'électricité, qui a déjà accompli tant de prodiges. C'est avec le secours de cette science qu'un électricien bien connu, M. A. de Méritens, est parvenu à rendre « le fer et ses dérivés inoxydables par le courant électrique. »

L'accueil qui a été fait, par les publicistes de tous les camps scientifiques, à cette invention qui vient seulement de faire son apparition, nous garantit qu'elle répondra aux exigences de la ferronnerie constructive, lorsqu'elle aura pris tout son développement. Grâce à M. de

Méritens, on peut, dès à présent, regarder comme réduite à néant, la dernière objection qui entrave encore l'essor de l'architecture ferronnière, dont il ne reste plus qu'à montrer la fécondité par des compositions fondées sur les principes de l'invention qui nous sont présentement connus[1].

1. Le contenu de cette cinquième partie peut être regardé comme une seconde édition modifiée de l'ouvrage intitulé : *Le fer, principal élément constructif de la nouvelle architecture*, que j'ai publié en 1871 et qui est épuisé depuis quelques années.

SIXIÈME PARTIE

APPLICATION DES CONNAISSANCES ACQUISES A LA COMPOSITION DE NOUVEAUX TYPES ARCHITECTONIQUES DÉRIVANT DE L'UTILISATION DU FER

Pour concourir à la continuation du progrès dans l'architecture, il fallait, avant tout, étudier à fond l'histoire universelle de cet art, afin d'y découvrir les termes de sa progression et de déterminer quel est le dernier terme connu qui doit servir de point de départ à de nouvelles créations.

L'enseignement résultant de ces études, et qui se trouve résumé dans les parties précédentes, devait en même temps être mis en pratique dans des compositions architecturales, conformément au but posé tout d'abord.

C'est en procédant ainsi que les essais de composition commencés pour l'exécution d'ouvrages importants de menuiserie gothique[1], continués pour l'édification de divers édifices, ont abouti à l'invention des nouveaux types architectoniques représentés dans les planches de cet ouvrage.

Notre méthode de classification nous ayant permis d'acquérir la certitude que la fécondité de la troisième synthèse est loin d'être épuisée, on ne saurait songer aujourd'hui à l'invention d'une nouvelle synthèse d'art ; mais il y a encore bien des conséquences à déduire

1. C'est de l'atelier de *menuiserie sculptée*, que j'ai fondé à Paris en 1835 et qui a été transporté à Mirecourt (Vosges) par un de mes élèves en 1845, avec le concours de M. Corbon, aujourd'hui sénateur, que sont sortis les premiers ouvrages marquants de menuiserie gothique : la chaire à prêcher de Saint-Antoine de Compiègne, le buffet de chœur de Saint-Germain-l'Auxerrois et le jubé de Saint-Pierre d'Aire-sur-la-Lys (Pas-de-Calais). Ils ont été suivis d'une vingtaine de chaires, autels, buffets d'orgues, confessionnaux, stalles, etc., répandus dans diverses contrées de la France de 1835 à 1848.

de cette création du christianisme pour l'extension de la structure des vastes couverts qu'elle a inaugurés, en utilisant les nouvelles ressources de la construction.

On verra que l'invention ainsi restreinte peut, néanmoins, engendrer des transformations assez caractérisées pour qu'il soit impossible aux archéologues les plus érudits de les faire passer pour des copies des productions antérieures.

Les formes monumentales qui manifestent le mieux la propension de la troisième synthèse à créer ces vastes lieux de réunion qui, d'abord affectés aux services religieux, sont devenus de nos jours indispensables aux besoins de la vie civile, sont celles du dôme et des nefs voûtées.

C'est donc sur le développement de ces prototypes de l'art monumental que l'invention architecturale devait se porter. Or, l'introduction du fer dans la construction ayant pour destination l'accroissement de l'invention la plus avancée, celle de l'ossature, ce n'est qu'avec le secours de ce nouvel élément constructif que les bornes imposées au système de l'ossature par les ressources limitées de la structure en pierre peuvent être reculées.

Les imperfections qui résultent des nécessités de la structure en pierre, dans les formes monumentales dont il s'agit, tant sous le rapport de l'effet visuel que sous celui de l'encombrement, et que l'application de l'ossature ferronnière est appelée à faire disparaître, sont explicables.

Pour augmenter l'importance en élévation des édifices ayant vers leur milieu, comme Sainte-Sophie de Constantinople, une coupole dont l'extrados s'accusait en dôme, on a exhaussé cette double calotte sur un support cylindrique. C'était en effet le seul effet d'élancement qu'on pouvait obtenir avec la structure en maçonnerie; mais cette disposition dont Saint-Pierre de Rome offre un modèle colossal ne permet au spectateur d'apercevoir la surélévation de la coupole qu'en se plaçant au-dessous, et en levant péniblement la tête, tandis que la vue de cette superstructure dispendieuse est perdue pour lui de tous les autres points de l'espace. D'un autre côté, à l'extérieur, la masse composée seulement des deux formes géométriques du cylindre et de la demi-sphère d'une dimension outrée, paraît lourde et sans mouvement.

De même pour amplifier les triples nefs voûtées, avec les seules ressources de la pierre, on s'est résigné à les étayer au moyen d'arcs-boutants dont les inconvénients ont déjà été signalés, et à les séparer par des files de piliers qui masquent certaines parties de l'ensemble et morcellent les vues perspectives. Puis, la forme des voûtes ne se prêtant pas à l'emboîtement de la couverture, on a élevé au-dessus de leur sommet d'énormes combles qui accusent à l'extérieur un second édifice, posé sur le premier et dont rien ne fait pressentir l'existence à l'intérieur.

S'inspirant des tendances du temps présent, l'invention des systèmes architectoniques décrits ci-après, a eu pour but principal de donner satisfaction aux *desiderata* qui viennent d'être signalés. Si l'on songe combien toute innovation qui n'est pas appuyée sur des termes de comparaison antérieurs, exige de remaniements pour être pratiquement admissible, on ne sera pas étonné que des transformations architecturales aussi prononcées n'aient été obtenues qu'à force d'études graphiques longuement poursuivies.

J'ose espérer que les quatre systèmes dont les planches offrent des exemples variés, répondent aux exigences actuelles du progrès, qui, partant de l'ordre monumental, est appelé à étendre ses conséquences à toutes les conceptions particulières qui découlent de cet ordre générateur[1].

En décrivant les nouveaux systèmes que je donne comme exemples, je me bornerai à signaler les transformations architecturales qui en résultent, l'habileté bien connue de nos constructeurs ferronniers me dispensant d'entrer dans des détails techniques qui sont en dehors du but que je poursuis.

Je me dispenserai aussi de démontrer *ex professo* que ces systèmes sont exécutables, la plupart d'entre eux ayant déjà subi, avec succès, l'épreuve de l'exécution, comme on peut s'en assurer.

Système des voussures imbriquées. — Les gravures des sept premières planches sont des réductions des dessins d'études successives de ce système inventé pour transformer la forme monumentale du dôme, en remédiant aux imperfections de cette forme indiquées plus haut.

Pour répondre au programme imposé à l'invention, il fallait étendre la base du dôme sur toute la surface de plan, afin de l'évaser de manière à ce que l'œil du spectateur pût saisir l'ensemble de l'intérieur jusqu'au sommet de l'élévation centrale, à partir du seuil des portes d'entrée. La vue perspective de la planche I donne une idée de la première combinaison des voussures ou portions de voûtes qui, par leur imbrication, remplit ces conditions en accusant à l'extérieur une forme pyramidale très accidentée.

En souvenir des témoignages d'approbation dont ce début d'invention, mis au jour dès 1850, à l'aide d'un modèle en relief, a été l'objet, il m'est bien permis de dire qu'il a fait, alors, sensation.

M. Albert Lenoir en a rendu compte dans un mémoire daté du premier mai 1851, qui a été publié, et dont la conclusion a acquis une certaine autorité par le nombre et la position des notabilités qui y ont adhéré.

Au bout de 35 ans, il est intéressant de mettre sous les yeux du lecteur la conclusion de ce manifeste ainsi formulée :

« En résumé, les avantages matériels de ce projet sont de présenter une grande économie dans la construction, puisqu'il supprime tous murs pleins à l'intérieur et les arcs-boutants au dehors, d'offrir une lumière abondante dans toutes les parties où les édifices sont ordinairement obscurs, de permettre, dès l'arrivée du spectateur au seuil des portes, de voir tout l'ensemble jusqu'au sommet du dôme central. La nouveauté des formes, leur unité, sont incontestables ; quant à la valeur d'expression de ces mêmes formes, c'est au public qu'il appartient de l'apprécier avec l'aide de l'esquisse en relief.

1. Les planches dont il s'agit sont des reproductions en photogravure de *rendus* dessinés à une grande échelle. Ce procédé, qui offre des garanties contre altérations dans les détails les provenant de la gravure copiée, réussit mieux sur les dessins au trait ou lavés à l'encre de Chine que sur ceux dont le lavis est en couleur. Mais si quelques-unes des reproductions d'après des dessins à l'aquarelle laissent un peu à désirer, sous le rapport des valeurs des teintes, elles rendent toujours exactement la combinaison des lignes et des éléments constitutifs de la composition, ce qui est l'essentiel.

« Le présent Mémoire est le résultat d'un examen fait en présence du modèle, avec le concours de MM. Léonce Reynaud, ingénieur, Vitet, Mérimée, Michel Chevalier, baron Séguier, de l'Institut, Ferdinand de Lasteyrie, H. Labrouste, architecte, Ed. Charton et monseigneur l'archevêque de Paris. »

Par l'auteur soussigné,

A. LENOIR,

Architecte du Musée de Cluny, membre du Comité de *l'histoire, de la langue et des arts en France*, près le Ministère de l'Instruction publique [1].

Les diverses adhésions ont été reproduites à la suite dudit mémoire, d'après des apostilles autographes.

Le même modèle admis à l'exposition universelle de 1855, a valu à l'auteur une mention honorable. Plus tard, une variante de cette composition dessinée a figuré au salon de l'architecture de l'exposition universelle de 1867.

L'immixtion du fer dans les constructions architecturales, qui n'était pas encore généralisée lors de ces premières études, ayant été plus largement admise dans les études subséquentes, le système des voussures imbriquées a été définitivement constitué.

Puisque avec le fer on peut franchir des espaces presque illimités sur le vide, et y lancer des encorbellements d'une saillie considérable, facilités interdites au même degré à la construction en pierre, de même qu'avec la fonte on peut réduire d'une manière notable la section des points d'appui en pierre et les raréfier, tout en conservant la stabilité de l'ensemble, il est évident que de l'utilisation rationnelle de ces matériaux, il doit résulter de véritables transformations tant dans la masse architecturale que dans les détails qu'il faut approprier à la plastique du métal, toute différente de celle de la pierre.

C'est surtout sur la puissance des encorbellements qu'on obtient avec le fer et la fonte combinés que repose le système des voussures imbriquées, figuré dans les sept premières planches. L'ossature de ces voussures est, en effet, une combinaison de potences et d'arcs métalliques qui sont autant d'encorbellements rigides, disposés en retour d'équerre et en diagonale et qui s'échelonnent en retraite les uns au-dessus des autres dans le sens pyramidal. Ces membres de l'ossature garnis de nervures à l'intérieur reçoivent les doubles parois en maçonnerie des voûtes et des couvertures extradossées, entre lesquelles est ménagé un espace renfermant de l'air confiné, qui garantit l'égalité de la température. Les voussures dont le nombre va en diminuant depuis la base du dôme jusqu'à la naissance de l'édicule qui le couronne, s'appuient mutuellement suivant le mode d'emboîtement, en deux sens, des imbrications.

Les planches II, III, IV, V, VI et VII reproduisent deux variantes, bien distinctes du système des voussures imbriquées.

Les trois premières montrent l'application de ce système à une église ayant 2545 mètres de superficie en plan, et les trois suivantes son appropriation à un édifice dont la superficie de 4624 mètres représente une moyenne qui peut être dépassée de beaucoup, comme l'étude admise au salon de l'architecture de l'Exposition universelle de 1867, l'a fait voir.

La dernière de ces compositions remplit parfaitement les conditions imposées par le pro-

1. M. Albert Lenoir est devenu depuis, secrétaire général de l'École des Beaux-Arts.

gramme d'un palais destiné aux grandes assemblées, la disposition des voûtes offrant la meilleure solution du problème de l'acoustique.

On conçoit que les voussures imbriquées étant superposées dans le sens pyramidal, la hauteur du monument est en proportion de la base sur laquelle reposent les premières voussures dont le nombre est plus ou moins grand selon l'étendue de cette base, ce qui fournit une bonne règle de proportion. Aussi voit-on que l'élévation totale de l'église, dont le dôme, proprement dit n'a qu'une base de 45 mètres de diamètre, est de 50 mètres, avec l'édicule du couronnement, tandis que celle du palais d'assemblée, dont le dôme s'élève sur une base de 60 mètres de diamètre, est de 70 mètres en totalité, la hauteur du soubassement vertical sous ces dômes étant à peu près la même dans ces deux monuments.

Si les ingénieurs ferronniers n'ont qu'un problème à résoudre dans leurs travaux, celui de l'économie, il en est un de plus dont la solution est imposée aux architectes qui prennent le fer comme principal élément constructif dans leurs conceptions, c'est celui de l'esthétique dans les formes architecturales. Il n'est pas permis à ces derniers de perdre de vue ce double problème dont la solution ne peut être obtenue que par la conciliation d'exigences en apparence contradictoires; l'exécution d'un programme aussi complexe exige qu'ils tiennent autant compte des lois de la statique que de celles de la perspective linéaire.

Ainsi, sous le rapport de l'économie, on doit utiliser les ressources des ossatures ferronnières pour franchir, enceindre et couvrir de vastes espaces; mais, sous le rapport de l'esthétique, il faut faire valoir l'étendue des abris obtenus de la sorte, au moyen des contrastes de subdivisions marquées par des membres architecturaux, sortes de jalons ou de repères qu'exigent les lois de l'optique pour donner à l'œil un étalon de l'échelle de l'ensemble et produire ces puissants effets de perspective qui sont un des privilèges de l'art monumental.

C'est pour tenir compte des prescriptions de l'esthétique en ce qui concerne la grandeur des vues perspectives que, dans les compositions d'église et de palais dont il s'agit, les tribunes de pourtour qu'il convient d'établir sous ces vastes dômes, pour donner place à un plus grand nombre d'assistants, sont supportées par des travées d'arcades et de voûtes, dont les colonnes marquent des subdivisions qui font valoir les dimensions de la partie centrale de ces édifices, en constituant autant de *repoussoirs* favorables à la vision. On conçoit que des gradins en amphithéâtre peuvent être établis dans ces nefs de ceinture et sur les tribunes.

En considérant les constructions, tant anciennes que nouvelles, qui fournissent des termes de comparaison, on est fondé à croire qu'avec les travées de nefs multipliées sous les tribunes et les compartiments marqués par les nervures encadrant les voûtes imbriquées, l'intérieur bien éclairé des édifices en question répond aux exigences de l'esthétique sous le rapport de l'impression que doivent produire les effets de perspective. Quant à la vue extérieure, la comparaison est également en faveur de ces dômes accidentés qui introduit le mouvement dans la forme rudimentaire de la pyramide.

Voici le contenu des planches affectées à la composition de l'église :

Planche II, plans, celui de gauche pris au rez-de-chaussée avec projection des voûtes des nefs, celui de droite pris au-dessus des tribunes avec projection des voussures imbriquées; planche III, vue perspective extérieure ; planche IV, vue perspective intérieure et coupe.

Nous ferons remarquer que, par suite de calculs de la résistance des encorbellements, les colonnettes qu'on voit intérieurement entre le plancher des tribunes et les voûtes, peuvent être supprimées, comme elles l'ont été dans l'étude suivante, qui est basée sur la force de résistance de ces encorbellements.

Les planches V, VI et VII, relatives au palais d'assemblée, sont des réductions de grands dessins lavés en couleur auxquels s'appliquent les observations consignées plus haut. Dans le plan général de la planche V, le tracé du côté gauche est une moitié du plan du rez-de-chaussée, et l'autre moitié, du côté droit, le plan au-dessus des tribunes avec la projection des voussures imbriquées qui compose l'ensemble de la voûte, substituées aux coupoles sphériques. La planche VI donne l'élévation géométrale, et la planche VII la vue perspective intérieure et coupe.

Dans cette étude, qui est la septième du système des voûtes imbriquées, on ne s'est attaché qu'à arrêter les grandes lignes de l'ossature qui est partout apparente, et les proportions des diverses parties, de manière à rendre pratique l'exécution de ce système.

Tous les artistes se figureront facilement les ornements et les statues que cette forme monumentale comporte, au point de vue de sa décoration.

La fusion des formes typiques du passé, qui doit être le point de départ des nouvelles compositions architecturales, a été observée dans celle-ci. Il suffit de citer à l'appui de cette méthode la forme typique du portique qu'on retrouve dans le péristyle pourtournant le palais d'assemblée qui, à l'extérieur, donne abri à la circulation sans discontinuité.

Quant aux tourelles dont ces édifices sont flanqués, en souvenir d'un autre élément typique, comme elles sont indépendantes du système constructif des dômes, elles peuvent être modifiées, déplacées ou même supprimées, sauf à placer ailleurs les escaliers de service qu'elles contiennent dans leur partie supérieure.

Système des pendentifs a nervures. — Planches VIII, IX, X, XI, XII, XIII et XIV. Dans l'invention de ce système on s'est proposé de profiter des propriétés de l'ossature ferronnière pour améliorer la composition des nefs voûtées, en supprimant une partie des points d'appui usités et la superfétation dispendieuse des combles enfermant un grand vide inutilisé[1].

Conformément à ce programme, pour utiliser les grandes portées auxquelles les arcs métalliques se prêtent, on les a lancés, en quatre sens, sur les côtés d'un carré ayant l'étendue de la largeur de cette nef, fixée à 12 mètres, ce qui donne cet écartement aux points d'appui; puis au moyen d'un réseau d'arcs-nervures que les plans expliquent, on a renforcé les pendentifs partant des points d'appui, par des nervures diagonales qui supportent à leur extrémité un voûtain en arc de cloître; disposition qui facilite l'emboîtement de la couverture dont les surfaces planes ou courbes sont, pour ainsi dire, tangentes au point le plus élevé de l'extrados des voûtes, y compris la distance réservée à la couche d'air confiné.

Les conditions d'économie étant ainsi remplies, on s'est appliqué à donner satisfaction à celles de la perspective esthétique en divisant ces grandes travées de la nef centrale en trois parties de voûtes dans les nefs latérales. Les arcades de ces voûtes secondaires, qui sont marquées par des colonnettes sur les murs de clôture, sont pendantes dans les vides de la

1. A l'église Saint-Eugène, une modification apportée dans la forme ordinaire des voûtes de la grande nef a permis de supprimer le comble, en extradossant la couverture à une certaine distance des panneaux de voûtes qui enferment la couche d'air.

nef principale; innovation que la construction ferronnière permet seule de réaliser (Planches IX, X et XI).

Il est facile de concevoir quels sont les avantages de la forme générale engendrée par ce système, sous le rapport des effets optiques; rien ne s'opposant à ce que la vue puisse saisir l'ensemble du vaisseau jusque dans ses profondeurs que le jeu des oppositions grandit à l'œil.

La forme qui résulte de l'invention du système des pendentifs à nervures étant décrite ci-dessus d'une manière générale, on se bornera à mentionner les variantes de ce système qui figurent dans les planches.

Planche VII. Vue perspective de deux travées de l'ossature ferronnière de l'église du Vésinet. Les plans contenus dans les planches suivantes donnent l'explication de ce tracé perspectif.

La disposition de cette ossature ébauchée dans la construction de l'église provisoire en bois de Saint-Michel des Batignolles a été appliquée à la construction des églises du Vésinet (Seine-et-Oise), de Montluçon (Allier) et de Notre-Dame de France, à Londres.

Les clôtures pour murs et panneaux de voûtes n'étant que les remplissages de ce système d'ossature ferronnière qui suffit pour assurer la stabilité de l'édifice, peuvent s'exécuter avec n'importe quels matériaux de maçonnerie. Le béton Coignet, dont il a été parlé plus haut, a été admis à remplir cet office dans la construction de l'église du Vésinet.

Planches IX, X et XI. Plan, vue perspective extérieure et vue perspective intérieure, avec coupe, de la composition typique appliquée à un *palais des arts*, à laquelle se rapporte la description de la forme monumentale faite ci-dessus.

L'inspection des figures, et notamment du plan, suffira à toute personne ayant la faculté de prévoir ce que la réalisation des dessins produira en exécution, pour se rendre compte des effets grandioses qui résulteraient du dégagement et de l'élévation de la grande travée ouverte à la croisée des nefs, et de la grande arcade ou voussure du portail principal, ainsi que des facilités de service que procureraient les étages de salles qui flanquent ce portail.

Planches XII, XIII et XIV. Vue perspective extérieure, vue perspective intérieure avec coupes et détails, de l'ossature d'un projet de cathédrale pour Saïgon, composition faite exactement sur un programme de concours donné par l'administration et dont il n'a été tenu aucun compte, tous les concurrents ayant été déboutés et l'exécution ayant été donnée à un protégé étranger au concours. Il est pénible de penser qu'il se commet encore de tels abus de confiance sous la République.

Le plan général de l'édifice est indiqué sur la planche XIII, et celui d'une travée de l'ossature sur la planche XIV. Les diverses figures de ce système montrent que les voûtes peuvent être en plein cintre ou ogivales.

Système des doubles pendentifs. — Planche XV et unique, contenant le plan, la vue perspective extérieure et la vue perspective intérieure avec coupe d'une grande chapelle.

Ce système, qui a été appliqué à la construction de la chapelle de l'hospice civil de Clermont (Oise) et de celle du séminaire d'Ajaccio (Corse), est un exemple frappant du renversement que l'adoption du fer occasionne dans l'équilibre de la structure des constructions lorsqu'on utilise ses propriétés d'une manière rationnelle en s'affranchissant de a routine qui n'admet que des copies.

L'exécution de ce système a en effet démontré que les voûtes qu'il engendre, loin d'exercer une poussée à l'extérieur, ont une tendance à effectuer un resserrement à l'intérieur, si bien que les pièces horizontales placées dans le comble, qui partout ailleurs font fonction de *tirants*, font ici celle d'*étrésillons*, ce qui représente une transformation sur l'importance de laquelle il est inutile d'insister.

Voici comment la structure de cette nouvelle forme de voûte est combinée, toute l'ossature étant en fonte de fer :

Les pendentifs inférieurs sont soutenus par des encorbellements partant des colonnes isolées sur la saillie desquels reposent, en deux sens, des arcs-doubleaux qui portent de nouveaux pendentifs et les voûtains en arc de cloître du sommet des travées. Tous les panneaux de voûtes en pendentifs et en arcs de cloître sont enserrés par des arcs et des liernes en fonte de fer, avec culs-de-lampe à toutes les jonctions. On voit dans les arcs brisés qui traversent la nef principale une figure inexécutable en pierre qui ne peut être réalisée qu'avec le secours du métal, et l'on conçoit comment les petites coupoles du milieu pesant sur les encorbellements tenant aux colonnes isolées tendent plutôt à rapprocher ces deux soutiens qu'à les écarter. Les travées des bas côtés terminées par des demi-voûtes en arc de cloître, qui sont adossées à celles de la grande nef, complètent les conditions de stabilité de l'ensemble.

Il ressort de cet ensemble qu'au point de vue de l'innovation, le mérite des formes architecturales suscitées par la construction ferronnière est d'autant plus prononcé que l'impossibilité de réaliser des formes semblables avec la maçonnerie est plus frappante.

En tenant compte de l'obligation d'approprier les formes à la matière, on s'expliquera pourquoi, dans la composition de la flèche en fonte élevée sur le pignon de la façade, on a supprimé les faces de la pyramide, en accusant les arêtiers par deux plans en croix et ajourés, l'inclinaison de la couverture du clocheton étant suffisamment prononcée.

Système des fermes éclairantes. — Planches XVI, XVII, XVIII, XIX et XX. Pour donner abri aux réunions des habitants des villes pour l'exercice de la justice et du négoce, les anciens avaient construit leurs vastes basiliques, grandes salles d'origine royale en Macédoine, qu'imitèrent la République et l'Empire romain, et qui furent, plus tard, adoptées par les chrétiens comme étant les seuls édifices capables de contenir l'assemblée des fidèles.

De nos jours, pour satisfaire à des besoins de réunion sous un vaste couvert, qui vont en croissant chaque jour, on a trouvé tout simple de jeter, sur l'espace, une couverture en verre supportée par une charpente en fer.

Mais, par suite de l'oubli des plus simples éléments de la physique en ce qui concerne la théorie de la chaleur et des conditions de l'optique, on n'est parvenu, en procédant ainsi, qu'à faire des amplifications des serres chaudes, où l'éclairage est des plus défectueux, et des couvertures fragiles qu'un orage brise.

Le système des fermes éclairantes a été inventé afin de remédier à ces inconvénients; le modèle qui l'a fait connaître à l'exposition universelle de 1878 a été l'objet d'une récompense. Depuis il a été mis à exécution, et en 1881 il a paru, chez l'éditeur E. Lacroix[1],

1. *Principes et exemples d'architecture ferronnière*, ouvrage déjà cité.

un ouvrage accompagné de huit planches qui contient diverses études de ce système, dont plusieurs constructions offrent des exemples.

Le lecteur trouvera, en *appendice*, à la fin de l'ouvrage, un *mémoire* que j'ai publié pour appeler l'attention des ordonnateurs de l'exposition universelle de 1889 sur la solution de l'éclairage des galeries que ce système fournit. Je me crois donc dispensé de reproduire ici les observations critiques et les descriptions pratiques qui sont développées dans ledit mémoire et dans l'ouvrage intitulé : *Principes et Exemples d'architecture ferronnière*, qu'il est facile de se procurer.

Une des propriétés des fermes-éclairantes qui date de l'origine de l'invention, est d'être assez rigides et indéformables pour franchir l'espace sans le secours de tirants à travers le vide et de reposer seulement sur des montants verticaux, sans exercer sur eux aucune poussée; comme le savant architecte-professeur, E. Brune, l'a démontré dans un mémoire très estimé qui a été inséré dans l'ouvrage précité. Ce système a été présenté, en mars 1879, à l'administration de la ville de Paris, pour la construction économique des marchés couverts. M. Alphand, qui l'a pris sérieusement en considération, m'a demandé, par écrit, de fournir des plans et devis en comparaison avec le marché de l'*Ave-Maria*, quai des Célestins, qui a coûté fort cher. J'ai livré ce travail, appuyé par le mémoire de l'expert E. Brune, sur la résistance des arcs-fermes. Mais cette étude a été enterrée, comme celle d'une église sous le règne précédent. Pendant longtemps, une commission d'architectes de la Ville a dû en faire l'examen, et M. E. Trélat a dû rédiger un rapport qui n'a pas paru. Bref, l'obtention d'une réponse a été abandonnée par lassitude, et les plans et devis, résultant d'un travail consciencieux, sont restés enfouis dans les bureaux.

Par suite d'études poursuivies depuis, un nouveau perfectionnement a été apporté dans l'exécution des fermes, par l'adoption de cordes croisées dans l'intérieur de l'arc-ferme, lequel réalise une économie, en simplifiant les assemblages des fers et la vitrerie.

Cette invention de détail, dont la propriété est assurée par un brevet d'invention, a été appliquée aux variantes du système des fermes-éclairantes qui figurent dans les planches XVI, XVII et XVIII.

Pour réunir, sous un terme générique, les divers grands couverts auxquels la forme architecturale résultant de ce système s'applique : galeries d'exposition, halles, marchés, gares, ateliers, etc., etc., on l'a désigné sous le nom de *halle-basilique*, afin d'atténuer la signification du premier mot, qui donne chez nous l'idée d'un hangar rudimentaire, par le second qui rappelle les grands abris antiques d'ordre architectural.

Nous nous servirons donc de ce terme en mentionnant les compositions des cinq dernières planches, dont la plupart peuvent être affectées à des destinations différentes.

Planche XVI, vue perspective d'une halle-basilique de 30 mètres de largeur. La clôture de façade n'étant pas marquée, pour laisser voir l'intérieur en même temps que l'extérieur.

Planche XVII, vue perspective intérieure d'une halle-basilique de 35 mètres de largeur, avec sa façade dont quelques remplissages sont enlevés pour faire paraître l'intérieur.

Planche XVIII, vue perspective intérieure d'une halle-basilique de 35 mètres de largeur. Dans cette variante on a indiqué une couverture à surfaces planes qui serait encore plus économique que les couvertures à surfaces courbes, lesquelles donnent lieu à des plus-values de main-d'œuvre.

Il va sans dire que la longueur de toutes ces constructions est facultative, puisqu'elle ne dépend que du plus ou moins grand nombre de travées dont elle se compose.

Planches XIX et XX. Application du système des fermes-éclairantes à un palais d'exposition, dont la planche XIX montre une portion de plan et l'élévation géométrale qui y correspond, figures complétées par les trois coupes transversales qui occupent la planche XX.

Voici l'idée générale de la composition :

Sur un tracé de travées carrées et multipliées en plan, sont répartis, comme noyaux, à cheval sur l'axe longitudinal, des pavillons carrés de dimensions différentes, ayant des fermes-éclairantes étagées sur leurs quatre faces, et couronnés par des dômes surbaissés. L'intervalle entre les grands pavillons de 55 à 77 mètres de côté, selon la mesure donnée aux travées, est occupé par un nombre plus ou moins grand de petits pavillons de 35 à 40 mètres de côté; les uns et les autres sont séparés par une travée basse (voir les coupes) qui leur sert de trait d'union. Les espaces entre les pavillons et les façades longitudinales sont couverts à la manière des halles-basiliques. Les files de points d'appui forment, à l'intérieur, des nefs principales et des nefs secondaires surmontées d'un étage de galeries. La juxtaposition de ces divers édifices de grandeur différente en plan et en élévation, établit un jeu d'oppositions qui fait valoir les perspectives.

Il est à remarquer que le diamètre adopté pour les travées étant, pour ainsi dire, le module de la composition, on peut, en faisant varier ce module, donner plus ou moins d'étendue au palais, et en même temps plus ou moins d'élévation à ses diverses parties, car les élévations étant soumises à la même échelle de proportion, resteraient toujours en rapport avec le degré d'importance du plan en largeur; la longueur totale n'ayant d'autres limites que celle du nombre de pavillons qui la détermine.

On trouvera, dans l'ouvrage spécial indiqué plus haut, les figures de l'ensemble d'un palais d'exposition de ce genre.

Après avoir consulté de nouveau la revue des œuvres de l'art monumental qui est faite dans le tableau synoptique, m'appuyant sur l'intérêt qu'a excité, il y a 35 ans, ma première invention architecturale et sur la réussite que l'exécution des autres a mise en évidence, je suis fondé à croire que les transformations architecturales représentées dans les planches qui suivent, et qui sont le fruit de longues études, sont sans précédents dans l'histoire de l'architecture.

Conséquemment, j'espère avoir contribué à donner l'idée des nouvelles formes architecturales et, en même temps, à détruire la prévention qui existe contre l'appropriation du fer à l'architecture monumentale, au point de vue de l'art, en démontrant que l'immixtion rationnelle de ce nouvel élément constructif dans la structure fondamentale des édifices est conforme aux lois du progrès, sous tous les rapports.

APPENDICE

SOLUTION DE L'ÉCLAIRAGE RATIONNEL

DES GALERIES D'EXPOSITION

MÉMOIRE

SUR LE SYSTÈME DES FERMES-ÉCLAIRANTES

PROPOSÉ

POUR ÊTRE APPLIQUÉ A DES BATIMENTS DE L'EXPOSITION DE 1889

L'Exposition Universelle qui se prépare pour 1889 devra surpasser, en importance de bâtiments, toutes celles qui l'ont précédée, en France et à l'étranger.

Sous plusieurs rapports, et, notamment, sous celui de l'économie, l'adoption des charpentes en fer, à grandes portées, s'impose pour l'édification de ces bâtiments.

Précédemment, on a déjà utilisé les ressources que fournissent les progrès de l'industrie du fer, pour accroître les diverses formes, l'étendue et l'espace utile de ces sortes de constructions; mais, jusqu'à présent, on n'a pas appliqué ces ressources à la réforme des défectuosités de leur éclairage.

Or, il est inadmissible qu'en 1889, nos palais d'exposition restent entachés de cette imperfection, quand la puissance de transformation que possède l'architecture ferronnière, permet de la faire disparaître.

Partout, en effet, pour ce qui est de l'éclairage de vastes nefs, souvent contiguës, où le jour ne pouvant être pris sur les côtés, doit l'être par le haut, on en est encore : soit aux couvertures en verre, véritables amplifications des serres chaudes, faussant le jour; soit aux lanternes des hangars rudimentaires d'usines, encombrés d'attirails de fermes; soit, enfin, aux châssis par redents des *Sheeds* anglais, dits *chiens assis*, produisant une forme des plus disgracieuses.

Cependant l'emploi judicieux du fer motivait une combinaison particulière, interdite jusque là par les propriétés des autres matériaux. C'est celle des *fermes-éclairantes*, produite vers 1865, et qui, depuis cette époque, a reçu une certaine publicité et un commencement d'exécution,

Depuis 1877, l'origine et le caractère de l'invention des fermes-éclairantes, ayant été exposés, dans diverses publications, par des hommes du métier, tels que MM. Oppermann, E. Bosc, Casalonga, Clerget, M. Prevost, Flamant, etc., le mieux est de laisser ici la parole à ces publicistes, en réunissant, d'une manière abrégée, quelques extraits de leurs écrits, dans les citations suivantes :

« Les grandes halles en fer présentent l'inconvénient de donner en été une chaleur insupportable et en hiver un froid excessif, par suite des grandes surfaces vitrées employées en couverture. En outre, le jour qui tombe verticalement est souvent désagréable pour la vue et peut détériorer les marchandises. Pour obvier à cet inconvénient, notre confrère, M. Boileau, a imaginé un mode de couverture qui donne des jours tels que ceux qui éclairent les ateliers de statuaires qui sont des plus favorables surtout pour galeries d'exposition... » (Ernest Bosc, 1878.)

« ... Dès 1865, un de nos architectes, M. Boileau, à qui l'on doit l'Église Saint-Eugène, protestait contre les couvertures en verre et proposait un système de fermes-éclairantes pour les supprimer. La date de l'invention de ce système est constatée par un compte rendu de M. Ph. Burty, inséré dans le journal *la Presse* du 1er juillet 1865.

« Cependant, bien que les avantages des fermes-éclairantes, tant au point de vue hygiénique qu'au point de vue économique, aient été reconnus depuis par des juges compétents, la routine résistant, il faut répéter encore les arguments qui lui ont été opposés.

« Comme justification de la critique que feu Oppermann faisait de la couverture en verre, en 1877 (1), on peut constater, aujourd'hui, qu'elle est définitivement condamnée par l'expérience acquise, car après avoir violé pendant trente ans les lois de la physique, en faisant ainsi des serres chaudes éblouissantes, on est enfin fixé sur les graves inconvénients d'échauffement et de mauvais jour résultant de ce mode de couverture fragile.

« On apprend dans tous les traités de physique que les parois en verre absorbent la chaleur solaire et concentrent la chaleur interne, ce qu'on recherche pour les serres jardinières destinées à la culture des plantes tropicales; si bien qu'à l'aide de plusieurs vitres parallèles, espacées et exposées au soleil, on élève la température jusqu'à 120 degrés. On sait que les cloches en verre sont employées depuis des siècles dans la culture maraîchère en raison de cette propriété.

1. L'effondrement des couvertures en verre du marché aux bestiaux de la Villette, causé par un orage, n'est qu'un nouvel exemple, des vices de ces toitures signalés dans la critique d'Oppermann.

« Or, les applications du système des anciennes serres chaudes qu'on a faites à des édifices publics, ont été, par le fait, autant d'expériences démonstratives des principes de la science.

« Pour ne prendre, dans le nombre, que des exemples bien connus, des effets déplorables des abris en verre que le public a pu constater pendant les chaleurs, il suffit de citer : le Palais de l'Industrie, où, avec les toiles qu'un tapissier acrobate renouvelle chaque année, au péril de sa vie, on ne fait qu'atténuer l'intensité de la chaleur et le faux-jour qui ne permet pas de juger les statues exposées dans la vaste nef, les réverbérations de la voûte en verre détruisant toutes les ombres des reliefs; la cour vitrée des moulages de l'École des beaux-arts qui, dans la saison d'été, est une véritable fournaise; la galerie des caisses publiques au Ministère des Finances, où, malgré l'eau qu'on lance en abondance sur la couverture vitrée et les doubles écrans placés au-dessous, les yeux et la respiration des employés sont péniblement affectés; enfin, l'échauffement qui a lieu sous les grandes gares de chemins de fer, vitrées seulement en partie, malgré la puissante ventilation établie par les grandes ouvertures des pignons, a été éprouvé, en été, par des milliers de voyageurs.

« Si l'on a dû subir de tels inconvénients lors des premiers essais tentés pour établir ces vastes couverts qui répondent à de nouveaux besoins de notre état social, en se bornant à imiter les anciens hangars en bois et les serres jardinières, pourquoi continuer à les supporter quand on peut disposer d'un système de construction qui les fait disparaître?

« En se conformant aux principes à observer dans la substitution du fer aux autres matériaux de construction, M. Boileau a, en effet, trouvé l'éclairage rationnel des grands espaces par l'utilisation des fermes des combles comme châssis vitrés. Ces fermes, faisant fonctions de poutres en treillis et indéformables, sont simplement posées sur des montants en fonte complétant le système de contreventement transversal, sans aucun secours de tirants. Sur la longueur, les mêmes fermes en arc portent alternativement en bas et en haut, par travées, des parties de couverture et de plafonds cintrés, au moyen de solives ou chevrons qui s'y attachent, de sorte que les vitrages transversaux et verticaux, insérés dans les fermes, laissent passer la lumière entre les ressauts des couvertures hautes et basses, d'une travée à l'autre.

« La perspective intérieure sous ces voûtes entièrement dégagées, est d'un effet grandiose, dont les anciens hangars obstrués par le fouillis de leurs fermes apparentes ne peuvent donner une idée.

Disposition éminemment favorable pour la ventilation. » (M. Prévost, 1885.)

« ...L'attention des hommes spéciaux s'est portée depuis plusieurs années déjà, sur un nouveau système d'application rationnelle du fer, dont un modèle en relief, exposé par M. Boileau en 1878, fut médaillé. M. Mathieu fit un rapport à la Chambre des députés, dans lequel il rappelait les approbations d'ingénieurs des ponts et chaussées et déclarait que le nouveau système méritait l'attention des hommes techniques, tant au point de vue de l'idée qui l'a fait produire qu'à celui du nouveau type de construction qu'il crée. M. Brune, professeur à l'École des beaux-arts, a rédigé un mémoire spécial sur la résistance des arcs-fermes, et feu Ch. Blanc a fait l'éloge du mode d'éclairage, dans son ouvrage intitulé : *Les Beaux-Arts à l'Exposition de* 1878... » (Clerget, 1885.)

Le soussigné a montré les applications variées qu'on peut faire du système des *fermes-éclairantes* aux vastes couverts, tels que halles, marchés, gares de chemins de fer, galeries et palais d'exposition, etc., dans les planches d'un ouvrage qui a été publié en 1881 et adressé aux autorités auxquelles l'initiative de ces sortes de constructions incombe. M. le Directeur de l'Union centrale des Arts décoratifs, en dernier lieu président de la commission consultative pour l'Exposition de 1889, a été compris dans le nombre des destinataires.

Depuis cette époque, l'inventeur a encore apporté, dans la combinaison de ses fermes, un perfectionnement économique qui a été l'objet d'un brevet et qui a été appliqué dans l'exécution d'une grande halle, à Noisy-le-Grand (Seine-et-Oise), où l'on peut se rendre compte de l'abondance de lumière qu'on peut obtenir au moyen des fermes-éclairantes.

La disposition de couverture qui caractérise la forme architecturale dite « halle basilique » et qui peut être adaptée à n'importe quelle composition artistique d'édifice, sans surcroît de dépense, ayant reçu l'approbation des hommes de l'art et subi l'épreuve de l'expérience par l'exécution, le soussigné est en droit de demander qu'elle soit adoptée, ne fût-ce que pour une portion des galeries ou des annexes de l'Exposition projetée.

Au point de vue de la nécessité d'apporter de la variété dans les bâtiments de l'ensemble pour se conformer aux règles de l'art, et de l'obligation d'exhiber de nouveaux termes de comparaison dans les systèmes constructifs pour tendre au but de l'utilité, cette admission partielle est surabondamment motivée.

L'Exposition annoncée pour 1889, devant être le résumé centenaire des progrès nationaux, suscités par l'avènement de la démocratie en France, celui qui s'applique aux bâtiments destinés à les abriter, ne saurait être méconnu par les Français au profit des étrangers qui ne manqueraient pas de s'en emparer.

L.-A. BOILEAU, Père, *architecte*.

TABLE DES MATIÈRES

PREMIÈRE PARTIE

TÉMOIGNAGES ACCUSANT LES TENDANCES IMPOSÉES A L'ARCHITECTURE DE NOTRE ÉPOQUE. PUBLICISTES PRÉCURSEURS DE LA RÉNOVATION.

DEUXIÈME PARTIE

RÉFUTATION DES ERREURS PROPAGÉES PAR L'ÉCOLE DITE CLASSIQUE SUR LES ORIGINES DE L'ARCHITECTURE.

TROISIÈME PARTIE

CLASSIFICATION DES ŒUVRES DE L'ART MONUMENTAL AU POINT DE VUE DU PROGRÈS.

QUATRIÈME PARTIE

ORIGINES ET DÉVELOPPEMENT DE L'INVENTION DE L'OSSATURE OGIVALE.

CINQUIÈME PARTIE

RECRUDESCENCE DE L'INVENTION ARCHITECTURALE SUSCITÉE PAR L'AVÈNEMENT DE L'IMMIXTION EFFECTIVE DU FER DANS LA CONSTRUCTION.

SIXIÈME PARTIE

APPLICATION DES CONNAISSANCES ACQUISES A LA COMPOSITION DE NOUVEAUX TYPES ARCHITECTONIQUES DÉRIVANT DE L'UTILISATION DU FER.

TABLE DES PLANCHES

SYSTÈME DES VOUSSURES IMBRIQUÉES

SYSTÈME DES PENDENTIFS A NERVURES.

SYSTÈME DES DOUBLES PENDENTIFS.

SYSTÈME DES FERMES-ÉCLAIRANTES.

15 959 — Imprimerie A. Lahure, 9, rue de Fleurus, à Paris.

HISTOIRE CRITIQUE

DE

L'INVENTION EN ARCHITECTURE

13039. — PARIS, IMPRIMERIE GÉNÉRALE A. LAHURE
9, rue de Fleurus, 9

HISTOIRE CRITIQUE

DE

L'INVENTION EN ARCHITECTURE

CLASSIFICATION MÉTHODIQUE

DES OEUVRES DE L'ART MONUMENTAL

AU POINT DE VUE DU PROGRÈS

ET DE SON APPLICATION A LA COMPOSITION DE NOUVEAUX TYPES ARCHITECTONIQUES DÉRIVANT DE L'USAGE DU FER

PAR

L. A. BOILEAU

ARCHITECTE DE PLUSIEURS ÉDIFICES PUBLIC

TABLEAU SYNOPTIQUE ET PLANCHES

PARIS

Vve CH. DUNOD, ÉDITEUR

Libraire des Corps des Ponts et Chaussées, des Mines et des Télégraphes

49, QUAI DES AUGUSTINS, 49

1886

TABLEAU SYNOPTIQUE

CLASSIFICATION MÉTHODIQUE DES PROGRÈS DE L'ARCHITECTURE POUR L'ENSEIGNEMENT DES PRINCIPES DE L'INVENTION DANS CET ART

Le peu d'ouvrages relatifs à l'Histoire de l'Architecture n'établissent que des distinctions géographiques ou chronologiques insuffisantes pour faire comprendre la marche progressive de cet art ; une méthode de classification analogue à celle des sciences naturelles peut seule conduire à la connaissance des inventions architectoniques du passé, nécessaire pour les continuer dans l'avenir.

C'est cette méthode qui est appliquée dans ce tableau.

La loi du progrès telle qu'elle ressort de l'étude des œuvres universelles de l'architecture monumentale, se manifeste à la fois, dans l'expression esthétique, dans la construction pratique, dans la science appliquée à l'art et dans la transformation utilitaire des types architectoniques.

L'expression esthétique progresse en même temps que les idées religieuses et morales qui forment le fonds commun des civilisations initiatrices. — Le progrès de la construction et de la science appliquée à l'art, a pour mesure, l'extension toujours croissante des vides ou de l'espace libre, et la réduction simultanée des pleins ou de la matière constructive. — Le progrès des formes typiques dans lesquelles se résument les synthèses d'art et qui donne lieu à la diversité des systèmes et des styles, résulte lui-même des progrès de l'esthétique expressive et de la science constructive et conclut à l'économie de la matière et de la main-d'œuvre.

Dans la classification de ce tableau, partant des trois synthèses qui répondent aux grandes phases historiques de l'humanité, l'expression *système* est appliquée aux modifications fondamentales de la structure des édifices, et celle de *style* aux modifications apparentes de leur revêtement décoratif.

L'industrie utilitaire des habitations ayant prêté à l'art monumental des rudiments de structure et lui ayant ensuite emprunté les motifs de sa décoration artistique, ces sortes de constructions trouvent aussi leur classement parmi les systèmes et les styles qu'elles affectent.

L'Architecture ainsi comprise se définit ; l'art de produire des impressions esthétiques au moyen de la construction scientifique la plus avancée.

Synthèses.	Systèmes.	Styles.	Indication d'exemples significatifs.
PREMIÈRE	DE L'AMONCELLEMENT DE TERRE OU DE CAILLOUX.	Universel.	Tumulus, galgals, barrow, cairns, collines factices (dans toutes les parties du monde)
		Celtique.	Tumulus de Tirlemont, de Sarzeau. Galgal de Coniac.
Caractères distinctifs :	DE L'ÉMINENCE NATURELLE FAÇONNÉE.	Polynésien	Collines taillées des îles de la mer Pacifique.
EXPRESSION ESTHÉTIQUE. — Symbole, résumé de l'idée religieuse : L'AUTEL DES SACRIFICES. — Traits de configuration : Lignes inclinées et convergentes. Élévations triangulaires.	DE LA PIERRE LEVÉE.	Préhistorique.	Pierres levées de l'Arabie, de l'Asie et de l'Amérique.
		Biblique.	Pierres commémoratives d'Abraham (Sichem), de Jacob, de Moïse, de Josué (Galgala).
		Celtique.	Peulvans ou Menhirs. Alignements (Carnac). Cromlechs. Monolithes de Dinapour (Bengale).
	DE LA PYRAMIDE GÉOMÉTRIQUE.	Égyptien.	Pyramides de Memphis, de Dachour.
		Éthiopien.	Pyramides d'Assour, de Djebel Barkal (Nubie).
		Mexicain.	Pyramide de Teusan.
		Romain.	Pyramide de Caïus Sextius.
CONSTRUCTION PRATIQUE. — Structure par amoncellement ou stratification massive. — Le Talus.	DE LA PYRAMIDE A GRADINS.	Babylonien.	Temple de Bélus.
		Égyptien.	Pyramide de Saccarah.
		Mexicain.	Pyramide de Cholula. Téocalli de Tehuantépec, de Santiago-Guatusco.
SCIENCE APPLIQUÉE. — Stabilité inerte, par l'utilisation des forces de la pesanteur et de la résistance des corps solides.	DE L'AGGLOMÉRATION OVOÏDE ET CONOÏDE.	Indou.	Dagobas de l'île de Ceylan, de Mihintalé.
		Étrusque.	Tombeaux coniques de Tarquinies de Volci.
FORMES TYPIQUES. — La Pyramide : — Collines taillées, pyramides simples et à gradins. Murailles, tours massives, pylones.	DE L'ENTASSEMENT REDRESSÉ OU DE TRANSITION.	Chinois.	Grande muraille.
		Péruvien.	Murailles de Manco Capac (Cuzco). Citadelle de Canar.
		Indou.	Murailles de Dinapour.
		Pélasgique ou Cyclopéen.	Acropole de Mycènes, murs de Tyrinthe.
		Phénicien.	Giganteja de l'île de Gozo. Cucumella de Volci.

1

DEUXIÈME

Caractères distinctifs :

EXPRESSION ESTHÉTIQUE.	Symbole, résumé de l'idée religieuse : LE TEMPLE. — Traits de configuration : Lignes droites, verticales, horizontales et inclinées. Élévations rectangulaires.
CONSTRUCTION PRATIQUE.	Structure établie par des montants (murs, piliers ou colonnes) supportant des traverses droites, des plafonds ou des fermes, étendues sur les vides. — L'Aplomb.
SCIENCE APPLIQUÉE. . . .	Stabilité passive, résultant de l'utilisation des forces de la pesanteur, de la résistance des solides et de leur rigidité.
FORMES TYPIQUES	Le Portique. — Espaces vides entre montants et traverses, ouvertures rectangulaires. Enceintes hypêtres, salles et galeries hypostyles, propylées, péristyles, périptères, frontons.

DU PORTIQUE EN BOIS. . . . .

DU PORTIQUE TAILLÉ EN EXCAVATION OU TROGLODYTE. . . .

DU PORTIQUE CREUSÉ EN FLANC DE ROCHER, AVEC FAÇADE TAI

DU PORTIQUE TAILLÉ ENTIÈREMENT A CIEL OUVERT. . . .

DU PORTIQUE A PLATES-BANDES MONOLITHES. . . . . . .

DU PORTIQUE A PLATES-BANDES APPAREILLÉES, *avec arma*

DU PORTIQUE EN PIERRE ET BOIS. . . . .

DES PORTIQUES SUPERPOSÉS. . . . .

DE L'ÉRECTION DE MONOLITHES OUVRÉS. . . . .

Cosmopolite. . . . . Constructions Aryennes, Lacustres, Chinoises, Japonaises.
Temples primitifs Étrusques, Grecs, Romains.
Villæ Gallo-Romaines. Salles palatines du moyen âge, halles modernes.

Indou. . . . . Palais d'Indra (Éllora). Grottes de Kennery (Carli). Der Waraa (Éllora). Temple de Madurà.
Égyptien. . . . . Tombe de Menepthah (Thèbes).

Indou. . . . . Temples près d'Adjunta (près de Decan). Caveaux d'Éléphanta.
Égyptien. . . . . Speos d'Ibsamboul, hypogées de Beni-Hassan.
Médo-Perse. . . . . Tombeau à Naschi-Roustan. Tombeau à Persepolis.
Éthiopien. . . . . Hemi-Spéos de Ghirsché.
Étrusque. . . . . Grottes de Cerveteri, de Corneto (Italie).
Lycien.. . . . . Tombeaux de Myra, d'Amyntas (Asie Mineure).

Indou. . . . . Le Kaïlaça (Monolithe à Éllora). Temples et palais de Mavalipuram.
Égyptien. . . . . Chapelles Monolithes de Saïs, de Buto et de Philæ.

Celtique.. . . . . Trilithes ou Lichavens, allées couvertes druidiques. Table des marchands (Lochmariaker).
Indou. . . . . Temples de Chillambaran, d'Adjmir.
Médo-Perse. . . . . Palais de Persépolis.
Égyptien.. . . . . Temples de Kons (Carnac), d'Edfou, de Denderah.
Idem-Osiriaque. . . . . Ramesseion (Thèbes). Spéos d'Ibsamboul. Palais de Louqsor.
Gréco-Dorien. . . . . Parthénon. Temples de Thésée (Athènes), de Neptune (Pestum). Propylées (Athènes).
Gréco-Ionien.. . . . . Erectheion. Temple de la victoire aptère, d'Athénée poliade (Priène).
Gréco-Corinthien. . . . . Monument choragique de Lisicrates. Temple d'Apollon (Bassæ).
Idem-Caryatidique. . . . . Pandrosium (Athènes). Temple d'Agrigente ou des Télamons.
Gréco-Romain. . . . . Temples de Jupiter Stator, de Vesta (Rome), d'Hercule (Cora). Maison carrée (Nîmes).
Mexicain . . . . Palais de Zayi (Jucatan).

Renaissance. . . . . Colonnade du Louvre, garde-meuble, frontispice du Panthéon, péristyle de l'E[se] de la Madeleine (Paris).

Chinois. . . . . Porte ou Pai-leou de Canton. Paysangs de Triomphe (villes diverses).
Assyrien.. . . . . Palais de Nimroud.
Hébreu. . . . . Temple de Salomon.
Romain. . . . . Camp des soldats. Basilique Ulpia (Rome). Atriums des Villæ.
Gothique. . . . . Cathédrale de Messine. Salles des Palais féodaux, du palais de Poitiers (France).

Mexicain.. . . . . Temples de Papantla, de Xochicalco.
Indou. . . . . Pagodes de Chalembron, de Tanjaore.
Chinois. . . . . Pagodes diverses.
Romain. . . . . Château St-Ange (Mausolée d'Adrien).

Indou . . . . Pilier de Kontab (Delhi). Colonne de Dharwar, colonne en fonte de fer de Kutub.
Égyptien. . . . . Obélisques de Ramsès, de Louqsor. Aiguilles de Cléopâtre.
Romain. . . . . Colonne de Dioclétien (Alexandrie), colonne de Constantin (Constantinople).

2

DE LA VOUTE TAILLÉE EN EXCAVATION. . . . .

DE LA VOUTE PAR ENCORBELLEMENTS . . . .

TROISIÈME

DE LA VOUTE TAILLÉE EN MONOLITHE. . . . .

DE LA VOUTE CONCRÈTE OU MOULÉE. . . . .

DE LA VOUTE APPAREILLÉE. . . . .

Caractères distinctifs :

EXPRESSION ESTHÉTIQUE. — Symbole, résumé de l'idée religieuse: La **CATHÉDRALE**. — Traits de configuration, lignes verticales, horizontales et inclinées combinées avec des courbes. Élévations de figure mixte.

CONSTRUCTION PRATIQUE. — Structure établie par des montants (murs, piliers ou colonnes) supportant des encorbellements et des cintres projetés sur les vides. — L'Encorbellement.

SCIENCE APPLIQUÉE. . . . — Stabilité active, résultant de l'utilisation des forces de la pesanteur, de la résistance des solides, de la rigidité, et de l'équilibre élastique.

FORMES TYPIQUES . . . . — L'arcade.—Espaces vides entre montants et cintres, ouvertures semi-orbiculaires. Salles et nefs voûtées sur arcades; coupoles et dômes, tours, clochers, flèches, pignons.

DE L'ARCADE COMBINÉE AVEC LE PORTIQUE. . . . .

DE L'AFFRANCHISSEMENT DE L'ARCADE. . . . .

DE LA COUPOLE SUR CYLINDRE OU SUR PRISME. . . . . .

DE LA COUPOLE SUR PENDENTIFS. . . . .

DES SUPERPOSITIONS ÉLANCÉES. . . . .

DE L'OSSATURE OGIVALE . . . .

DE L'OSSATURE FERRONNIÈRE (XIXe SIECLE).
Transformations obtenues dans les systèmes constructifs. .

DE LA PLATE-BANDE, DU PORTIQUE.. . . . .

DE L'ARCADE.. . . . .

DE L'OSSATURE POUR VOUTES
- En berceau. . . . . . .
- D'arête. . . . .
- En coupole ou dome.. .
- En pendentifs a nervures.
- A doubles pendentifs . .
- A voussures imbriquées..

INDOU. . . . . Temples de Visoucarma (Ellora), près d'Ajunta, de Karli, grottes de Bhaja.
ETRUSQUE. . . . . Tombeaux de Castel-d'Asso (Italie).

INDOU. . . . . Topes ou S'tupas (Manikiala), près Benarès. Porte de Gateway. Temples de Çiva (Bhuvanes-Vara).
MEXICAIN. . . . . Édifice à Kabah. Porte à Labnah (Yucatan). Salles d'Uxmal.
ÉGYPTIEN. . . . . Porte d'El-Assasif.
PHÉNICIEN. . . . . Nurhags de Sardaigne. Talayots des îles Baléares.
PÉLASGIQUE. . . . . Galerie de la citadelle de Tirynthe. Trésor d'Atrée (Mycènes). Tombeau de Tantale (Asie Mineure).
ETRUSQUE. . . . . Tombe dite Regulini Galeassi.

INDOU. . . . . Temples de Moondeyra, de Mont Abu.
LYCIEN. . . . . Sarcophages, chasses de l'Asie Mineure.

ASSYRIEN . . . . Palais de Sargon à Korsabad.
ROMAIN. . . . . Thermes de Caracalla. Basilique de Constantin (Rome). Thermes de Julien (Paris).

CHINOIS. . . . . Porte dans la grande muraille.
ÉGYPTIEN. . . . . Arcades au mont Barkal, à Meroë.
ROMAIN. . . . . Grand cloaque (Rome). Décharge du lac Albano. Ponts St-Ange, de Fabricius (Rome). Pont du Gard (France).
ROMANO-BYZANTIN. . . . . N.-D. du Port (Clermont). Abbaye de Cluny, de Tournus (France).
LATIN. . . . . É^ses de Veselay, d'Autun (France), aqueduc de Ségovie (Espagne), Ste-Marie du Capitole (Cologne).
RENAISSANCE. . . . . Chapelle Sixtine (Rome). É^se des Invalides (Paris). É^se St-Sulpice (Paris).
ÉCLECTIQUE. . . . . Porte St-Denis, Arc de Triomphe de l'Etoile, salles du Palais de Justice (Paris).

INDOU. . . . . Temples d'Adjunta, de Boro-Budor.
ARABE. . . . . Mosquée de Moyed (Caire).
ROMAIN . . . . Colisée. Théâtre de Marcellus (Rome). Amphithéâtre de Nîmes.
LATIN. . . . . Basiliques de St-Paul, de St-Jean de Latran, de St-Pierre aux Liens (Rome). É^se de St-Miniato (Florence).
GOTHIQUE. . . . . É^se Collégiale de Manchester. Abbaye de Westminster. Salle du château de Blois.
RENAISSANCE. . . . . Palais des Tuileries, cours du Louvre, hôtel de Ville (Paris). Palais Pesaro (Venise).
ÉCLECTIQUE. . . . . Nouveau Louvre. Opéra (Paris). Palais de Longchamps (Marseille).

INDO-MOGOL. . . . . Palais de Tanjore. Temple de Kantonuggur.
ROMAIN. . . . . Palais de Dioclétien (Spalatro). Basilique de Constantin (Rome). Chapelle funéraire de Ste-Constance (Rome).
MORESQUE. . . . . Mosquée de Cordoue. Alcazar de Séville. Alhambra de Grenade.
RENAISSANCE. . . . . Palais des Doges (Venise). Palais Borghèse (Rome). Hôpital de Milan.

BYZANTIN . . . . É^se St-Vital (Ravenne).
ARABE. . . . . Tombe de Sultanieh (Perse).
ROMAIN. . . . . Panthéon d'Agrippa (Rome). Temple de Dioclétien (Spalatro).
RENAISSANCE. . . . . Ste-Marie des Fleurs (Florence). É^se du Salut (Venise). St-Carlo (Milan).
RUSSE . . . . Coupoles du Kremlin (Moscou), de Nowogorod.

BYZANTIN . . . . Ste-Sophie de Constantinople. St-Marc de Venise. Cathédrale d'Athènes.
INDO-MUSULMAN. . . . . Tombeau d'Ibrahim Padskah (Bidjapour).
LATIN. . . . . St-Front de Périgueux. Cathédrale de Marseille (néo-latin).
RENAISSANCE. . . . . St-Pierre de Rome. St-Paul de Londres.
ÉCLECTIQUE. . . . . Panthéon français. Notre-Dame de Boulogne.

INDOU. . . . . Tours de Chittore. Pagode de Jagernaut (Puris).
CHINOIS . . . . Tour de porcelaine (Nan-King). Tour du palais de Pékin.
ARABE. . . . . Minaret de la mosquée de Kait-Bey (Caire). Minaret de Gazni, de Kutubud.
BYZANTIN . . . . Tour du Kremlin (Moscou), de St-Front (Périgueux).
GOTHIQUE . . . . Flèche de Strasbourg, clocher de Senlis. Tours de N.-D. de Paris, de St-Jacques la Boucherie (France).
RENAISSANCE. . . . . Campanile de Florence, de Pise, de Chiaravalle (Milan). Tours de St-Michel (Dijon).

ROMANO-LATIN. . . . . É^se St-Michel de Pavie (Lombardie). Cathédrale de Langres.
ROMANO-BYZANTIN. . . . . É^se St-Germain des Prés (Paris), St-Étienne (Caen), St-Sernin (Toulouse). Cathédrale de Valence.
ROMAN DE TRANSITION. . . . . . . Cathédrales de Noyon, de Laon. Cathédrale de Paris.
GOTHIQUE (XIIIe) EN LANCETTES . . Cathédrales d'Amiens, de Reims, de Cologne, de Fribourg, de Lichfield. É^se de St-François (Assise).
IDEM (XIVe) RAYONNANT. . . . . . É^se St-Ouen (Rouen). Cathédrale d'York. É^se St-Étienne (Vienne). Cathédrale de Sienne.
IDEM (XVe) FLAMBOYANT. . . . . . É^se St-Merri (Paris). Cathédrales de Séville, de Milan. É^se St-Antoine (Compiègne). Chapelle du fort de Vincennes.
IDEM, FLEURI OU DE TRANSITION. . . É^se de Brou (France). Chapelle du Collège de Cambridge (Angleterre). Château de Gaillon.
RENAISSANCE. . . . . É^ses St-Eustache (Paris), St-Michel (Dijon).
ÉCLECTIQUE . . . . Palais du Parlement (Londres). É^ses Ste-Clotilde, St-Bernard (Paris).

Style en voie de formation.

. . . . Poutres en treillis et tôle de grandes portées (Partout). Pont tubulaire du détroit de Menai et autres.
Ponts de la place de l'Europe (Paris), de Kehl sur le Rhin. Palais de Sydenham (Angleterre).
Halles centrales (Paris). Gares de chemins de fer, halles, marchés (Partout).
Fermes Polonceau et autres.

. . . . Pont de Sunderland (Angleterre). Pont d'Arcole (Paris), arches de ponts (Partout).
Palais de l'Industrie. Serres du Muséum (Paris). Palais des expositions universelles (Disparus).

. . . . Bibliothèque Ste-Geneviève. É^se St-Augustin (Paris). Voûtes avec fermes éclairantes (Invention de l'auteur).
. . . . É^ses St-Eugène, N.-D. de la Croix (Paris).
. . . . Halle au blé. É^se St-Augustin (Paris). Capitole de Washington. St-Isaac de St-Pétersbourg.
. . . . É^ses St-Paul de Montluçon, du Vésinet.
. . . . Chapelles de Clermont (Oise), du Séminaire d'Ajaccio (Corse).
. . . . Transformation de la coupole ou dôme, conforme aux lois de l'optique (Invention de l'auteur).

SYSTÈME DES VOUSSURES IMBRIQUÉES

PL. [illegible]

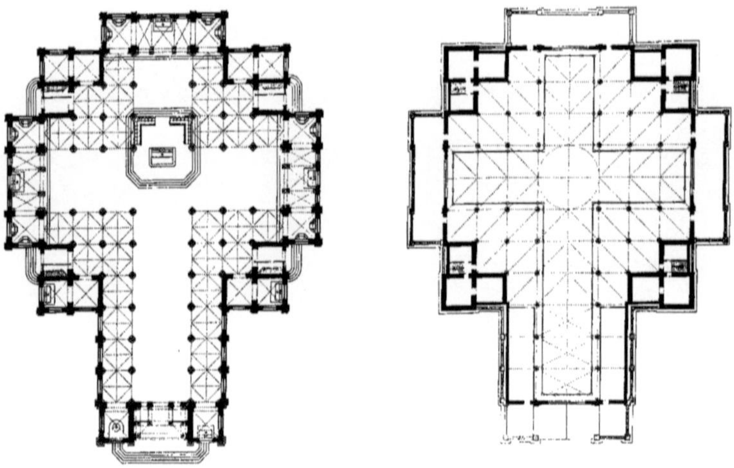

SYSTÈME DES [illegible]

SYSTÈME DES VOUSSURES IMBRIQUÉES

Pl. 17

PL. V.

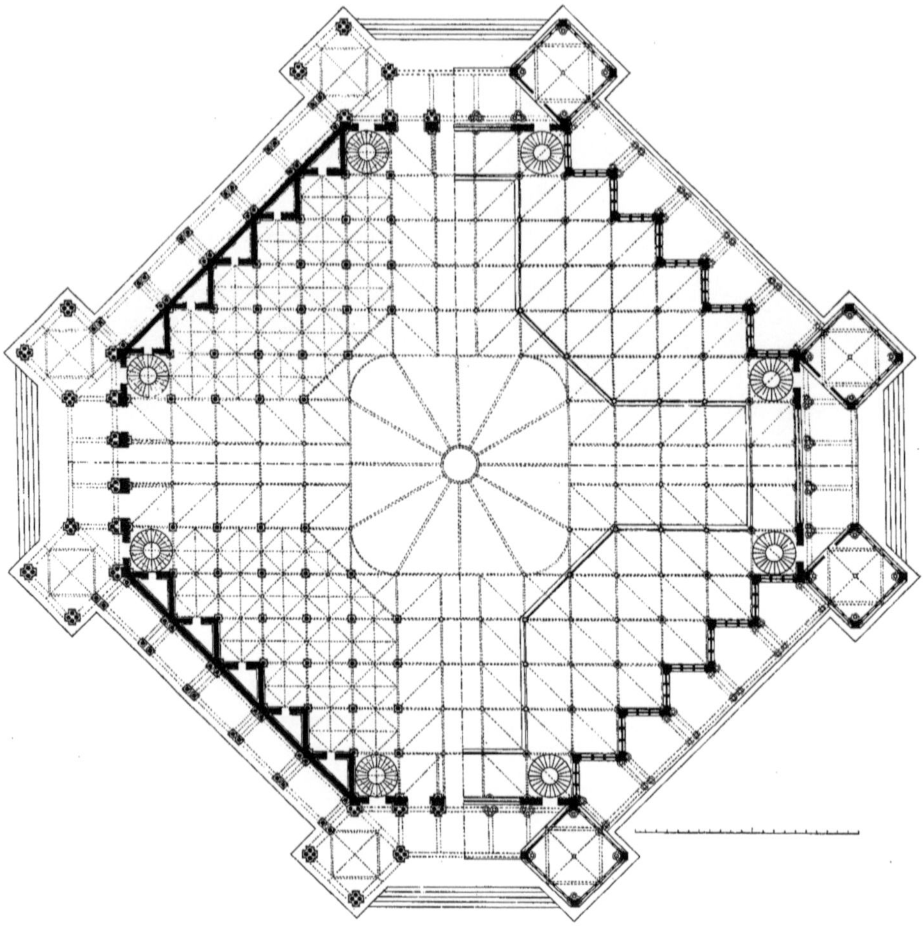

SYSTÈME DES VOUSSURES IMBRIQUÉES

SYSTÈME DES VOUSSURES IMBRIQUÉES

SYSTÈME DES VOUSSURES IMBRIQUÉES

PL. VIII

SYSTÈME DES PENDENTIFS A NERVURES

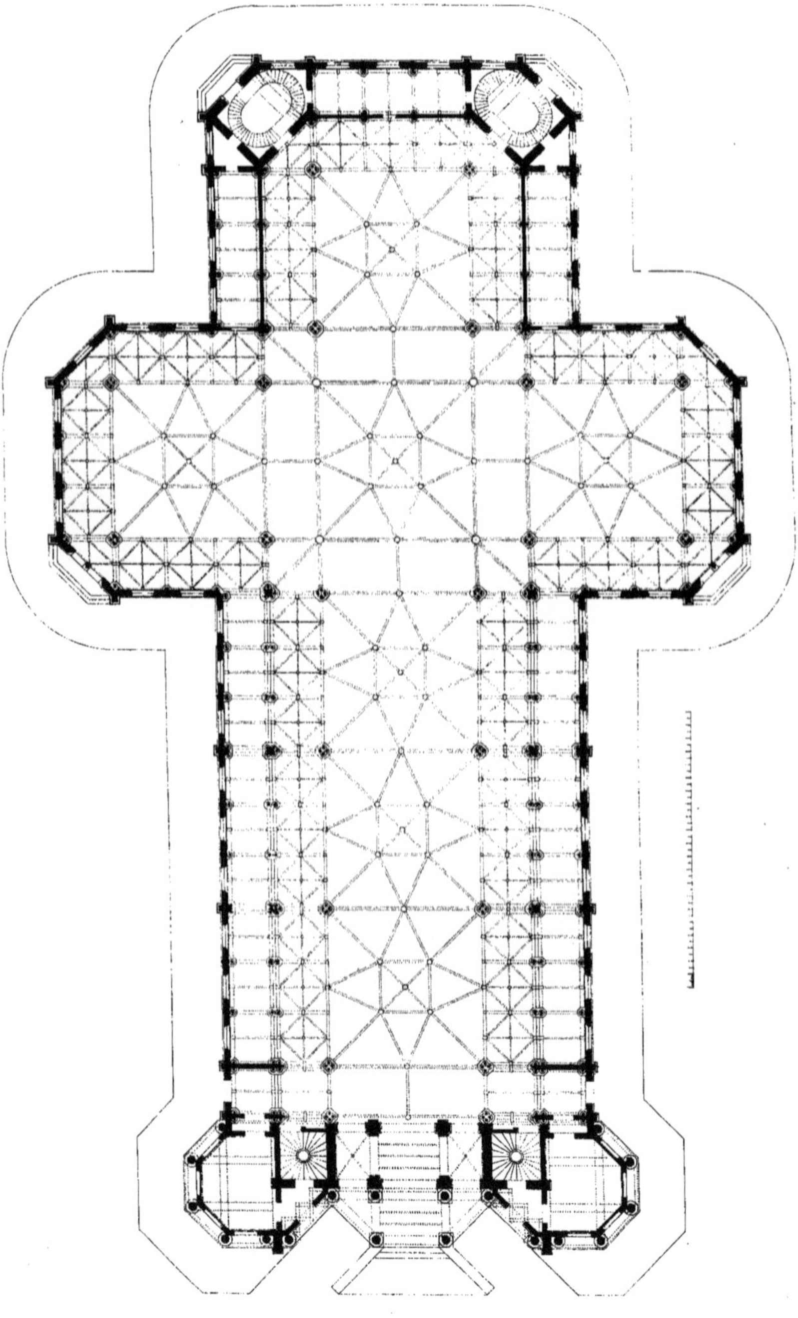

SYSTÈME DES PENDENTIFS A NERVURES

SYSTÈME DES PENDENTIFS A NERVURES

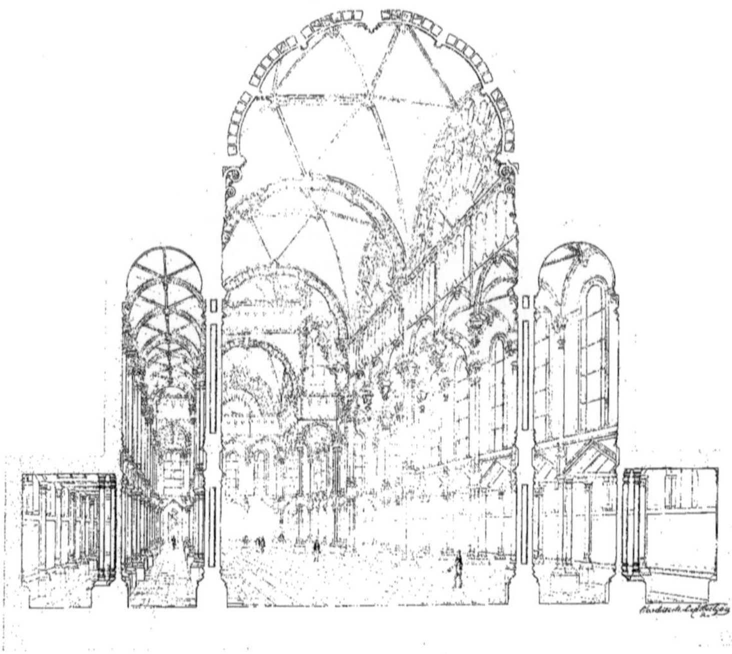

SYSTÊME DES PENDENTIFS A NERVURES

PL. XIII.

SYSTÈME DES PENDENTIFS A NERVURES

SYSTÈME DES PENDENTIFS A NERVURES

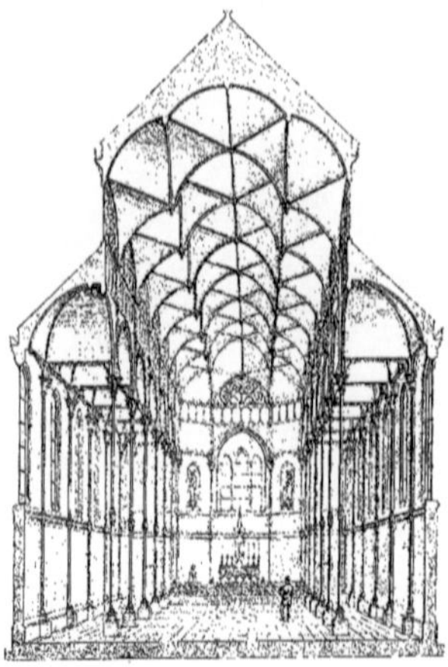

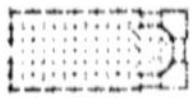

SYSTÈME DES COUPOLES PENDENTIFS

SYSTÈME DES FERMES [illegible]

SYSTÈME DES FERMES ÉCLAIRANTES

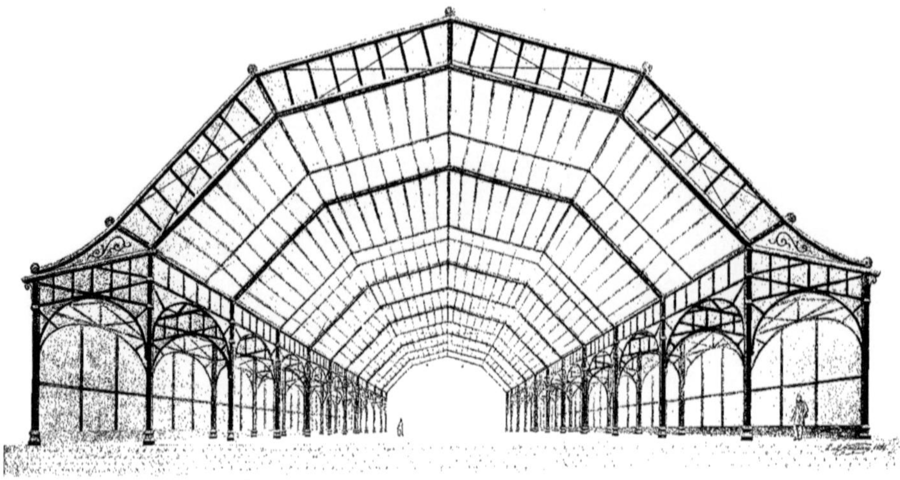

SYSTÈME DES FERMES ÉCLAIRANTES

PL. XIV.

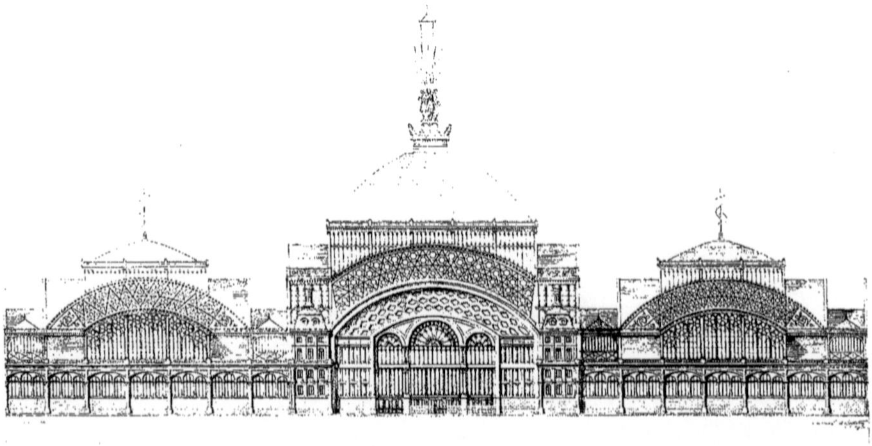

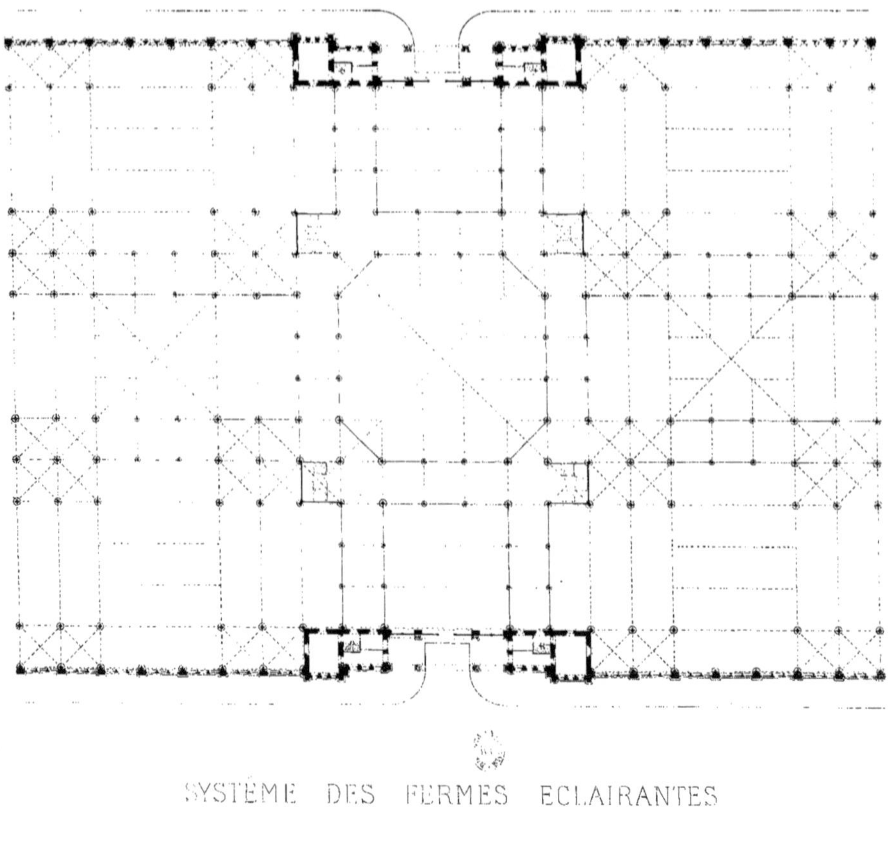

SYSTÈME DES FERMES ÉCLAIRANTES

PL. XX

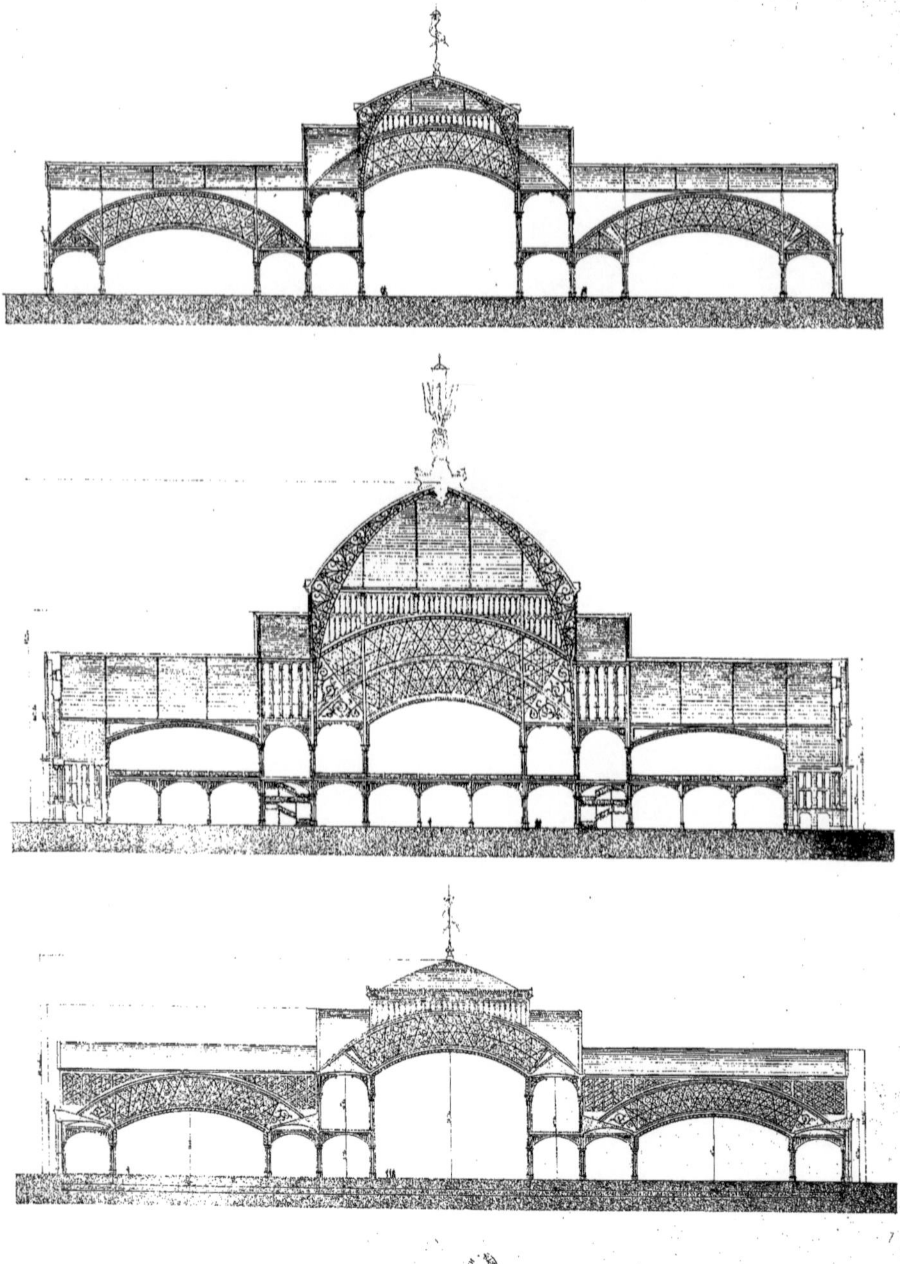

SYSTÊME DES FERMES ÉCLAIRANTES

www.ingramcontent.com/pod-product-compliance
Ingram Content Group UK Ltd.
Pitfield, Milton Keynes, MK11 3LW, UK
UKHW031839260826
14628UKWH00001B/488

9 782019 679972